찌라시의

중국

이야기

찌라시의 중국이야기

인기 팟캐스트 '새가 날아든다' 중국이야기 시즌1

초판 1쇄 발행일 2015년 4월 17일

지은이   송명훈
엮은이   김수연
펴낸이   이재교

책임편집 박자영
디자인   김상철 이정은
제작   신사고하이테크(주)

펴낸곳   굿플러스커뮤니케이션즈(주)
출판등록 2013년 5월 7일 제2013-000136호
주소   서울시 마포구 서교동 363-15 5층
대표전화 02-6080-9858 팩스 0505-115-5245
이메일   goodplusbook@gmail.com
홈페이지 www.goodplusbook.com
페이스북 www.facebook.com/goodplusbook

ISBN 979-11-85818-09-2 03300

오늘의 중국이 궁금하다면?

찌라시의 중국이야기

인기 팟캐스트 〈새가 날아든다〉 중국이야기 시즌1

송명훈 지음

굿플러스
북

왜 지금 중국인가?

중국을 단편적으로 정의하는 것은 매우 어렵다. 나 역시 중국에 대한 관심을 두고 많은 연구와 교류를 하고 있지만, 그 해답은 직접 체험한 중국 문화와 중국인의 기질에 대한 인식에 있는 듯하다.

중국은 동아시아를 담은 거대한 용광로와 같다. 풍성한 자원과 인구와 문화가 모두 중국이라는 나라에 담겨 있고, 지금도 역동적으로 끓어 오르며 새로운 역사를 만들어 가고 있다.

중국은 세계 4대 문명의 탄생지 중 하나이다. 대지의 생산력은 고대 동아시아를 가장 부유하고 풍성한 지역으로 만들었고 수많은 민족이 중국 안에서 번성과 쇠락을 통해 지배자의 역할을 바꿔가며 연합된 국가와 융합된 문화를 만들어 왔다. 중국 즉, 중화인민공화국이라는 호칭은 이제 겨우 60년 정도 이어져 왔을 뿐이고, 수천 년 동안 많은 국가와 지배계층이 흥망성쇠를 반복해 온 것이다. 진나라의 짧은 통일 후 수, 당, 명, 청 등의 매번 다른 민족과 국가들이 대륙을 번갈아 통치해 왔지만, 중국은 대륙 안에 있었던 모든 역사를 자신들의 것으로 인정하며 단일 된 국가를 계승해 온 것처럼 수용하고 있다. 우리의 고조선, 고구려와 발해가 대륙의 지배자로 있던 역사마저도 그들은 자신의 역사라며 포용하려 하고 있다. 그리고 지금도 스스로를 중화인이 아닌 대륙인으로 부르며 역사적 자부심을 내세우고 있다.

  실제 역사 속의 중국은 고대에 가장 부유한 나라였으며, 근대에는 가장 가난한 나라이기도 했다. 또한 자율경제, 봉건경제, 공산경제, 자본주의 경제 체제를 모두 경험한 나라이며, 비약적인 성장으로 이제 세계 경제의 패권을 노리는 G2의 위치에 오른 국가기도 하다. 이러한 중국의 단합과 성장의 배경은 52개가 넘는 민족들이 모인 상황에서도 정치적인 혼란을 최소화하며 협력해나가는 특유의 융합력에서 그 원동력을 찾을 수 있다. '흑묘백묘'처럼 공동의 이익을 위해서라면 지배계급의 교체나 정치의 변화를 자연스럽게 받아들이며, 경제적 실정이나 폭압에 대해서는 반란과 혁명으로 국가를 뒤집어 버릴 수 있다는 인식이 중국인들의 역사 속에 있다. 따라서 중국의 지배자들은 언제나 국민의 만족을 위해 최선을 다해야 한다는 기본 인식이 있다.

  그래서 중국을 이끄는 힘은 일당 독재인 공산당의 강력한 전체주의 통치가 아니라, 그러한 통치를 통해 얻은 결과물 즉, 실질적인 경제 성장에 대한 중국 국민들의 우호적인 평가와 신뢰에서 비롯된다는 것을 알아야 한다. 공산주의 경제체제의 실패로 40년 전 세계 최빈국으로 추락했던 중국의 경제는 개방과 수정 자본주의라는 노선의 변화 이후, 연평균 GDP

7% 성장이라는 놀라운 성장을 기록했다. 누구도 예상치 못한 이러한 고도성장의 배경에는 숨어 있는 많은 요인이 존재한다. 그것들을 이해하고 수용해야만 중국의 발전을 공유하며 그들과 경쟁할 수 있다.

이제 20년 안에 중국의 경제력은 자국을 제외한 지구촌의 모든 국가의 경제력과 대등한 수준으로 성장할 것으로 예상한다. 그리고 이러한 중국과의 교역에 절대적으로 의존하고 있는 우리는 중국과 공존하며, 중국을 이용하여 성장해야 하는 필연적인 과제를 안고 있다.

앞으로 중국과의 경쟁은 경제가 아닌 역사와 문화 분야에서 치열하게 벌어지게 될 것이다. 지금의 전쟁이란 지난 역사를 두고 다투는 것이 아니라, 정치와 경제, 외교, 교육 등의 분야에서 대한민국 국격의 정당성을 만들어 가는 것이다. 문화의 전쟁이라고 함은 전통문화를 바탕으로 세계인이 선호하는 보편타당한 문화상품을 만들어 내는 것을 말한다. 그러므로 전 세계의 사람들이 존경하는 도덕적이고 문화적 가치가 높은 나라가 되는 것이 우리나라의 발전 목표가 되어야 한다.

이러한 새로운 문화와 역사의 전쟁을 앞둔 우리가 중국의 진면목을 바로 아는 것이 너무도 중요하다. 안타깝게도 그동안 식민사관과 반공 이데올로기에 의한 중국에 대한 곡해된 교육때문에 대부분의 사람들에게 지금까지 중국을 바로 보지 못하게 영향을 미쳤다. 중국에 대한 현실을 직시하고, 좀 더 적극적으로 중국을 이해하려는 노력이 필요함을 호소한다. 중국에 대한 탐구와 새로운 인식을 원하는 분들에게 이 책이 도움될 수 있기를 바란다.

이 책이 나올 수 있도록 독려를 아끼지 않았던 우리 '새가 날아든다'의 패널과 애청자들에게 감사드리며, 앞으로도 더욱 '찌라시의 중국이야기' 방송에 많은 관심과 성원을 보내주시기를 부탁드린다. 아울러 이글을 완성하는데 가장 많은 공헌과 노력을 다 해주신 김수연 작가에게 심심한 감사의 마음을 전한다.

2015년 4월 송명훈

contents

중국의 경제

4부 중국의 정치와 외교

1 꽌시와 의식주

꽌시란 무엇인가?

중국에서 살아남기 위해서는 그들의 기질을 아는 것이 중요하다. 굳이 주제를 달자면 '꽌시의 사회학'이라고 말하고 싶다. '꽌시'란 우리말로 '관계'라는 뜻으로 중국의 인간관계와 사회적 관계를 형성하는 가장 중요한 덕목 중 하나라고 전제하겠다. 꽌시는 사람을 만났을 때 가장 기본적인 예의에서부터 시작된다. 하지만 우리나라 사람은 용모가 비슷하다고 중국 사람과의 관계, 즉 꽌시를 자의적으로 파악하는 경향이 있다.

중국 사람과의 친분이 있는 사람은 경험으로 알 수도 있겠지만, 우리나라 사람이 중국에 가거나 중국 사람을 상대할 때 절대 해서는 안 되는 몇가지 불문율이 있다.

그 첫 번째는 무시하는듯한 언행이다. 기본적으로 우리나라 사람들은 중국에 관련된 문화나 문명, 문물, 제품에 대해서 낮게 보는 사람들이 종종 있다. 사실 따지고 보면 중국은 우리와 대등한 전통문화의 강국이었고, 대륙의 패권을 놓고 겨루던 역사도 있는데, 일제 강점기 때의 식민지 교육이 일본이 1등, 우리는 2등, 중국은 3등이라는 개념을 심어 놓지 않았나 하는 추측을 해 본다. 그 속에서 우리나라 사람들은 중국이라고 하면 떼놈, 짱깨 식의 은근히 무시하는 태도가 일반화되고 말았다. 우리는 무의식적으로 중국은 더러운 나라, 미개한 나라 등등의 개념으로 받아들였는지 모르지만, 중국 입장에서는 그런 이야기를 듣는 걸 꿍장히 싫어한다. 이것이 누구나 해봄 직한 가장 흔하게 하는 실수다.

두 번째로는 감정에 대한 표현을 명확하게 하라고 강요하는 것이다. 특히 감사나 사과에 대한 감정 표현에 있어서 우리나라 사람들은 호들갑스러울 정도로 표현하는 것을 좋아한다. 중국 사람에게 그런 표현을 기대하거나 그것을 통해서 자기 만족을 얻으려고 하면 안된다. 중국 사람에게 고맙다는 '셰셰', 미안해는 '뚜이부치' 딱 두 단어밖에 없다. 우리나라처럼 온갖 미사여구로 표현하는 것이 아니다. '셰셰'는 영어로 치면 'so so'와 같다. 고맙다는 말이 아닌 "그래" 정도. 뚜이부치는 "너 볼 면목이 없다." 정도 수준이다. 중국인이 잘못을 한 경우 "뚜이부치"하고 끝내버리고 돌아 설 때, 그에 대해서 "넌 사과에 대한 태도가 안 되어 있어, 진심이 없어! 다시 제대로 사과해봐!" 식의 우리나라 사람들의 행동은 중국 사람들에게 엄청난 모욕을 주는 행동이다. 그 정도도 충분히 "감사했구나, 미안했구나" 라고 양해를 해줘야 한다.

중국인 부인이나 연인이 잘못했을 때 "뚜이부치", "미안해"라고 하는데 "당신은 크게 미안한 태도야?" 식의 시비를 걸면 영원히 넘어설 수 없는 벽이 생겨 버린다.

중국에서 태어난 사람은 한국말을 하는 중국인이지 중국말을 잘하는 한국인이 될 수 없다. 문화적인 차이의 꿍장히 소소한 관점이 연애는 몰라도 부부나 연인의 관계가 오래 끌어갈 수 없게 만드는 결정적인 문제를 만들게 된다. 이런 생각은 가볍게 흘려보낼 수 있지만, 매우 중요한 덕목이기 때문에 우리는 그것을 꼭 알아야 한다.

　세 번째 유교적인 예절을 중국식이라고 이해하고 강요하면 안된다. 중국은 유교의 발상지이고 공자가 유교를 퍼트리기는 했지만, 중국에서 유교는 유물론 사상에 의해서 이미 한 번 지워진 사상이다.

　물론 최근 유교의 가치에 대한 새로운 가치를 찾는 움직인다고는 하지만, 우리나라 사람만큼 유교에 대해 자세히 아는 사람도 드물다. 우리나라에서 유교는 생활이다. 하지만 장유유서, 부부유별 식의 개념으로 중국 사람에게 접근하면 "미친놈 아냐?" 라고 생각할 수 있다. 우리가 말하는 삼강오륜이라고 하는 것은 유교가 우리나라 들어온 이후 지배계층이 하층계급에게 충성을 강요하는 개념일 뿐이다. 그게 축적되고 생활화되다 보니 어느 순간 몸에 배 익숙해져 있는 것이다. 우리나라 사람들은 중국에 가면 그들이 공맹의 후손이니 유교적인 예절을 철저히 지키며 나이 들면 대접받을 것이라 생각한다. 그러나 중국은 사회관계에서 강제적인 평등화가 되어 있는 상태다.

　중국의 일부 지식층이나 학자층, 상류층 안에서 유교적인 사상을 추앙하며 한국적인 유교 문화에 대해서 존경하고, 오히려 우리나라의 성리학이나 유교를 배우려는 움직임도 일고 있다. 중국학자들이 오히려 성리학이나 논어, 사서오경을 배우러 우리나라의 학자들과 교류를 하고 있다.

　중국인들은 개량된 간자를 쓰지만, 우리나라는 아직도 전통 한자를 쓰고 있다. 그들은 형성문자의 불합리함을 공산주의체제 속에서 혁신하고 간자로 바꾸어 버렸다. 학문적인 깊이와 원래의 한자를 바탕으로 연구를 하다 보니 주자학이나 성리학 등에서 우리나라의 것이 더욱 발전한 것이다.

그러다 보니 우리나라가 한자의 종주국이자 유교의 종주국 역할을 하게 된 부분도 있다. 중국인들은 대부분 간자만 배우기 때문에 우리가 전통한자를 쓰면 못 알아보는 사례들도 있다.

중국이 공산주의를 받아들여 공화국으로 변화하기 전에는 토호제였다. 현재도 중국에는 23개의 성이 있는데, 임명직인 성주의 권력이 매우 크다. 사실상 지방자치의 수령이 그 지역에서 모든 재정과 행정을 해왔던 역사가 이어져 온 것이다. 중국이 공산주의로 변화하면서 군벌로 바뀌었고, 그 권력은 중국 공산당의 군인, 행정책임자들이 공산당 관료들로 대치된 것이다. 그때부터 지방 자치적인 경제와 행정운영이 이루어지기 시작했고, 이런 23개 성이 모여 이것이 중국이라는 국가 개념으로 만들어지게 된 것이다.

공산당의 책임 관료는 자연스럽게 그 지역을 지배해 왔던 전통적인 토호와 부유층과 연관을 맺으며 일을 했고, 그 책임자가 임명하는 행정 실권자들은 경찰서장의 아들, 세무서장의 조카, 세관장의 며느리 식의 관계가 만들어지게 된다. 그것이 중국의 근대화가 이루어지면서 권력이동이 공산당으로 집중되며 변화했다. 즉, 지역 토벌이 군벌과 공산당 관료로 바뀐 것 말고는 권력 이동이 거의 없었다. 결국, 당서기, 주석과 인민대표 등 핵심 요직과 그리고 경찰서장, 법무관 등 다양한 현대적인 직제가 생겼지만, 그 직제를 차지하고 있는 사람들은 혈연 등 인맥관계로 묶여 있고, 그 관계들이 모든 경제와 산업, 생산에 대한 주체가 되어 독점하게 되었다.

　현재 중국경제는 35년간 매년 10% 이상의 성장을 이어오며 세계 2위 경제 대국이 되었다. 실제로 중국에 있는 기업체가 세계 상위 500개 중에 1/5에 해당하는 99개가 속해 있다. 이런 국제적 대기업 중에서도 홍콩의 3개 기업, 대만의 6개 기업을 빼고 나면 나머지 90개는 중국 정부 소유인 공기업이다. 이 기업들은 중국의 산업화를 견인하면서 총 수출의 90%를 담당하는 것이 공기업이란 얘기다. 이러한 공기업들은 우리나라처럼 자유경제체제 안에서 만들어진 일반 사기업과는 뚜렷한 차이를 가지고 있다.

　결국, 엄밀히 말하면 국가의 지원을 바탕으로 권력층과 결합한 특권, 특혜를 받아 만들어낸 기업들이 중국 경제의 90%를 이끌어가고 있다. 따라서 힘 있는 군벌이나 정치세력과 손을 잡지 않으면 중국 안에서는 어떤 기업도 성공할 수 없다. 바꿔 말해 중국 안에 있는 대부분 산업과 생산의 큰 몫을 담당하고 있는 기업들이 그런 식으로 엮어지고 있다는 것은 우리식 표현으로 정경유착, 그들 표현으로는 꽌시의 사회학에 묶여있는 것이다.

　이런 공기업들 대부분은 처음 시작할 땐 지금처럼 규모가 크지 않았다. 기술력과 자본력 모두 부족한 상황에서 시작되었다. 미국이 중국과 처음 접촉했을 때만 해도 중국에서 경쟁력 있는 상품이라고는 탁구와 밀짚모자밖에 없다고 할 정도였으니까. 그랬던 중국이 개방한 후 세계의 유수 기업들은 중국의 잠재력을 높이 평가해 진출을 본격화했다. 그리고 외부로부터 받아들인 기술과 생산 설비로 세계의 공장으로 발전해 나갔고, 마침내 중국은 불과 35년여 만에 세계 경제의 중심에 섰다.

초창기 중국에 진출했던 모든 외국 기업체는 49%만 갖고 출자를 했기 때문에 그 기업체가 아무리 돈을 번다 한들 51%를 가진 중국 측의 동사장(중국에서는 대표이사 등 사장을 이렇게 부른다) 때문에 이익을 얻을 수 없었고 물론 경영권도 획득할 수도 없었다. 게다가 추가 증자와 무제한에 가까운 꽌시를 바탕으로 한 금융자산을 투입해 외형과 지분을 늘려 나갔고, 결국은 초기 투자기업의 지분을 인수해 완벽한 중국 기업으로 만들었다. 또한, 우량한 협력업체를 꽌시로 지원하고, 똑같은 기술과 생산품을 생산할 수 있는 다른 기업들에 친인척을 동원해 키워나갔다. 결국, 중국은 꽌시의 경제로 시장과 경쟁자의 균형을 무너뜨리지 않고 산업 전반을 동반 발전시켰다.

중국식 꽌시의 경제는 시장경제와 개방을 내세웠지만, 그 안에서 중국 기업들이 함께 공생할 수 있는 여건을 만들며, 모든 외국 회사와의 경쟁에서 살아남을 수 있도록 배려했다. 또한, 중국 내 외국회사들의 영업이익을 49% 지분으로 제한하여 중국 내에서 발생한 이익이 해외에 유출되지 않도록 노력해왔다. 현재 중국의 90개가 넘는 글로벌 그룹 대부분이 이런 식으로 성장했고, 그 대기업을 구성하고 대주주로 있는 사람들은 대부분 막강한 지역 군벌이나 토호, 정치적 주요 세력들로 자리를 잡았다. 우리나라 재벌보다는 훨씬 긴밀한 조직관계라고 평가해야 할 것이다.

이런 기업활동이 부당하거나 비윤리적이라고? 그런데 어쩌겠는가?이런 모습을 가진 중국에 대한 준비가 부족해 대비를 못 한 것, 그리고 이제도의 교묘한 함정을 미리 알아채지 못한 것이 초창기 중국 진출의 포부를 가진 국내 기업들의 실패 원인이 돼버린 걸….

　중국 국가 예산을 들어보자. 중국의 GDP가 우리의 10배에 육박할 만큼 규모의 성장을 이루었다. 그런데도 중국은 국가 예산 총액이 5조위엔이다. 환율을 160대 1로 계산하면 800조원 정도다. 우리나라 국가 예산 총액이 440조이니, 실제로 액수의 차이는 크게 나지 않는다. 중국의 운영과 성장에 투입한 자금은 어디에서 생겼을까?

　중국이 800조원 밖에 안되는 예산으로 국가 SOC에 투자하고, 그 많은 중견 기업체들과 대기업들을 어떻게 만들었을까? 2편, 꽌시의 경제학에서 살펴보자.

중국의 핸드폰 사업이 말살되지 않은 비밀

1990년대 후반 한국의 삼성이 애니콜을 만들어 공전의 히트를 할 때, 중국은 PCS폰도 못 만들 수준의 휴대폰 업체밖에 없었다.

그 당시 노키아, 삼성을 비롯한 모든 기업이 동시에 중국 휴대폰 시장을 노리고 들어갔지만, 그때 삼성의 애니콜은 단연 최고 인기였고 중국 시장을 완전히 독점해 버릴 것이라고 예상했다.

그 당시 삼성 휴대폰의 중국 시장 가격은 국내와 비슷하게 50~70만원으로 형성되어 있었고, 반면 중국 국내산 휴대폰은 5만 원~10만원 선으로 가격이 유지되고 있었다.

이런 상황이라면 삼성과 손잡지 못한 중국 업체들, 도저히 경쟁이 안 될 작은 규모의 휴대폰 제조업체들은 꼼짝없이 무너지는 것이 합리적인 이치인데…. 그런 중국의 중소 업체들이 살아남은 이유는 무엇일까?

그것은 유통 과정 중에 삼성 휴대폰 10대를 도매로 공급받으려면, 중국산 휴대폰 100대를 인수하도록 규칙을 만들었기 때문이었다. 즉, 삼성 휴대폰을 직수입해 시장을 개방해 주는 대신, 중간 도매업체는 삼성 휴대폰 10개를 받기 위해서 중국 휴대폰 100개를 의무적으로 받아서 팔아야 한다고 규정을 붙인 것이다.

그 당시 삼성 애니콜은 인기가 높고 희소성이 있어서 시장 판매가격이 50만원이라 해도 암묵적으로 150~200만원에도 매우 잘 팔렸다. 정가가 50만원임을 뻔히 알면서도 150만원, 200만원 주고 최신형 휴대폰을 사는 것이다. 그리고 거기서 생긴 이득을 가지고 10만원짜리 휴대폰을 무료로 팔 수 있었다. 그렇게 되면 돈 있는 사람들은 50만원짜리 휴대폰을 200만원에 사서 쓰지만, 그 사람이 낸 추가 금액으로 인해 나머지 가난한 서민들은 공짜로 휴대폰을 사서 쓸 기회가 된다. 이것이 바로 중국식 꽌시가 빚어낸 경제학이고, 그런 비용으로 중국의 조악한 휴대폰 회사들은 공존과 발전을 이어 갈 기회를 얻게 됐다.

그때부터 지금까지 중국은 선불식 요금제의 휴대폰을 쓴다. 중국 사람들은 주민등록이 불확실해서 우리처럼 후불 휴대폰 사게 될 경우 요금을 받을 방법이 없기 때문이다. 그래서 각자 개인 IC칩을 주고 자기가 필요한 만큼의 선불을 넣어서 통화를 하게 했고, 그 칩을 파는 것만으로도 대리점 매장에서도 충분한 수입을 얻을 수 있었다. 결과적으로 삼성 애니콜 휴대폰이 중국에서 100만대가 나갔다고 했을 때 중국의 조악한 5~10만원짜리 휴대폰이 공짜로 가난한 서민들에게 500만대, 1,000만대 나간 셈이다. 그러면서도 계속 싼 휴대폰을 만들어가면서 충분한 기술적 축적을 하고 삼성 휴대폰을 카피하고 기술을 배워서 업그레이드시켜왔으며, 마침내 지금은 삼성 휴대폰과 똑같은 성능을 발휘할 수 있는 휴대폰을 만들어낼 만큼의 기술력이 다져졌다.

당시 기업들이 진출할 때 지분을 49%밖에 가지고 갈 수밖에 없었던 것도 있지만 이미 그 회사가 중국에 들어갈 때 국가의 중요한 공무원이나 고위층들이 51%를 갖고 있음으로써 회사 경영에 실질적인 영향을 미쳤을 것이다. 삼성이 차리기는 했지만, 주식의 51%가 중국인의 몫으로 배당되었는데, 그것을 일반 소시민이나 힘없는 사람들이 가질 수 있었을까? 당연히 그 기업의 가치를 아는 권력자가 투자와 배당을 할 수 있었을 것이다. 그런 의미에서 삼성은 이미 정치적인 배경이 든든한 파트너를 얻게 되었으니, 삼성의 사업이 일사천리로 풀리는 것이 당연할 것이다. 그러나 그런 여건 속에서도 중국 정부는 자국의 중소기업이 회생하고 공존할 수 있는 배려를 소홀히 하지 않았고, 그렇게 육성된 자국의 휴대폰 사업은 2014년 기어이 중국산 폰으로 중국 내 시장 점유율 1위를 탈환하게 된다.

같은 고도성장기와 급속한 공업 발전을 겪은 가운데, 중국과 한국이 비교되는 점은 우리의 대기업은 중소기업과 공존할 사회적 시스템이 발달시키지 않은 것이고, 그것은 독점 자본의 탐욕 때문은 아니었는지 안타까운 의문을 던져본다.

꽌시의 경제학

　1998~99년, 내가 중국에서 본격적으로 거주했던 때에 한국 기업들의 중국 진출이 본격화되었고 그에 대한 전망은 낙관적이었다. 그런 분위기에 휩쓸려 대기업과 중소기업, 그 밖에 많은 제조업이 중국 진출을 선점하겠다며 앞다퉈 들어갔지만 대부분 크게 실패했다. 그런 패착의 과정들을 지켜보면서 느낀 것들을 알려드려야 할 것 같다.

　물론 15년 전 이야기지만, 분명 실패를 통해 배워야 할 교훈이 있을 것이다. 더구나 그 시기를 전후로 중국이 얼마나 빠른 성장과 기술발전을 해 왔는지, 그리고 그러한 배경에 어떠한 보이지 않는 요인이 작용했는지에 대해 잘 파악하고 있는 사람들이 거의 없다. 그저 막연히 저절로 지금의 중국이 된 줄로만 알고 있다. 그런 부분에 대한 안타까움을 실제로 겪은 체험을 바탕으로 들려주고 싶다.

　지금도 그렇지만 그 당시 중국은 한국사람, 한국자본, 한국기술에 대한 맹목적인 믿음과 호감이 있었다. 그러나 곧 그 특장점들을 중국에 다 빼앗겼다. 사실 중국과의 거래에서 이득을 본 국가나 기업은 거의 없다. 중국은 의도적으로 자신들의 이득을 취해낼 수 있는 형태로 제도와 행정을 진행해 왔기 때문이다.

1979년도부터 미·중 수교가 본격화되고 무역거래가 시작되었을 때 미국은 중국에 조세 최우대국 수준의 특혜를 주게 된다. 조약을 담당했던 한 담당자는 이런 얘기를 했다. "중국이 앞으로 10~20년 동안 미국으로 수출할 수 있는 것이라곤 밀짚모자뿐일 것이다." 중국의 산업 규모나 생산품의 수준으로 봤을 때 중국 상품이 미국 시장에 진입할 수 있는 경우는 거의 없을 것이라 예상을 한 것이다.

그런데 중국은 2001년 WTO에 가입했고 미국 내 모든 생산품은 70% 이상이 'Made in Chaina'로 뒤덮이게 된다. 중국을 미국 상품의 수출 시장으로 생각하고 경제를 들여다봤던 미국은 오히 내수시장을 중국에 내주게 되었고 나중에는 심지어 중국에 돈을 빌려야 하는 상황으로 내몰리게 된 것이다. 불과 35년 만에 중국이 그만한 기술을 축적하고 다양한 상품을 만들어낼 수 있었던 비결은 무엇이었을까?

앞에서 얘기했다시피 중국 안에서 기업과 경영, 정치와 사회관계는 모두 꽌시와 연관이 있다. 꽌시와 연관된 기업들은 경영, 영업, 금융, 세제 등 모든 분야에서 잘 풀린다. 기업을 할 때 필요한 행정적인 절차나 지원, 금융 같은 것들이 사실상 어떤 내규 하에서 운영되는 것이 원칙이지만, 실제로는 꽌시라는 인맥관계에 의존하고 그 인맥을 총괄 할 수 있는 실질적인 실권자에 의해 운영 관리되었다. 그래서 꽌시와 연관되지 않으면 중국에서 최고의 기업으로 발전하고 성공할 수가 없는 것이 현실이다.

그런 면에서 중국은 굉장히 폐쇄적인 사회다. 중국의 경제개발 정책이 1970~80년대에 어떻게 바뀌었는지를 먼저 알아야 중국경제 체제 변화에 대해 이해 할 수 있다.

일단 중국이 공산주의 체제로 거듭난 이후 모든 제품에 대한 생산, 유통, 가격 결정과 같은 구체적인 결정을 정부가 주도했다. 정부가 공장에서 무엇을 어떻게 만들지, 땅에서 어떤 작물을 키울지, 그것들을 얼마에 팔지 등이 정책적으로 결정했다. 중국은 2차대전 이후 극빈한 상태에서 주로 대규모 건설 사업에 많은 투자를 했다. 다리를 세우고 댐을 만드는 등 토목부문 SOC에 투자가 몰리다 보니 중국 내의 소비재 생산과 산업은 날이 갈수록 떨어지게 되었고 그 속에서 1966년 마오쩌둥은 10년 동안 문화대혁명을 일으킨다.

문화대혁명이란 중국에 남아있는 봉건사회에 대한 구태, 모든 기득권과 국유기업, 자산, 종교, 문화적 지도자들을 말살해버리는 정책으로 그 과정에서 중국 내의 기존 자본들은 지하로 숨어버리게 된다. 땅이나 건물 등의 부동산이 모두 국유화가 되고 기업, 농업도 국가가 관리하겠다고 하니, 지주나 전주들이 가지고 있었던 모든 재산을 들고 지하 경제로 숨어버리게 된 것이다. 산업을 지탱해야 할 자본가들과 경영자들도 문화대혁명 시기 동안 자취를 감추었다. 그 결과 10년 만에 중국은 세계에서 가장 빈곤한 농업국가 수준으로 전락해버리고 만다.

결국, 1976년에 마오쩌둥이 실각하고 78년 덩샤오핑이 들어오면서 중국은 전면적인 경제 개방을 시작했다. 경제발전이 최우선 과제가 되면서 79년 미국과 중국이 수교를 맺게 되었고, 그것에 맞춰 서방기업의 진입과 투자를 받아들이되 새로 생기는 기업이나 자산에 대해서는 중국과 외국이 절반씩 나눠야 한다는 조건을 건, 공유를 전제로 하는 개방경제를 추진하게 되었다. 쉽게 설명하자면, 중국의 모든 시장을 개방해주겠으니

51%는 무조건 중국사람 내지는 중국기업이 소유하고, 나머지 49%의 투자만을 받아주겠다는 것이었다.

그 당시 중국 내 기업의 최우선 목표는 고용 확대와 일자리 창출이었다. 중국 정부는 국내의 높은 실업률을 해결해야 했고, 대부분의 사람은 땅도 잃고 자본도 없어 자립적 경제활동이 불가능한 상태였기 때문에 그들을 노동시장에 흡수하여 해결책을 만들고자 했다.

공산주의 국가인 중국은 그 사람들을 다 먹여 살려야 했기 때문에 어디서 일하든 임금은 똑같이 정했고, 어느 정도 수익이 발생해 임금이 올라갈 수준이 되면 기업에 그만큼의 인력을 더 고용하라고 강요를 한 것이다.

이렇게 되니 노동자 100명이면 충분히 공장을 운영할 수 있는데도 150~200명이 근무하였고, 마땅한 일거리가 없으니 풀을 뽑게 하거나 유리창을 닦게 하는 등 인력이 넘쳐나는 생산현장이 많아졌다. 일단 고용된 사람은 기본적으로 국가와 기업이 급여, 연금을 해결하는 제도를 두고 있어서 기업들은 잉여 인력들을 월급의 50%나 60%만 지급하고 돌려보내는 편법을 쓰기 시작했다. 명목상으로는 노동자 A는 B공장에 소속되어 있는 직원이지만, 임금의 일부만 보존 받고 농업이든 상업이든 자유로운 경제 활동을 하도록 하는 기업들이 늘어나게 되었다.

그런 식으로 내몰린 사람들과 농업에서 밀려난 소도시의 사람들은 자기 동네에서 일자리를 못 구하니 취업을 위해 대도시를 떠도는 유랑인이 되었다. 통계적으로 보이는 경제 규모와 취업률보다 실질적인 일자리를 잡지 못하고 떠돌아다니는 사람들이 많았고, 그들은 무등록 도시노동자로 전락해버렸다.

이런 조건에서 일하는 사람들은 일단 주민등록제도, 사회보장제도에서도 배제되어 임금에서 손해를 볼 수밖에 없었다. 결국, 중국 도시를 떠돌아다니는 도시유민들이 3억 명에 육박하게 된다.

1997~98년도쯤에 와서야 중국은 이 문제를 해결할 계획을 내놓는다. 사회보장과 경제 발전, 사회의 안정을 촉진한다는 명목 아래 자본과 기술, 수익을 생산자들에게도 배분해 주기 시작한 것이다. 해외 투자자들에게도 수익을 분배하고, 해외로 가져갈 수 있도록 하겠다는 개선정책이 나오면서 적극적인 2차 자본 유치가 시작되었고, 중국에 들어오는 기업들이 본격적으로 늘어나기 시작했다.

우리나라 대기업들도 이 시기에 집중적인 진출을 하기 시작했다. LG는 중국에 세운 공장들을 확장해서 전 세계 백색가전 생산 1위로 키워냈고, 삼성은 전 세계의 약 20만 명 정도의 삼성 노동자 중 20%를 중국 사람으로 고용할 만큼 사업 확장을 했다. 현대자동차도 중국에서 생산되는 자동차 수가 약 130만 대 정도 될 정도로 집중적으로 공장들을 세웠다.

효율을 떠나 충분한 노동력이 갖춰져 있으므로 인력 부족은 걱정할 필요가 없었고, 그중 일부를 편법으로 비용 처리를 하다 보니, 노동자들 입장에서 노동 수익만 갖고는 먹고 살기 힘든 시절이 이어져 갔다. 즉 자본가와 투자자본 꽌시로 묶인 기업의 투자자들은 내수와 수출시장을 장악해 가면서 비약적인 발전을 이루어 냈으나, 노동자들과 농촌 및 소도시의 주민들은 상대적인 소득 불평등과 빈부의 격차가 심화되었다.

이러한 기업경영에서의 독특한 운영의 핵심은 51 : 49라는 지배구조

안에서 51이라는 지분을 중국 사람이 차지해야 된다는 법적인 제약에 있었다. 하지만 한국 기업은 이 원칙을 제대로 이해하지 못하고 진정한 협력자보다는 서류상에 필요한 동사장을 고용하여 실제적인 지배구조를 독점하려고 했다. 동사장이란 우리말로 사장을 말하는데, 경영철학을 가진 사람을 앞혀서 같이 운영하는 것이 아니라 돈으로 이 사람의 명의를 사는 편법을 동원하였다. 동사장을 고용해서 겉으로는 51% 지분으로 되어있지만, "이 회사는 내가 100% 주인이고 동사장 너는 내 직원이다."라는 식의 운영이었다. 일종의 종업원 CEO 형태를 만든 것인데 문제는 이 방식으로 운영했던 기업들은 다 실패했다는 것이다.

종업원 CEO인 동사장들은 실제로 무능했다. 이들을 고용할 때 "당신의 경력이나 집안이 어떻게 되느냐"하고 물어보면 "저는 청화대학 나오고 아버지가 군벌이고… 등등" 장황하게 얘기를 한다. 자기 경력을 뻥튀기하는 것이다. 자기가 사장만 되면 영업도 필요없고 사업도 잘 풀어나갈 인맥이 있다고 한다. 이런 식으로 자기 프로필을 소개하는데 그것이 확인이 안 되는 경우가 태반이었다. 막상 고용해놓고 보니까 실제로는 월급만 축내고 업무적으로는 진행되는 것이 없었다. 실제 경영자인 동사장의 꽌시가 약하면 행정, 은행, 영업 등 모든 분야에서 어떠한 사업도 펼쳐나가기 힘들었다. 결국은 그런 식으로 사업파트너를 계속 바꿔봐도 결국은 사기꾼이 되고 마는 것이다.

반대로 성공하는 기업은 어떻게 했을까? 기본적이고 정상적인 절차를 밟아서 투자를 하면 성공을 한다. 대부분 중국 사업에 진출 할 때 먼저 자신의 투자 규모를 신고하게 되어있다. 100만달러면 100만달러,

1,000만달러면 1,000만달러 이렇게 투자에 대한 규모를 사전 계획서로 제출하고, 내가 가지고 있는 돈에 대한 공증을 받는다. 예금 잔액이나 현재 사업규모나 자산을 확인시키고 증빙서류를 제출한다. 그리고 희망 지역에 투자를 위한 시찰을 하러 가게 되면 그 지역 공무원이 마중을 나온다. 100만달러를 투자하겠다는 사람이 오면 6인승 승합버스를, 1,000만달러를 투자하겠다는 사람이 오면 리무진을 대절해서 나오는 차이가 있을 뿐, 투자자를 모시고 투자업종과 규모, 부지에 대한 설명을 전담 공무원이 도와주는 것이 국가 공무원의 업무다. 그리고 실질적인 권력과 관계가 있는 꽌시를 가진 경영자와 손을 잡게끔 투자자에게 파트너도 연결해준다.

실질적인 권력과 관계가 있는 이 사람과 손잡고 사업을 시작하게 되면, 내 지분은 49%에 불과하지만 내가 지으려는 공장의 부지 선정, 공사 과정, 전기·수도의 인입, 금융 지원, 세제 등과 나중에 공장이 생기고 난 뒤 제품 제조에 필요한 노동력과 추가 대출까지도 모든 게 일사천리로 해결된다. 이 사람은 실력자이자 그 수익의 직접적인 수혜자다.

예를 들어 중국에 휴지 제조 회사를 만들었다고 가정해 보자. 그동안 중국은 전체주의적인 산업 통합 네트워크로 운영해왔기 때문에, 이 기업 담당 공무원은 휴지와 같은 물건을 유통하는 다른 성 조직의 공무원과 쉽게 연결될 수 있다. 그래서 공무원들 사이에 "우리 지역에 휴지 만드는 공장이 생겼는데 이거 얼마에 사줄 수 있어?" 하며 영업도 해주고, 상품 배송 후 수금까지 공무원이 도움을 준다. 그래서 그 수익이 은행에 입금되면 그 소유 지분에 대한 49%만 내가 챙기면 되는 것이고, 51%는 동업하는 동사장의 것이다. 이런 식으로 운영하는 사업이 전형적인 중국식 꽌시의 기업이다.

보통 자본을 늘리고 회사를 키우고 싶다고 했을 때, 우리나라 같은 경우 지원을 받기위해 대출 심사도 하고 이자율을 협상하는 등의 모든 것을 기업주가 조달하고 책임져야 한다. 그런데 꽌시의 경제에 있어서는 능력을 갖춘 동사장과 외국 기업이 투자만 결정되면 은행에서 무제한으로 돈을 끌어다가 쓸 수도 있다. 기업의 제품이 우수하고 시장성이 있다고 하면 기업을 성장시키는 모든 과정이 자연스럽게 지원되는 것이다.

중국 정부의 재정 수입의 대부분은 간접세에 의존한다. 직접세를 거둬들이기엔 국민의 주민등록 명단이나 소득 파악이 쉽지 않아 간접세에 의존하게 되는 것이다. 유통되는 상품에 세금을 붙여서 거둬들이는 조세가 전체 세수의 70% 정도 된다. 그렇기 때문에 중국 입장에서는 외국 기업이 국내에 진출하게 되면 어떻게든 그것을 통해 기술적인 자립과 성장, 내수 경제 확대, 그리고 일자리 창출과 국가 경제발전을 동시에 이루는 것을 목표로 한다. 그리고 그 목표 달성의 중요한 축을 꽌시가 좌우한다 해도 과언이 아니다.

그런데 간혹 이런 경우도 있다. 동사장이 휴지 공장을 성공적으로 관리해보니까, 기술도 배우고 얼마만큼의 인력이 필요한지도 파악이 됐다. 그럼 동생이나 친구 같은 자기 인맥에게 "내가 기술도 넘겨주고 기능공도 몇 명 보내줄게. 저쪽 성에다가 휴지 공장 하나 더 세워라."라고 한다. 돈이야 꽌시나 인맥을 통해 대출로 충분히 조달할 수 있고, 기존의 외국 기업보다 규모 있는 공장을 만들어 동사장이 기업을 점유한들 그것을 제한

하거나 막아낼 재간이 없다. 그때 외국 기업은 슬슬 보따리를 쌀 준비를 해야 할 시기라고 해야 할까?

이런 이유로 세계 500대 기업 안에 99개 이상이 중국 기업일 수 있었고, 이만큼 중국 국영 기업이 끊임없이 성장할 수 있었던 비결이 바로 이런 '꽌시'를 통한 제한 없는 기업 확장이 가능한 여건이 있었음을 알아야 한다.

여기서 가장 중요한 핵심 요소가 관치금융인데, 중국은 자본으로 투자할 만한 저축이나 비축 재화가 없었다. 다만 '꽌시'만 확실하다면 은행에서는 그것을 믿고 얼마든지 대출을 해주었다. 오직 걱정되는 문제는 과잉 생산일 뿐이다. 예를 들어 10억달러를 들여 제철소를 세우고 3억달러쯤 벌어들이고 있는데, 이웃 행정구역에서 기술과 자본을 똑같이 베껴 또 다른 제철소를 짓겠다고 해도 소비 시장만 충분하다면 문제가 될 것이 없다. 그런데 만일 내수 경기나 수출이 줄어들어 구조조정의 상황에 부딪힌다면? 우습지만 결국 꽌시가 밀리는 기업이 먼저 구조조정을 당하게 된다.

그럼 성공한 외국 기업은 어떻게 중국에서 철수하게 되었나? 중국 진출 초기에 기술적인 부분에 투자를 많이 했던 한국 기업가가 초기에 1000만달러의 투자 지분으로 49%를 차지하고 있었다고 가정하자. 그 후 그 기업은 성장과 발전을 거듭해 10억달러 정도 규모로 성장했다고 가정하면, 그 발전과정에 추가로 투입된 막대한 자본들은 대부분 동사장 측근이나 중국 은행이 투자하게 되는 것이 보통이다.

그렇다보니 이 기업가는 창출된 손익만 잘 챙기고 추가 투자에 기여하는 바가 없으면 49%였던 자본가의 지분이 점차 줄어들어 종국에는 15%, 10% 수준으로 줄어들게 되고 마침내 경영권에서 소외되고 만다. 이런 방식의 중국식 혼합 경영, 꽌시를 통한 혜택들이 전 세계 기업들을 많이 끌어들였다. 내수와 수출과 무한대의 투자까지 기업의 성공 요인들은 너무도 명확해 보이니까. 그리고 그 기업과 협력하는 자체적인 중국기업도 자연히 성장하게 된다.

그런데 우리나라의 기업가들은 그 꽌시의 중요성을 소홀히 판단하고 독자적인 경영을 하고 싶은 욕심으로 "투명하게 1,000만달러는 이체하기 싫고, 현금으로 한 100억 들고 가서 기업 하나 세우자. 중국 안에서 똘똘한 인재를 고용해서 10% 쯤 경영권을 내주고 사업자등록을 하면 되겠어" 하는 한국식 기업마인드로 진입했던 기업인들이 많았다. 하지만 괜찮은 인재나 꽌시를 가진 인물이 그 회사만 보고 월급 사장으로 올 리가 없지 않은가? 결국은 경영과정에서 생각하지 못한 벽에 부딪히게 되고, 뒤늦게 꽌시의 중요성을 깨달아 뒤늦은 구인을 해보지만, 이미 기회는 지나갔다.

현재 중국의 최고 권력자인 시진핑 주석이 중국 경제를 정상화하기 위한 과제 중 하나가 부패척결이다. 그리고 이러한 꽌시의 또 다른 면은 부정부패로 받아들여질 수 있는 부분도 있다. 이미 권력 상층부의 많은 관료가 부정과 연관되어 처벌받고 실각을 하기도 했다. 그래서 시진핑 집권 이후 꽌시가 잘 안 먹힌다는 말이 있을 정도다. 그러나 중국 GDP의

90% 이상을 생산하고 있는 거대 기업들은 이미 군벌 및 정치적 세력과 연관되어 있다. 시진핑 주석 일가조차도 4억달러가 넘는 자산을 가진 친척들을 거느리고 있다는 루머도 있다. 그럼에도 불구하고 이런 꽌시의 영향력을 줄이고 정경유착을 단절하며, 구체적으로 투명화와 정상화를 해야 하는 것이 중국 경제가 안고 있는 딜레마다. 그러한 과제를 수행하기 위해서는 거대 공기업들을 민영화하고 일부 특권층의 소유지분을 국민들에게 나눠줘야 한다. 그러기 위해서는 금융시스템의 선진화가 가장 필요하다.

꽌시가 무너진다는 것, 즉 배후 실력자가 권력을 잃으면 모든 자산과 관련된 인맥과 꽌시가 한꺼번에 힘을 잃는다. 한때 성장의 기반이었고 경찰서장이나 관세 처장 등이 혈맹 이상의 공생관계를 맺고 있지만, 우두머리 실권자 한 명이 권력을 놓치면 이 조직 자체가 무너지게 되는 것이다. 한마디로 대규모 피의 숙청이 일어난다.

그래서 어떻게든 권력을 지켜야 하는 공동의 목적이 있고, 그 집단의 단결력은 어마어마하게 견고하다. 혈연이 아닌 사업적인 관계로 묶이다 보니 꽌시에 있어서 비록 외국인이라 할지라도 일단 관계를 맺으면 중국 사람과 똑같은 꽌시를 대접받을 수 있고 그만큼의 유대를 이어갈 수 있다. 하지만 그러한 과정 중에 부패라든지 정치적 실각 같은 문제가 생기면 같이 무너질 수도 있다는 것을 염두에 두어야 한다. 꽌시는 공동의 이익을 위한 합리적인 공동체이고 묶여있는 집단의 견고성은 상상을 초월한다. 우리나라의 관피아같이 오로지 돈으로 이어지는 협잡 같은 관계와는 비교도 할 수 없다.

공업화를 해봐야 밀짚모자나 팔 줄 알았던 중국이 "유인 우주선을 달에 착륙시키겠다."라고 할 정도로 과학 기술과 국방 등 모든 면에서 성장했다. 우리나라가 50년 걸린 과정을 저 큰 덩치의 나라가 불과 35년 만에 해낸 것이다. 그 과정의 진짜 비결 뒤에 몰지각하고 부패하고 음흉한 뒷거래가 숨어 있었겠지만 사실 그러한 중국도 "이런 식으로 가면 나라 망한다. 국민들에게 어떻게든 이 수혜가 돌아가야 한다."라고 인식하고 분배가 우선인 경제 정책으로 탈바꿈하고 있다.

중국은 살아남기 위해 최상의 방법을 통해서 여러 나라에 있는 기술과 자본들을 끌어 들였고 일부 착취한 것은 사실이다. 그 과정 중에서 모든 국민과 사회 계층에 충분한 분배와 재분배를 못 해 준 것도 사실이다. 중국에 진출했던 우리나라 대기업들도 큰돈은 못 벌었지만 어쨌거나 돈은 벌었고, 이제는 더는 수익이 없다고 생각해 빠져나오고 있는 단계이다. 그 성공의 내막에 꽌시의 경제가 직접적인 영향을 끼쳤다는 점을 이해해야 한다. 그로 인해 벌어진 엄청난 빈부 격차의 해소를 위해 중국은 최고의 방법을 연구하고 분배를 위한 시도를 하고 있다.

중국은 공산 중국 출범 이후 30년 동안 통제된 계획 경제를 해왔다. 그것을 개방으로 돌리고 그 시스템을 활용해서 최대한 자국의 이익에 도움될 수 있는 개방 형태를 취했다. 그래서 당시에는 초창기 진출 기업들에 설립 지원과 특혜, 시장과 수익보장 모든 걸 다해줄 거라고 약속했고 실천했다. 중국은행을 통해 공식적으로 투자한 기업과 기업인은 오랜 전성기를 충분히 영유하며 기업을 성장시키고 돈을 벌어서 배당을 받았고, 일부는 아직도 그곳에 사는 사람들도 많다.

하지만 그 기업이 커지는 과정 중에 실수익은 결국 꽌시와 연관되어있던 주변 기업 들에게 더 집중되었고, 이것이 권력 집중형이 되다 보니 빈익빈 부익부를 극단적으로 키웠다는 평가를 할 수 있다.

중국 기업의 새로운 변화 민영화와 복지 강화

앞으로 중국 기업의 발전은 주식 분리와 건전한 민영화에 달려있다. 민영화를 위해서는 누군가는 이 덩치 큰 기업을 돈을 내고 사줘야 한다. 누군가에게는 팔아야 하지만 중국 입장에서는 정부의 이익에 적대적인 곳에게는 줄 수도 없다. 지분과 주식, 그리고 경영권이 잘못된 쪽으로 간다고 하면 거기에 연관된 모든 꽌시가 전부 무너져 버리니 함부로 매각하기도 힘들다. 거대한 부의 상징인 중국의 공기업의 존재는 중국에 부자가 많다고는 하지만 그 부자들끼리 모여서 쪼갤 수 있는 한계를 넘어선 공룡들이다. 결국, 우리나라의 재벌의 기업구조나 중국의 기업구조나 문제점은 같다. 너무 커져 버린 이익집단을 어떻게든 갈라서 서민들에게 나눠주려 하는데 그 방법을 지금 못 찾고 있다. 그래서 중국은 국민들에게 급여 외의 소득, 별정의 소득, 또는 공통으로 수혜를 받을 수 있는 지원책을 만들어 전 국민에게 나누어 줄 방법들을 모색하고 있다.

중국은 앞으로 전 국토에 약 500여 개의 중소 도시들을 세워서 국민들이 잘 살수 있도록 주거와 복지가 갖춰져 있는 계획형 도시들을 만들 계획을 세우고 진행중이다. 우리나라로 말하면 일산 신도시, 분당 신도시 같은 '시범도시사업'인데, 특화된 신도시를 세워 그곳에 들어오는 사람들에게 직업, 교육, 복지 등의 생활을 영위할 수 있게 하는 국토 종합개발 사업들을 벌여가고 있다. 해안에 집중되어 있던 부를 내륙으로 확대하고, 남방에 집중되어 있던 것들을 북방으로 끌고 올라가면서 복지와 혜택을 전 국토와 국민들에게 분배하려고 한다. 중국식 복지국가의 본보기가 실행되는 셈인데 그것은 일당체제의 정권, 안정적인 정치, 그리고 완벽한 관제 금융이 있어서 가능한 계획일 것이다.

중국의 연금 복지

현재 중국의 인건비는 35년 전에 비해 엄청나게 올라와 있다. 초기에 중국이 세금 없는 나라인 줄 알고 진출했던 기업들이 지금은 인건비가 비싸다며 베트남 등 다른 아시아 변방국으로 투자를 옮기고 있다. 그 이유를 살펴보면 임금 안에 연금 형태가 숨어 있기 때문이다.

중국에는 연금 제도가 세 가지가 있다. 월급쟁이들은 보통 도시형 연금제도의 혜택을 받는다. 생산직 공장 노동자들은 정부와 기업체가 함께 통상임금의 60% 정도의 노후 연금을 보장해준다. 그런데 기업들이 근로자의 연금부담까지 지게 되니 기업의 세금 부담이 33%까지 올라가 버린 것이다. 하여 우리나라를 비롯한 다른 여러 외국 기업들이 중국에서 더는 기업 활동을 못 하겠다고 돌아서고 있다. 농업지역에는 농업형의 연금이 있는데 적금 붓듯 저축해 놓았다가 납입액의 일정액을 25년 동안 나눠 받는다. 일종의 계나 적금형 보험과 비슷하다. 공무원이나 군인 같은 경우 90%의 연금을 보장해주고 있다.

중국의 지하경제 양성화?

중국의 산업 발전에 필요한 투자부분은 은행이 중대한 역할을 했다. 중국은 기본적으로 은행 안에 돈이 없다. 중국인들의 특성 중에 은행 저축보다는 현금 보유를 선호하기 때문이다. 문화 대혁명 이후 현금은 갖고 있어 봐야 휴지라는 생각이 자리 잡았고, 금이든 물건이든 실물에 투자하는 쪽을 선택하게 되었다. 정부 입장에서는 여신을 확보해야 되는데 서민들은 예금을 안 하고, 서민들 입장에선 돈을 넣어봤자 이자가 워낙 적고, 게다가 자산가들도 재산추적을 피하기위해 저축을 안 하지 않았다. 그래서 현금이 생기면 상자에 넣어서 창고에 쌓아 버리게 된 것이다.

지하 경제에 묻혀 있던 돈을 꺼내 오기 위해 중국 정부는 기막힌 묘수를 썼다. 90년대 중반, 중국은 100위엔 짜리 화폐를 발행했다. 100위엔은 당시 경제 수준을 생각하면 고액권이었다. 우리나라 돈으로 말하자면 1만6천원인데, 그 당시 100위엔 짜리 한 장을 들고 아침 일찍 슈퍼에 가면 잔돈이 없어서 못 바꿔 줄 정도였다. 100위엔 화폐를 발행과 동시에 돈은 어마어마하게 풀렸으나 그에 반해, 은행에는 발행된 신권은 되돌아오지 않았다. 자본주의 경제 체계를 통해 돈은 벌었지만, 은행에는 넣을 수 없으니 고액권으로 바꿔서 산더미처럼 쌓아놓기 시작했다. 발행되는 고액권 중에 10%도 시중에 안 돈다는 말이 있을 정도로 돈들이 빠져나갔다. 약 3년 후 정부는 화폐의 색을 파란색에서 빨간색으로 바꾼 뒤 1인당 1만위엔만 바꿔주겠다는 제한을 걸고 화폐를 개혁한다.

돈을 쌓아놓았던 부자들은 미쳐 버릴 노릇이었다. 가지고 있는 막대한 현금들을 다 쓰지도 못하고 휴짓조각이 되게 생겼으니 말이다. 개인적인 방법으로는 바꿀 수 있는 규모의 금액이 아니므로 결국 고위급 관리들과 협상을 하게 된다. 그래서 일정금액을 국가에 헌납하고 그 돈을 저축하여 지하경제에 묻혀 있던 엄청난 자금들을 양성화하는 쾌거를 거두게 됐다고 한다. 우리나라도 이런 거 좀 배우면 좋겠다!

그들은 무엇을 먹을까?

중국은 먹는 것을 중요시 하는 문화가 있다. 세계 어느 나라 보다 음식 문화가 발전했고, 음식재료의 다양성을 가지고 있으며, 음식에 투자하는 비용도 파격적이다. 중국인에게 먹는 것이란 문화의 일부이기도 하고 자신의 신분과시와 자기만족을 위한 가장 중요한 요소 중 하나이다.

음식을 배불리 먹고 고급스러운 음식을 먹는 것을 최고의 가치로 여겼던 중국 사람들은 공산화 이후에도 이런 전통적 가치를 버리지 못했다. 1950년대 이후 중국 국민들을 모두 공평하게 잘 먹인다는 목표 아래 공산주의식 공동경작과 계획유통, 식량 배급제가 시작되었는데 그 식량 배급의 기준은 노동의 가치로 구별되어 정해졌다. 이를테면 육체노동자들을 1급, 2급, 3급으로 나누고 육체노동을 많이 하는 사람에게 약 25kg 정도의 곡물을 더 주고, 교사나 정신노동자들은 더 적게 배급했다. 그리고 그보다 더 어린아이들은 성장이 겨우 가능할 정도로 차등 배급을 했다. 이런 불공평한 배급제는 1976년까지 유지되었다.

배급 초기에는 곡물을 직접 제공하다가 나중에는 국수나 만두 같은 가공식품을 주다 보니 일반 서민들이나 별도의 소득이 없었던 도시 노동자 같은 경우 모든 식량 공급을 배급제에 의존할 수밖에 없었다. 그러다보니 우연히 손님이 오더라도 접대도 제대로 할 수 없었고, 그래서 손님을 맞이하려면 외식에 의존하는 문화가 발전하게 되었는데 그 과정에서 외식문화의 등급제가 생겨났다.

중국 안에서 가장 가난한 사람들은 농민공이라 불리던, 지방 중소도시 출신으로 여기저기 떠돌며 막노동으로 연명하던 유랑 노동자들이었다. 당시 중국은 도시의 전체 인구를 20%로 한정해서 주민등록을 발급해주었고 도시에 거주할 수 있는 권한이 인구의 20%로 제한되다 보니 그 안에 속하지 못한 수많은 사람은 무적자로 거리를 떠돌게 되었다. 도시 시민들의 수입은 그보다 조금 낫다고 하지만 육류를 만족스럽게 섭취하기엔 수입이 너무 부족한 상태였다. 어차피 상류층 사람들이야 돈이 있으니 암거래 시장 같은 곳을 통해 고급 음식재료를 사 먹을 수 있었지만 그것을 공개적인 상점으로 보기는 힘들었고, 이런 음식문화의 편차는 1970년대 후반까지 지속되었다.

배급되는 식량의 종류와 양이 너무 부족했던 이 시기는 중국 음식문화의 암흑기였다. 그 후 덩샤오핑의 개방정책과 더불어 배급제는 폐지되었고 정부는 불안해졌다. 정부에서 시장가격이나 유통을 통제하고 유지할 때는 국민들이 밀가루든 옥수수든 어떻게든 끼니를 보장받았는데 배급이 끊긴 상황에서 곡물가격이 올라가 버리면 대다수 저소득 국민들을 굶어 죽게 될 수도 있는 문제가 대두 되었다. 그래서 국가는 극빈층들에게 최소한의 식량 원조 개념으로 보조금 형태의 돈을 지급하기 시작했다.

차츰 시장이 활성화되어 물가가 안정되면서 음식문화는 빈민의 식당, 중인의 식당 등 수입에 따라 식사를 하는 것 자체가 사회 계급을 만들게 되었다. 중국에 가면 아침에 사람들이 자전거 타고 가다 길거리에서 콩국이나 꽈배기나 도넛을 사 먹는 모습을 보게 되는데 외국인들 눈에선 조금 저급한 식단으로 보일 수도 있지만 의외로 맛이 괜찮고 든든하기까지 하다.

처음 중국에 갔을 때는 특유의 향신료와 독특한 풍미 때문에 중국 전통 음식을 도저히 먹을 수가 없었다. 중국 음식의 맛과 문화를 이해하기 어려웠고, 지저분한 주방 환경은 더욱 중국 음식에 대한 불신을 주었던 게 사실이다. 그래서 주로 한식당이나 서양식당을 찾아다녔는데 그것도 물리기 시작하자 호기심이 생겼다. 중국의 시장 문화와 야시장의 음식 맛이 어떠할까? 처음엔 무슨 일 당할까 봐 혼자서 그런 곳에는 가질 못 했다. 중국 사람들 목소리 톤이 워낙 높아서 옆에서 듣고 있으면 싸우는 것처럼 느껴졌고, 더구나 시장통은 더 시끄러웠다.

그 당시 중국 내 한식당에 가면 김치찌개 1인분이 중국 돈으로 30원, 우리나라 돈으로 약 4천원정도 됐다. 우리나라 물가랑 별 차이가 없는 셈이었다. 그런데 중국 시장통에 가면 40원 정도면 육해공이 아우러진 요리들을 열 가지 정도 주문해 먹을 수 있었다. 음식재료들이 쫙 깔렸고 있고 선택만 하면 눈앞에서 요리를 바로바로 해주는데 5분도 안 돼서 음식이 나왔다. 마치 뷔페식당 같은 느낌인 데다 그렇게 많은 음식재료에 저렴한 가격이라니. 그 맛에 빠져들기 시작하니 한국 음식을 오히려 찾지 않게 되었다.

중국 요리들 대부분은 기름에 볶아서 조리한다. 그렇게 많은 양의 기름을 섭취하고도 중국인들이 별 탈이 나지 않는 이유를 찾아보니 조리용 기름으로 주로 땅콩기름을 쓰고 있었다. 땅콩기름은 옥수수기름보다 산화가 훨씬 덜 되고 체내 지방분에 대한 축적이 적어, 그 피해를 줄여주는 역할도 한다고 한다. 그래서 중국은 시장경제로 개방된 후에도 국내에서 유통되는 땅콩기름과 밀가루 만큼은 정부가 적극적으로 개입해 가격을 통제했다.

개인적으로 시장통에서 즐겨 먹었던 음식 몇 가지를 꼽아보자면 첫째로 번데기가 있는데, 우리나라 것은 새끼손가락 마디만 한데 중국 번데기는 엄지손가락 두 개 합쳐놓은 것처럼 크기가 컸다. 한 접시가 나와도 세 마리만 먹으면 배가 부를 정도였다. 도대체 그 번데기에서 나오는 나방은 얼마나 큰 놈일지 상상이 안됐다. 조개의 경우도 음료수 캔 정도 두께의 관자가 튀겨져서 나왔다. 남방의 거대한 진주조개 관자려나?

특히 혹시 중국여행을 가는 여행객들을 마라탕은 꼭 드셔 보시라고 권해드리고 싶다. 우리나라로 치면 잡탕이나 해장국 같은 느낌인데 먹어본 음식 중에 가장 오묘하고 신비로운 맛이었다. 강장효과가 큰 서민적인 탕요리다. 얼큰하고 매콤한 탕 한 사발을 들이키고 나면 힘이 벌떡벌떡 나는 게 느껴질 정도다. 정력제를 섞어서 조리하나 싶은 생각이 들 정도로 효과 좋은 요리이니 꼭 드셔 보셨음 좋겠다.

그렇게 서민 음식만 먹다가 꽌시로 엮인 공무원이나 사업상 손님을 만날 때면 저녁에 최고급 식당에 가게 된다. 내가 가본 곳은 북경에 있는 '쏜펑'이라고 광동식 요리 전문점이었는데, 식당 건물이 백화점 버금갈 정도로 크고 웅장했다. 100평 남짓한 방으로 안내되어 앉았는데, 가지각색의 다양한 산해진미와 고급술이 끊임없이 나왔고, 호기심에 가짓수를 세다가 딱 백까지만 세고 그다음부터는 포기했다. 초반에 나온 에피타이저 개념의 음식들은 조금씩 맛만 봤어야 했는데 워낙 요리 맛이 좋다 보니까 본격적인 주요리가 나오기도 전에 이미 배가 불러왔다. 웬만한 식당에 가면 보통 2시간 동안 밥 먹기 쉽지 않은데 그런 식당에서는 먹는 데만 네 시간은 족히 넘게 걸리곤 한다. 먹다가 지치면 가라오케 틀어놓고 술도 먹고 춤도 추고 소화를 시켜가면서 작은 연회를 즐기는 셈이었다.

99년 당시에도 그런 식사 한 상이 우리나라 돈으로 약 500만원이었다. 그보다 더 비싼 코스 요리도 있었는데 메뉴가 500여 가지고, 그 식당을 찾는 손님만 해도 하루에 800여 명, 직원만 1,500명 정도 거느리는 이런 중소기업 규모의 대형 고급 식당이 북경을 비롯한 중국 전역에 체인점 형태로 분포되어 있었다.

나중에 그 식당 사장은 돈을 얼마나 많이 벌었는지 중국 북부를 아우르는 한국의 SK텔레콤보다 더 큰 규모의 대형 텔레콤 회사를 세웠다고 들었다. 그러니 이 사람은 요식업계선 전설적인 인물이라고 할만하다. 이런 졸부를 두고 중국 사람들이 폭발적으로 돈을 벌었다고 하여 '폭발호'라고 불렀다. 이처럼 개방 이후 중국에서 가장 빠르게 부호로 성장했던 사람들 중 한 부류가 바로 대형 체인 식당을 운영하던 사람들이었다.

자수성가한 중국기업들의 원로들을 살펴보면 식당이나 부동산으로 사업을 시작한 사람들이 많은데, 특히 음식을 먹는데 돈을 아끼지 않는 습성과 특별한 대접을 통해 만족을 얻는 민족성이 어느 정도 작용한 탓일 것이다. 공산주의 체제 안에서 재산이 있다고 해도 땅이나 건물을 맘대로 살 수도 없고, 금이나 장신구로 치장하는 것도 한계가 있었기 때문에 재력을 과시하고 싶었던 욕구들을 음식에다 죄다 풀어 버린 셈이다. 그래서 고급 음식점의 저녁 식사자리는 70%가 접대이고, 나머지도 가족들끼리 특별한 행사를 위해 목돈을 아낌없이 내는 것이 관행화되었다. 이 시기를 틈타 등급이 다양한 고급 식당들이 엄청나게 성업을 했다.

중국음식의 철학에 관해 좀 더 얘기해 보자. 북경, 상해, 사천, 광동을 중국의 4대 요리 고장으로 많이들 알고 있지만 사실 중국에서는 산동, 양저우, 광동, 사천을 중국요리의 4대 중심으로 생각한다. 각 지역의 음식 특징들을 설명해 보겠다.

일단 북경은 청나라의 수도였기 때문에 각 지역의 다양한 농수산물들이 북경으로 많이 모여들었다. 그래서 이런 다양한 재료들을 적절히 활용하여 만드는 요리가 북경요리의 특징이다.

특히 면, 만두, 부꾸미 등 여러 가지 곡물을 활용한 음식들이 많다. 세계적으로 유명한 북경 오리 '코야'는 세계에서 가장 고급스러운 요리 중에 하나로써 오리에 특유의 양념을 발라 24시간 이상 계속해서 뒤집어가며 벗나무로 훈제하며 구워주고 나중에 바삭해진 껍질을 먹는다. 북경 요리 중 가장 대표적인 음식 하나씩만 들어보라고 한다고 역시 베이징 코야를 최고로 쳐준다. 북경을 방문하면 왕푸진 거리의 원조집을 찾아가서 드셔 보시길 권한다.

그리고 상해요리는 강 하구와 해안에 근접해 있는 지리적 요인때문에 해산물 요리가 많다. 생전 본 적도 없는 생선들과 수산물들이 다양하게 있는데, 가격이 천차만별이다. 예를 들면 어떤 생선 요리는 한 마리에 몇 백만 원씩 하는 경우도 있다. 먹은 음식 중에 개인적으로 추천할만한 것은 상하이의 게 요리다. 근처 하구에서 잡힌다는 상하이 게의 생김새는 털이 북슬북슬하고 동글동글한 것이 코코넛 크랩과 우리나라 전통 털게를 합쳐 놓은 듯한 모양인데 속살이 가득하고 육질이 쫄깃하다. 그 게살 맛을 어떻게 뭐라 표현할 길이 없어 안타까울 정도다. 정말이지 그 후로 세계 어디에서도 그런 맛을 느껴 본 적이 없었다.

사천 지방은 내륙에 있고 야생동물이나 채소, 민물고기가 많이 사용되며, 곡창지대이기 때문에 곡물을 이용한 요리들이 많다. 알려져있다시피 사천요리는 굉장히 매운 것이 특징인데 매운맛을 즐기는 한국인들 입맛에 맞아 여행객들의 인기가 좋은 편이다. 그러나 워낙 향신료를 많이 쓰는 스타일의 요리이다 보니 이것저것 맛보시다가는 탈 나기 쉽기 때문에 딱 세 가지만 추천 주고 싶다. 누룽지탕과 마파두부, 그리고 우리나라 짬뽕과 비슷한 탄탄면이다. 양고기 요리도 유명한 데 고기가 굵직하고 인도풍의 향이 나는 요리다. 아랍계 민족들이 많이 하는 음식이라 대중적이기보다는 지역적 특성이 있는 요리라고 보고 독특한 풍미를 감당하는 분은 강력히 추천한다.

광둥성은 동남 해안 연해에는 해산물도 많고, 육지에서의 산물도 풍부한 데다가 오래전부터 서유럽과의 교류가 많았기 때문에 향신료나 조리방법 등 적당히 서구화가 되어 있는 특징이 있다. 그렇다 보니 중국 음식을 처음 접하는 사람들도 부담스럽지 않게 먹을 수 있다. 대표적인 요리로는 탕수육, 팔보채, 딤섬 등이 있다. 홍콩에서 먹을 수 있는 딤섬의 종류가 50~60가지라고 한다면 광둥에서 먹을 수 있는 딤섬의 종류는 200여 가지가 넘고 만두 자체의 모양과 요리법도 다섯 가지의 종류로 만드니 그 다양한 종류를 다 맛보려면 며칠은 먹어야 한다.

종합적으로 이야기하면 중국요리는 조미료와 향신료를 많이 사용하고, 지역에 따라 음식재료의 차이가 확연히 다르다. 기름으로 조리한 요리가 많고 채소도 주로 익혀 먹고, 우리처럼 생채소를 먹는 경우는 거의 없다. 우리나라의 식사가 밥이고 반찬이 있는 주와 부의 개념이라면 중국의 식사는 외양의 화려함에 신경을 많이 쓰고, 양과 가짓수를 중요하게 생각한다.

중국에서 식사 자리에 초대되었을 때 주인 입장에서는 준비한 음식이 부족하단 생각이 들지 않을 만큼 풍성한 양과 종류를 차려낸다. 그러다 보니 꼭 필요한 양보다 과시하는 듯한 보여주는 음식문화가 자리 잡고 있어서 중국의 음식물 쓰레기의 양 또한 굉장하다. 음식물 쓰레기는 대부분 오리, 돼지, 개 등의 가축 사료로 사용된다. 우리나라 음식들은 밥 반찬으로 먹기 때문에 나트륨 함량이 높지만, 중국 음식들은 요리로 먹기 때문에 나트륨 함량이 그렇게 높지 않아서 재활용할 수 있다는 분석도 있다.

중국 음식문화에 빠뜨릴 수 없는 것이 바로 '술과 차'이다. 기본적으로 요리와 함께 술과 차는 늘 함께 따라 나온다. 그래서 중국엔 아주 다양한 술들이 있고, 추천하고 싶은 술도 많다.

먼저 중국 내에서 가장 대중적인 술이라고 알려진 알궈튀(이과두주)가 있다. 우리나라의 소주만큼 대중적이고 맛도 부담 없는 술이다. 이 밖에도 공부가주, 십전대보주, 죽엽청 등이 서민들이 부담 없이 마시기 좋은 저가의 술들을 미리 알고 가면 식당에서 술을 선택하는 데에 도움이 될 것이다.

명주로 꼽히는 고가의 술은 솔직히 내 돈 주기 사 먹기는 조금 아깝다. 어쨌거나 같은 술이고 취하는 건 마찬가지인데 어떤 건 30위엔이고 어떤 건 1,500위엔이다. 가격 편차가 너무 심해서 접대나 특별한 경우 아니고는 쉽게 선택하기 어려운 것이 고급술이다.

　식사에 곁들인 술이 고급화될수록 접대를 위한 자리라고 보는게 좋다. 또한, 중국에서 사업하기 위해서는 이러한 식당의 접대 문화를 이해하고 익숙해져야 한다. 우선 식당에 가면 음식은 미리 예약된 경우가 대부분이라 술을 제일 먼저 고른다. 마오타이와 우량액 같은 명주는 우리나라 사람들도 잘 아는 술이다. 하지만 그만큼 가짜가 많기 때문에 절대 시장에서 고르면 안된다. 시장에서 마오타이 같은 술을 정품 가격의 1/2이나 1/4로 파는 경우엔 가짜일 가능성이 높다. 물론 가짜를 구입해 선물해도 확인하기가 어렵긴 하지만, 정품을 제대로 사고자 한다면 시장에서는 웬만하면 사지 않는 것이 좋겠다. 나도 가짜 술들은 종종 마셔보게 되었는데, 먹을 때마다 맛이 다르다. 알코올 도수가 50~60도 정도 되다 보니 이 정도면 맛으로 느낄 수 있는 영역이 아니기도 하고 뭐가 진짜고 가짜인지 구분할 수가 없었다.

　중국의 독한 술들은 조그마한 잔이나 접시에 담아 마신다. 마시면 혀위에서 목구멍으로 넘어가는 사이에 스며드는 느낌으로 향과 함께 홍어먹을 때 느끼는 것처럼 싸하게 코를 쏘아오는 맛에 금방 취기가 오른다. 그런데 간혹 글라스에 소주 붓듯 따라서 부어서 원샷하면서 돌리는데, 그런 만용을 부리는 사람들 대부분이 한국 사람들이다. 그렇게 술을 마시게 되면 대부분 기절하고 만다.

중국의 고급술들은 독한만큼 뒤끝 없이 잘 깨기도 한다. 대부분 천연 원료로 주조하고 숙성기간을 많이 거치기 때문인 것 같다. 마오타이는 등소평이 개국하고 난 뒤에 공식 만찬 석상에서 중국을 대표하는 술로 미국 대표단에 공식 접대주로 등장하여 유명세를 탄 술이다. 마오타이의 전통적인 제조법에 의하면 일곱 번 이상 증류하고 3년 이상 숙성을 시킨다. 실제 꼬냑 이상의 제조 공정이 들어가다 보니 단가도 높다. 우량액이란 술도 중국 내 판매량 1위인 술로 몇백 년 전통방식으로 500여 가지 곡식을 섞어서 만드는 명주이다.

마오타이와 우량액은 일반적으로 잘 알려진 술이고, 특별한 명주를 소개하자면 '펀지우'라고 산씨성의 1,500년 전통주를 권하고 싶다. 암반수로 술을 빚고 큰 독에 담아 땅속에서 3주 이상을 숙성시킨 후 그 술을 다시 정제해 또 2년 6개월의 숙성 과정을 거친다고 한다. 그래서 맛과 향이 부드럽고 어느 술에서도 찾아볼 수 없는 특별함이 있다. 순수하게 가내 수공업으로만 만들어지기 때문에 진품을 구해서 드신다고 하면 한화로 몇십만 원이지만 서양식 와인과는 결코 비교할 수 없는 특별한 향을 느껴보고 싶은 분께 권하고 싶다.

또 개인적으로 좋아하는 사천 노주시에서 만든 증류주 '노주특곡'이라는 술이다. 이 술을 처음 접한 뒤 너무 맛있어서 45도나 되는 술을 앉은 자리에서 세 병이나 꼴깍꼴깍 먹고 기절했던 기억이 난다. 45도인데도 정종에 가깝게 느껴질 만큼 목 넘김이 아주 깨끗하고 부드러웠다. 탄산수를 마셨을 때 느낄 수 있는 청량감마저 느껴지는 술이다.

그리고 조조가 황제에게 진상했다고 알려진 '구징꽁지우'가 있다. 제조

자의 말대로라면 수천 년을 이어져 내려온 술이라는 것인데, 그대로 믿기는 좀 그렇지만 어쨌든 약간 노란 빛을 띄고 아주 맛이 좋다. 중국의 전통주들은 참 다양한 곡물들과 약재들을 사용하고, 그래서인지 재료의 비밀을 절대 밝히지 않는데, 우리도 이런 전통주들의 명맥이 유지되어 지방을 대표하는 명주가 있었으면 좋겠는 생각을 해본다.

중국인이 기름진 음식을 많이 섭취하지만 건강한 몸을 유지하는 또 하나의 비법은 차를 마시는 습관도 영향을 미쳤다. 중국의 식수는 지하에서 뽑아 올린 암반수보다 강물이 흘러온 표층수가 대부분이기 때문에 각종 미네랄과 특히 석회 성분이 많이 함유되어 있다. 그래서 바로 마시기가 어려워 자연스럽게 차 문화가 발달했고 그 전통이 약 5,000년 정도 이어져 오고 있다. 복희씨, 신농씨 같은 중국의 시조 시대 때부터 이걸 마셨다고 하니 중국의 역사와 함께해온 식습관인 것이다.

중국에서는 차의 색을 보고 발효의 상태로써 구분하는 등 여러 가지 구분법이 있다. 색으로 구분하는 방법은 차의 원료를 '백황청녹홍흑'으로 나누는 것이다. 사실 중국에서 '차'라고 하는 것은 녹차처럼 차나무의 찻잎을 우려낸 것을 전통적인 중국 차로 친다. 그러니 자스민 차나 우롱차 같은 것은 차가 아닌 음료라고 본다.

차를 분류하는 방법은 여러 가지가 있는데 가장 보편적인 것은 발효 정도에 따른 분류 방법으로, 불발효차, 반발효차, 발효차, 후발효차의 네 종류로 나뉜다. '불'은 전혀 발효시키지 않은 생잎을 가지고 우려내는 차를 말하는데, 많이 떫어서 매니아들 아니고는 꽤나 마시기가 힘들다. '반'은 볶고 비벼서 만든 차로써 우리나라의 전통차와 비슷하다. '전'은 보이차 같이 발효시킨 특별한 차를 말한다. 찻잎에는 폴리페놀이라는 항산화 성분이 많아 쉽게 발효가 되질 않는다. 따라서 공기와 만난다고 해도 매우 천천히 산화되어 그 맛이 변해간다. 일반적인 차는 발효라는 과정이 없지만, 보이차 같은 경우 10년은 묵혀야 차로써 상품이 되는 특징이 있다. 그것을 50년 정도 더 묵히면 특상품이 되는데 그래서 실제로 투자자들은 보이차를 잔뜩 사들여서 창고에 20년, 30년, 50년 이상씩 저장해 둔다. 일종의 차 재테크인데 품질에 따라 원래 가격에서 10배에서 100배까지 값이 뛰기도 한다.

중국은 모든 국민이 공평하고 배불리 먹어야 된다는 국가운영의 목표를 하고 있다. 그리고 특별한 행사나 대접을 위해서는 음식에 돈을 지출하는 것을 아끼지 않는다. 대부분의 중국 사람들이 보통 때는 저렴한 시장 음식을 사서 먹지만 생일, 결혼식 같은 기념일이나 행사에는 1년간 모아두었던 돈을 다 써서라도 비싼 식당에서 식사하기를 원한다. 쉽게 말해서 50만원의 월급을 1년 동안 꼬박 모아다가 500만원짜리 밥 한끼 먹는 셈인데, 우리로선 도저히 이해 못 할 정서이지만, 중국 사람들 입장에서는 비싼 식사 한번이 자신의 자긍심과 만족도를 엄청나게 높여줄 수 있으므로 그들의 문화를 절대 사치라고 여겨서는 안된다.

그래서 중국에서 가장 좋은 접대란 선물이나 현금을 주는 것 보다 고급 식당에 초대해 맛있는 음식과 좋은 술을 제공하는 것이다. 이것을 중국 비즈니스에서 있어서 잘 활용해야 할 필요가 있다. 음식문화와 음식을 통한 교류를 만들기 위해서는 식사 자리에서 지켜야 할 예절들이 상당히 많다.

중국에서는 대부분 요리를 회전테이블에 올려놓고 돌려서 먹는데, 항상 먼저 내가 상대방한테 돌려서 권하고 그다음 내가 먹어야 예의이다. 식사 자리에서 음식을 뱉거나 "이거 왜 이렇게 짜냐, 맛이 없다."와 같은 음식에 대해 불평을 해서도 안된다. 그것은 접대하려는 사람에게 모욕감을 주는 행위다. 덜은 음식을 절반쯤 먹고 남겨놓는다거나 음식을 이것저것 섞는다거나 비벼 먹는 것도 예의에 어긋나는 행동이니 주의하시기 바란다.

중국의 음식문화를 정리하면서 과연 국민의 의식주는 누가 책임져야 하는 것인가에 대한 질문을 던져보고 싶다. 중국 정부의 지도부는 국민의 먹거리는 국가가 반드시 책임을 져야 한다는 강력한 책임 의식이 있다. 어떠한 상황에서도 시중 곡물로 폭리로 취하거나 사재기를 한다거나 부정한 식품을 만들어 유통하면 거의 사형에 준하는 처벌이 내려진다. 칼로리가 없는 가짜 분유를 만들어서 유통했다가 적발된 사건이 있었는데, 그 분유를 먹은 아이들이 영양실조로 머리가 커지고 죽어 나갔던 파장이 컸던 사건이었다. 그 관련자들은 모두 다 사형을 당했다. 중국인들은 기본적으로 음식에 대한 철저한 공경이 있는 것 같다.

국민을 공평하게 잘 먹여야 하고 국민이 모두 좋은 음식을 먹을 수 있어야 한다는 정부의 인식과 노력이 항상 존재한다. 수입이 전혀 없는 가난한 사람에게도 정부가 최소한의 식비 8위엔짜리 콩국과 꽈배기를 사먹을 수 있을 돈 이상의 보조를 해주는 것이 중국이다. 중국 정부의 역할, 국민의 역할, 문화와 관습의 차이를 이해하고 나면 중국 국민의 행복도가 우리보다 훨씬 높다는 사실을 알게 된다. 13억 인구를 모두 잘 먹이지 못

해도, 한 명의 국민도 굶거나 나쁜 식품을 먹지 않도록 하겠다는 중국 정부의 의지를 우리 정부와 관료들도 가져 주기를 바란다면 그게 그렇게 큰 욕심일까?

중국의 음식문화와 산업 구조

중국인에게 의식주는 가장 보편적이고 대중적인 가치이며 문화이다. 중국의 의식주에 대해 분석하면 현재 대한민국이 처한 경제적 상황과 비교할 수 있는 매우 중요한 문제이기에 중국의 '의식주'에 대해 차례대로 설명해 보려고 한다.

현재 중국의 공식적인 인구는 13억 명으로 알려졌다. 그러나 집계되지 않은 비공식적인 인구까지 포함하면 대략 15억이 넘는 인구가 존재하는 것으로 추정된다. 전 세계 인구의 약 20%에 해당되는 엄청난 숫자다. 중국은 자국 영토의 10%를 농토로 쓰고 있으며 이 비율은 5천 년 전과 별 차이가 없다. 미국의 경작면적에 있어서 중국과 비슷하지만, 미국은 3%의 인구만이 그 면적을 경작하여 97%를 먹여 살리고 있다. 세계 최고의 농업 강국인 미국은 생산 농민 1인당 7천 톤 정도의 농작물을 생산한다. 이는 중국의 100배에 가까운 효율이다.

중국은 1인당 농업 생산량이 엄청나게 떨어진다. 전통 농업 방식의 의존도가 높은 데다가 작물의 품질 관리가 어렵고, 자연재해에 대처할 대안이 없기 때문이다. 중국은 원래 국가운영기관이 국민을 먹이는 전통이 있는 나라다. 공자의 말에 "백성에게 하늘은 임금이 아니라 음식이다. 식량을 해결 해야만 군주로서 그 위치를 지킬 수 있다."라는 말이 있듯이 국가가 국민을 책임지고 먹인다는 통치의 원칙은 이미 오래전 고대 국가시대 때부터 이어져 왔다. 그래서 중국민족의 특징은 정치적으로 아무리 훌륭한 의정자가 있더라도, 국민의 10% 이상이 기근 상황이라면 반드시 민란이 일어났었다는 것이다. 중국 왕조들의 멸망과 새로운 국가의 출연과정에는 황건족, 홍건족, 백년교도의 난 등 기층 민중의 민란이 있었고, 그 배경에는 만연한 기근이 그 원인이었다. 그래서 중국정치의 모든 기본은 국민을 잘 먹이는 것에 바탕을 두고 있고, 그 전통이 지금까지도 중국의 국가 통치이념으로 정치인들에게 이어 내려져 오고 있다.

그 예는 중국 개국의 영웅이던 마오쩌둥의 몰락 과정에서도 나타났다. 중국이 공산화가 되고 전체주의적인 초창기 농업계획을 수립하는 과정 중에 많은 시행착오가 발생했다. 중국은 모택동의 지휘 아래 협동농장과 토지개혁 등을 펼치며 식량 증산 운동을 펼치며 이를 '대약진운동'이라고 불렀다. 그러나 농업전문가가 아닌 수뇌부는 여러 가지 실수들을 하고 만다.

그중 가장 어이없는 해프닝이 참새 말살 정책이었다. 이유인즉슨 참새가 알곡을 먹는다는 이유로 해로운 새로 박멸의 대상이 되어버렸던 것이다. 그래서 참새는 무려 1년 만에 2억1천만 마리가 잡혀죽었고, 그로 인해 생태계 먹이 사슬이 무너져 해충과 메뚜기떼가 기하급수적으로 늘어나 농작물을 망침으로써 최악의 대기근을 일으켰다. 그 결과 1959~1962년 사이에 총 5천만 명이 굶어 죽었는데, 살아남은 중국 서민들이 실제로 겪었던 식량에 대한 어려움은 훨씬 더 끔찍했다. 빨리 이 문제를 해결하지 못하면 공산당 정권은 좌초될 위기에 처하게 된 것이다. 결국 이 문제로 막강한 권력자이던 마오쩌둥은 실각했고, 개방주의를 주장하던 등소평에게 권력이 넘어갔다. 인구의 약 5%가 굶어 죽을 만큼 끔찍한 상황에서 단기간에 이 문제를 해결할 방법은 개혁·개방밖에 없었다.

개방 초기 전 세계에서 중국이 손 벌릴 수 있는 유일한 교역 상대는 미국이었다. 식량 지원이 가능한 나라가 미국밖에 없었기 때문에 공산주의의 자존심을 한 번 내려놓은 셈이다. 개방 이후 중국은 자국의 농업을 활성화하기 위해 농업 생산력 증가에 막대한 투자를 한다. 그 대표적인 정책 중의 하나가 농업 지원금 제도인데, 쌀값 수매가를 가마당 1만원 정도로 정해 정부는 농민에게 4천원을 대출해주고 생산에 전념하도록 독려했다. 오히려 가뭄이 들었다던가, 수확량이 모자라면 추가로 생산한 부분도 다시 국가가 사들일 수 있게 했다.

결국 이중 수매를 통해 목표로 하는 필요 곡물량을 우선 확보하는 데 최선을 다했다. 농민의 입장에선 안정적으로 생산할 수 있다는 장점은 있었지만, 농산물 가격이 크게 오르지 않기 때문에 농사를 아무리 잘 지어봐야 큰돈이 안 되는 문제가 생겼다. 그 결과 농민들이 열심히 하려고 하는 의욕이 점점 사라지고, 선급 보조금만 챙기고 일부러 농사를 망쳐버리는 도덕적인 해이도 늘어났다.

그리고 수확된 농산물의 관리와 유통의 후진성도 중국 정부의 골치거리였다. 수확된 농작물에 대한 이익을 충분하게 취할 수 없는 상황이다 보니 농민들의 책임 의식이 현저하게 떨어졌다. 나라가 수매하는 곡식의 양 또한 방대하여 효율적인 관리 체계가 구축되기 힘들었다. 생산관리 환경이 열악해 곡물의 10%, 감자나 과일은 15~20%, 채소류는 20% 이상 유통 과정에서 파손되어 버려질 정도로 피해가 심각했다.

이 같은 비합리적인 농업이 계속해서 이어지면서 농업 소득은 갈수록 추락했고, 일자리를 찾으러 도시로 상경하여 떠돌게 된 사람만 2억5천만에 육박하게 된다. 그 당시 10억 인구 중 2억5천만이라 하면 4명 중 1명은 부랑자 신세였던 셈이기에, 이러한 '농민공' 문제는 중국 사회의 심각한 문제로 대두되었다.

당시 대도시인 북경이나 상해와 같은 곳에서는 체류증이 없으면 아예 진입 자체를 불허했다. 비자와 유사한 것을 만들어 임시 체류만 가능하도록 했고, 이는 급증하는 농민의 수를 조절하고자 하는 함이었다. 하지만 고향에 돌아가도 먹고살기 어려운 것은 매한가지였고, 이들을 어떻게 농업이나 산업 근로자로 흡수하느냐가 중국이 풀어야 할 문제로서 아직 남아 있고 그 해결을 위한 노력이 계속되고 있다.

어쨌든 그들도 중국의 국민인데 떠돌아다닌다고 굶게 되면 대번에 폭도나 범죄자로 전락할 수도 있었다. 그래서 이들을 먹이기 위한 저렴한 먹을거리를 국가가 보조해줘야 했다. 이때부터 정부가 나서서 지원이나 행정 편의의 혜택을 주고.하층민도 부담 없이 이용해서 먹을 수 있을 식당들을 적극 부양시킨다.

중국은 자국 내에서 곡물이 부족하면 해외에서 곡물을 수입해서라도 식량을 조달해야만 했다. 그나마 다행인 것은 우리 같은 경우 주식이 쌀이기 때문에 쌀농사가 흉년이면 대체해서 먹을 만한 게 없지만, 중국은 음식문화가 다양해서 감자, 고구마, 옥수수 등 대체해서 먹을 것이 다양했다. 그래서 중국 정부는 전 세계에 식량들을 대거 수입해 저가로 구입해 저가로 장사할 수 있도록 국민들에게 공급했다.

그 당시 중국이 주력으로 수입했던 곡물은 콩, 밀, 옥수수가 대표적이었다. 전 세계에서 경작되는 콩 가운데 80%가 미국, 브라질, 아르헨티나에서 생산되고, 그 80% 중의 90%가 수출용이다. 그 수출 물량의 60%가 중국으로 들어왔고, 중국에서 한 해 소비되는 콩의 양은 약 7천만 톤이다.

중국은 옥수수를 세계에서 가장 많이 생산하는 국가임에도 불구하고 늘 물량이 부족해 수입한다. 주로 옥수수기름을 짜거나 사료용으로 사용하였는데, 중국의 육류 소비량이 과거보다 40배 이상 증가하면서 옥수수의 수요와 수입이 크게 늘었다. 결론적으로 13억 중국 인구를 먹이기 위해서 이것저것 합쳐서 총 6억 톤의 곡물이 필요하다. 그 6억 톤의 곡물 중에 87%는 자국에서 생산한 곡물이고, 나머지 13%를 수입하는데 그 분량이 세계 곡물 유통량의 60~70%이다.

세계 곡물 생산의 5대 메이저 회사가 있다. 사실 5개 회사 중에 1위, 2위인 미국의 '카길'과 '아처대니얼스미들랜드(ADM)'라는 회사가 전 세계 곡물의 유통 시장의 80%를 휩쓸고 있어서 딱히 5대랄 것도 없다. 이들은 미국의 곡물 뿐 아니라 다른 나라의 곡물까지 전부 사들여서 가격을 조정하기 때문에 중국 입장에선 매우 얄밉고 짜증 나는 존재다.

중국 내 식량 수입률이 20%까지 상승한 마당에 꾸준한 오름세를 보여왔던 곡물 가격이 10년 사이 50%나 올라버렸으니 행여나 자급률이 더 추락한다거나 곡물 수입이 어려워지게 될 경우 식량 파동을 걱정해야 할 처지다. 만일 이런 사태가 생긴다면 중국이 대처할 수 있는 방법은 전쟁밖에 없다. 중국의 기근이 3년 이상 이어지게 되면 주변 국가인 캄보디아나 베트남, 태국의 국경을 넘을 것이라는 중국 전쟁 시나리오가 있을 정도다. 그만큼 중국은 식량 확보에 대해서는 양보할 수가 없는 상황이다.

한편 중국 사람들의 쌀 소비량은 약 2억 톤 정도다. 우리나라의 한 해 쌀 생산량이 580만 톤 정도니 우리나라 쌀을 중국으로 수출해 봤자 영향을 미칠 양이 아니다. 반면에 중국의 쌀 일부가 수입되어 한국으로 들어온다고 하면 그 가격은 국내 쌀 시장에 치명적인 영향을 끼칠 것으로 예상된다. 중국과 농업에 관한 FTA는 뭐 하나 대한민국에 유리한 경쟁 거리가 없다. 그러나 내부를 살펴보면 중국 내 수출제도가 쿼터제로 바뀐 이후 한국으로 보내지는 농산물은 거의 없다. 우리나라에 수입되는 주요 농산물들은 중국인들의 주식이 아니다. 중국 사람들이 워낙 채소를 많이 먹는다고는 하지만 배추의 비중이 높지 않기 때문에 수출용으로 배추, 고추를 키울 뿐이지 주력 상품은 아니라는 것이다.

중국의 주 재배 농작물로는 청경채와 시금치가 대표적인데, 그 작물만 전문적으로 재배하는 단지들이 있다. 나도 한번 그런 농장을 구경 갔는데 실제로 산 두 개를 넘는 고원에 가득 펼쳐진 재배 작물의 규모를 보고 경외심이 들었던 기억이 난다. 그 광활한 밭을 보고 있자니 도대체 누가 어떻게 심고 수확할까 상상이 안 되었다. 하지만 만여 명의 일꾼들이 밭에 들어가자 마치 영화 한 편을 보고 있는 것과 같은 상황이 펼쳐졌다. 초록색으로 가득했던 밭은 점차 땅이 드러나면서 순식간에 수확된 것이다. 사람의 노동력이 위대해 보이는 순간이었다.

여기서 우리와 관련된 주요 수입 농산물 중 몇 가지 중 제일 먼저 언급하고 싶은 것이 고추다. 흔히 중국산 농산물이 저급하다고 많이들 생각하지만 사실 중국에서 한국 수출용 고추 농사 방식은 우리와 다르다. 우리는 모종을 하나 심고 활대를 세워서 고추를 일일이 손으로 따는데, 중국은 두세 번씩 나누어 수확하지 않는다. 가장 큰 차이는 고추를 따서 말리는 게 아니라 고추 포기를 아예 뽑아서 말린다. 고추가 웬만큼 익은 포기를 자빠뜨려 놓고 그것이 마르면 그것을 줍는 듯 수확한다. 일단 1급 고추를 가장 먼저 분리해서 상품으로 내놓고, 2차로 중급 고추를 추려낸다. 그리고 사이즈가 좀 작거나 절반만 익었다거나 하는 고추들을 다시 정리하게 되는데, 그중 시커멓게 말라 상품으로써의 가치가 전혀 없는 고추들을 한국인 수입상들이 가져가겠다고 싸게 달라고 한다.

한국 사람들이 중국산이면 고개를 젓지만, 중국은 사실 자연 퇴비를 주로 사용하지 화학 비료는 거의 사용하지 않는다. 더구나 비료 자체도 생산을 많이 안 한다. 우리처럼 화학비료를 마구 쓴다든지, 땅심을 개조하는 이런 개념이 없다. 따라서 좋은 농산품들은 당연히 가격이 높고 품질도 좋다. 실제로 현지 시장이나 식당에 가보면 음식재료들이 우리 농산물과는 비교도 안 될 정도로 모양과 색이 예쁘고 좋은 것들이 많다. 중국의 중개업자들 말이 일본 사람들은 안전한 것, 대만 사람들은 맛있는 것, 한국 사람들은 싼 것을 찾는다고 한다.

중국산 농산물과 우리 농산물과 유통의 차이점은 분명하다. 예를 들어 우리나라는 배춧값이 포기당 100원이었다가 3천원으로 폭등하기도 하고 다시 50원으로 폭락하기도 한다. 그러나 중국은 농산물 가격만큼은 시장에서 유일하게 유지되고 있다. 물가가 오른다고 해서 비싸게 팔 수가 없다. 농산물 가격을 국가가 잡아놓는 데가 외국에서 농산물을 대체 수입해서라도 그 가격을 적정 수준으로 유지하기 위해 노력하기 때문이다. 일종의 식량 복지인 셈이다. 우리나라는 유통 과정에서 발생하는 모든 중간 마진을 유통업자가 대부분 가져가기 때문에, 생산자인 농민과 소비자인 서민만이 교대로 손해를 보고있는 것이다.

선물을 주고받는데도 문화가 있다. 중국에서는 애경사에 갈 때 담배, 술, 차를 보편적으로 많이 선물한다. 우리 식으로 말하자면 집들이 선물 같은 개념인데, 마땅히 고를만한 선물이 없을 경우에는 이 세 가지 가운데 한 가지를 골라 가면 무난하다. 중국 사람들은 경조사비를 주고받을 때 지인에게 받은 금액을 기억해 놓았다가 나중에 반드시 두 배로 갚는다. 우리나라 사람은 100원을 받았으면 다음번에 똑같이 100원을 주는 식의 일 대 일이 방식이지만, 중국 사람은 그렇지 않다. 이런 손님 접대 문화가 가정에서 식당으로 이어져 나가 산업화가 되었고, 그대로 외식 산업으로 뻗어 나간 것이다.

현재 먹는 것에 관련하여 진행되는 중국의 사업 규모가 1년에 500억 달러가 넘는다고 한다. 뒤에 '의류산업'편에서 또 다루겠지만, 재밌는 것은 중국인들이 의복에 투자하는 돈도 500억달러 정도로 1년 동안 먹는 것만큼 입는 것에 소비한다고 할 수 있다. 중국 내에서 유일하게 꽌시와 관계없이 자유 경쟁이 이루어지고 있는 것이 음식산업과 의류사업이라는 것은 참 아이러니하다.

우리나라 기업들도 외식 산업 초기에 한식 문화에 붐을 일으키겠다는 슬로건을 걸고 중국에 많이 진출했다. 그 당시 열풍을 불러일으켰던 것

중 하나가 북한식 평양냉면과 북한식 설악불고기의 성공이었다. 98~99년도에 한청 불고기집이라고 양념 된 고기를 석쇠에 구워 먹는 방식의 한국식 불고기 식당이 중국에서 대단한 인기를 끌었다. 동북 삼성을 비롯해 북경과 상해와 같은 대도시에서도 큰 성공을 거두었던 음식점이다. 그런데 한식당이라 당연히 한국사람 가게인 줄 알았는데 나중에 알고 보니 중국인이 운영하던 식당이었다.

처음에는 북한 사람 중 누군가가 조그만 불고기 집을 시작했을 것이다. 그 음식점이 잘 되니 중국 사람들은 기존 가게의 열 배쯤 되는 가게를 아무 예고도 없이 그 옆에 차렸을 것이고, 완공된 후 간판을 보니 여지없이 동일 업종인 불고기집인 것이다. 이것이 중국식의 자율 경쟁이다. 50명 들어가는 식당이 1,500명 들어가는 식당이 나란히 있는데 경쟁이 될까? 결국, 작은집은 망해서 털리고 나오는 것이다. 그렇다고 살아남은 승자는 멀쩡할까? 이 집이 잘되면 그 옆에 그보다 두 배 큰 식당이 또 들어온다. 큰 공룡이 작은 공룡을 잡아먹는 방식으로 무법천지인 셈이다. 그래서 내가 살아남으려면 나를 쫓는 경쟁자가 도저히 따라올 수 없을 정도로 그 시장을 장악해버려야 한다는 생각에 무조건 규모를 키우게 되는 것이다.

그런데 식당에도 유행이 있으니 어느 정도 시간이 지나면 손님이 뜸해지고 망하기 마련이다. 더군다나 큰 규모의 가게와 경쟁에 밀려서 가게 문을 닫는다면 그곳이 쓰레기장이 되도록 내버려두기 일쑤다. 하지만 이걸 치우라고 하는데 누가 치우겠나? 당연히 그대로 내버려둔다. 그다음은 살아남은 자의 몫이다. 울며 겨자 먹기로 그 건물을 사든지 인수를 하든지 해야 한다. 초창기 돈 좀 벌었던 이들은 이런 식으로 돈을 벌었다. 내가 실컷 장사해 먹고 옆에 애들한테 떠넘겨 버리면 되니까. 이런 무시무시한 장삿속은 전 세계에서 유례가 없는 일이다.

한때 중국에서 대장금이 폭발적인 인기를 끌었었다. 이때 외식 사업 분야에서 한식이나 궁중음식이 무조건 성공한다 해서 너도나도 진출했는데, 대장금이라는 이름의 상표 등록이 970여 개나 이미 등록되어 있었다. 대장금 드라마가 히트하니 중국 측에서 대장금 이름을 미리 다 사들인 것이다. 정작 대한민국은 대장금이란 이름과 상호를 쓸 수 없었다. 한류 상품으로 최고의 상품으로 여겼던 한식당은 완전히 중국인들에게 넘어가 버렸고, 그 식당에서 파는 한식은 전부 중국 음식이 되어버린 것이다.

중국의 상권을 말할 때 대기업 프랜차이즈가 핵심이다. 중국은 대도시마다 백화점이라는 개념이 있는데, 백화점과 쇼핑몰은 대부분 부동산 회사가 소유한 대형 건물 안에 상가가 입점하게 된다. 중국에서 백화점이란 건물은 결코 쇼핑 공간만을 목적으로 지은 것은 아니다. 5층까지는 쇼핑이 가능한 백화점이라고 한다면 6층부터 10층까지는 식당, 11층에서 15층까지는 볼링장과 당구장 같은 오락 공간이 자리 잡고 있다. 그 건물(Mall) 주변을 둘러싸고 커피전문점이나 극장이 즐비하다. 중국은 땅값이 싸다 보니 몰 단위의 복합 건물 위주로 개발한다.

만약 피자 체인점을 중국에서 운영하고 싶다면 백화점 사장과 제휴를 맺는다. 그러면 백화점 사장은 "내가 중국 전역에 체인이 있고, 그 외에도 건물이 몇 동이 있으니 자유롭게 인테리어 해서 마음대로 식당 해!"라고 말한다. 얼마나 사업하기 쉽겠나. 임대료 싸게 주고, 목 좋은데 가게 내주고, 임대 기간도 원하는 대로 쓰게 해준다는데…. 과감하게 한 200군데를 동시 개장해 사업을 시작했다고 가정해보자. 그럼 모든 피자집을 다 관리한다고 해도 다 잘 될 턱이 없겠고, 더구나 경쟁해야 할 대상은 그보다 더 많고, 내가 있는 매장 안에서 내 피자집만 장사가 잘 된다는 보장은 또 어디 있겠나? 이런 비슷한 사연으로 중국으로 들어간 프랜차이즈 사업들이 거의 다 망했다.

실제로 나중에 투자자본을 빼서 나올 때는 그냥 곱게 못 나온다. 많은 돈 들여 한 인테리어 용품들을 철수하려 하면 , "무슨 소리야! 나 네가 해준다고 해서 너 가게 내줬는데…. 네가 이런 식으로 나오면 이 시설 쓰레기밖에 안 되지 않느냐. 두고 나가든지 싸게 넘겨!" 이런 식으로 건물주한테 털린다.

대기업 프랜차이즈가 중국 진출하는 모양을 봐도 처음에 들어갈 때는 시끌벅적하다. 중국 전역에 이번에 100~150개의 식당을 동시에 오픈한다고 하자. 근데 150개 식당이 모두 성공한다는 보장이 있을까? 일단 장사가 잘 되고 상권이 형성되면 이렇게 우후죽순으로 너도나도 달려드는 마당에…. 이런 상황을 모르는 상태에서 중국에서 함부로 식당을 운영한다? 프랜차이즈를 낸다? 지피지기면 백전백승이라 했다. 이 말을 새겨두시길 권한다.

식당 프랜차이즈, 커피 프랜차이즈, 의류 프랜차이즈 등등 중국에 들어가 있는 식·음료 관련한 모든 중소대기업은 대부분 실패했다. 하지만 대부분 실패하고 돌아왔다고 절대 고백 하지 않는다. 실패 원인에 대해서 공유하지 않기 때문에 그걸 모르는 사람들은 "거긴 무한시장이라더라, 장사만 잘하면 금방 부자 된다더라" 하는 소리만 전해 듣고 자꾸 뛰어들고 있다.

중국에서 부자 되기가 쉬워 보일 수도 있다. 하지만 몇 년 고생해서 돈 좀 벌어볼까 하면 옆에 동종 가게들이 더 큰 규모로 떡하니 줄을 선다. 법적으로 소상인들을 보호해 주지도 않는다. 전형적인 금전 만능주의 방식이기 때문에 규모 있고 자본 많은 쪽이 무조건 이긴다.

상해 같은 대도시의 건물들은 경쟁하듯 커지고 있다. PC방 하나를 차려도 10층 규모이고, 유리로 둘러싸인 인테리어에 최신형 컴퓨터까지 설치되어 있다. 가라오케도 20층 건물에 룸 크기도 어마어마한, 게다가 최신시설까지 완비된 곳이 넘친다. 이 정도 규모는 되어야 경쟁에서 살아남을 수 있기 때문이다. 이 세계야말로 2등은 없다. 오로지 1등만 살아남는 비정한 경쟁사회인 것이다.

한민족이 이끌었던 중국의 농경문화의 발전

한국, 중국, 일본 중에서 가장 먼저 쌀을 먹기 시작한 나라는 어디였을까? 쌀의 원산지는 베트남 쪽이고 본래 쌀 재배 방법은 저수지 물 안에 잠겨 있던 쌀이 스스로 자라나 물 위로 올라온 이삭을 잘라서 수확하는 방식이다. 석 달 정도 지나면 또다시 이삭이 올라오게 되는데 열대지방은 삼모작도 가능했다. 중국은 그나마 남방 쪽에서 이런 농법이 가능했고, 일본도 남쪽에 있는 따뜻한 지역 같은 데서 초기적인 원시 쌀이 재배되었다. 우리나라는 기후적으로 이런 원시 쌀을 키울 수가 없는 환경이었다.

세 나라가 쌀농사를 언제부터 시작하였는지 말들이 많다. 중국은 1만 년~1만 1천 년 사이 그 당시 볍씨 기록이 남아 있고, 일본은 최근에 5천 년 전의 볍씨가 출토되기도 했다. 우리나라는 3,500년 이상의 볍씨가 나오지 않고 있다가 근래에 옥구지방 구석기 유적지에서 1만 5천 년 전의 볍씨가 발견되었다. 전 세계에서 가장 오래된 볍씨임을 5년 만에 공식적으로 인정받았다. 우리나라는 〈이양법〉이라고 해서 볍씨를 뿌려 모내기를 하는 방식의 쌀농사를 짓는다. 그동안 우리나라 쌀농사의 시초를 삼국시대부터로 추정해왔다. 그런데 이게 1만 5천 년에도 가능했음이 밝혀진 것이다. 쌀 농법에 있어서 우리 민족은 독자적인 기술을 가지고 있었고, 그것을 바탕으로 중국을 비롯한 동아시아의 농업 기술에 많은 영향을 끼쳤을 것으로 예상한다.

그러나 무엇보다 우리 민족이 중국의 쌀 증산에 있어서 결정적으로 했던 역할을 했던 시기가 있다. 구한말, 일제의 수탈에 못 이겨 우리 동포들이 만주로 집단 이주를 하게 된다. 만주는 기후상 쌀농사의 북방 한계선을 넘어가고 실제로 겨울에는 영하 40도까지 떨어지는 곳이다. 메마른 황무지나 다름없던 그 땅에 우리 민족이 관계 수로를 일구고 이양법을 통한 쌀농사를 시작했다. 우리 동포들이 송화강 주변

만주와 간도 유역에서 쌀을 생산할 수 있는 북방 한계선을 거의 3~4천km를 끌어올려 버린 것이다. 그런 농법이 성공하고 쌀이 생산되기 시작하니까 주변 소수 민족과 그 외에 여러 유민이 북쪽으로 모여들게 되었다. 청나라 시대까지 양이나 치던 버려진 땅인데, 기껏해야 감자나 심어 먹었던 그 땅이 점차 비옥한 곡창지대로 변한 것이다. 우리 민족이 만주에 이주하여 농경 기술 건네주게 된 이 계기는 공산 중국의 건국 역사에 있어서 굉장히 중요한 시발점이 된다.

만주에 정착했던 우리 동포들을 중심으로 지금의 심양이나 대련과 같은 북방의 도시들이 부강하게 되었다. 옛날에는 그 땅에 조선 이민족 내지는 몽골이나 거란 유목민들만 살고 한족들은 없었다. 점차 외지 사람들이 모여들게 되면서 도시를 키워 나갔다. 만주에 중국 1호 군수 공장이 세워지면서 최초의 기차역이 생기는 등 지금의 심양성은 중국 공산당의 핵심 거점이 된다. 심양시 북역은 중국 철도 노선의 시발점으로써 만주에 철도를 부설하기 시작했을 때부터 철도의 중심이었다. 여기에 군수 공장, 부대들이 생겼고 그 안에 조선인 출신 장군들이 많았다. 그 군벌 안에 많은 우리 동포들이 있었고, 이 사람들이 장계석과 국공 전쟁을 할 때 엄청난 전공을 세웠던 역사를 우리는 묻어두고 있다. 이념의 이유로 평가받지 못하고 있지만, 중국 공산당이 설립되는데 기여한 조선 유민의 역사는 나중에 꼭 재평가를 받아야 한다고 생각한다.

간도 영유권에 대해서 한번 이야기 할 시간을 따로 가지고 싶다. 철도부설권을 넘겨주고 간도를 넘겨받은 청나라와 일본이 맺었던 간도 협약은 전쟁이 끝나면서 무효가 되기 때문에 독립 대한제국의 이름으로 청구를 해야 했다. 국제적으로 그런 청구 시기는 통상 100년! 2012년이 그 청구 시효였으나 우리 정부도 북한도 그런 문제를 제기해보지 못했다. 그러나 수천 년 전 성경 구절만으로 팔레스타인 땅을 빼앗은 이스라엘도 있는데, 우리가 국력만 강하다면 언제고 수복해야 할 우리의 땅임을 잊지 말자. 지금의 북한은 백두산도 뺏기는 입장인데 국제 재판소에 간도 영

유권을 주장을 감히 할 수 있었겠나.

중국은 지금 동북공정이라 해서 고구려까지도 중국의 역사였다는 주장을 하며 평양까지 중국의 고대 영토라고 우기고 있다. 사실 중국에는 우리 한민족의 후예들이 100만 명 정도 살고 있다고 알려졌지만, 동북 삼성에 있는 숫자까지 총 감안하면 약 400만 정도로 추정된다. 이런 조선족들의 숫자와 역량은 매우 굳건한 지위와 결속력을 갖고 있다. 중국 내에 52개 소수 민족 가운데 조선족만이 유일하게 자국어 방송국을 갖고 있어서 24시간 한국어로 뉴스를 하고, 한국 드라마를 내보내고 있다. 경제적인 부분에서도 동북삼성 경제의 주역으로 헤게모니를 가지고 있고, 역사적 정통성도 깊은 데다가 아직까지 민족 단결력도 강하다. 사실 남북이 통일만 정상적으로 빨리 이뤄낼 수 있다고 하면, 영토적인 면에서는 모르겠으나 경제적인 활동에 있어서만큼은 자유로운 교류와 교역을 기대하고 지배할 수 있는 여건이 충분하다. 한반도의 두 배 이상의 넓이를 가진 신천지와 같은 땅에 '한민족 경제 자유특구'가 생겨날 미래를 기대해 본다.

중국의 의류산업

중국어 발음에는 4성이 있다. 그래서 똑같은 '의'라고 해도 4개의 성조에 따라 뜻이 다르고 '의' 다음으로 오는 단어에 따라서 발음이 다르다. 중국에서 중국어를 배운 어린아이 같은 경우 13~14살까지는 성조를 듣고 구분할 수 있지만, 그 나이를 지나고 나면 성조가 들리는 귀가 닫힌다고 한다. 그래서 성인이 되어 중국어를 배운 사람 중에 성조를 완전히 이해하고 발음하는 경우가 아주 드물다. 우리가 조선 시대 아래아 발음을 현재 정확히 구현하지 못하는 것과 같은 이치일 것이다.

중국이 개방된 이후 인민복과 군복 위주의 옷차림을 보고 외국 사람들은 중국 의복에 관한 개념들에 대해 오해를 많이 했다. 사실 중국은 공산화로 인해서 옷에 대한 취향과 선택권이 억압되었던 것일 뿐, 중국은 치장에 관해서는 세계에서 가장 아낌없는 투자를 할 수 있는 민족 중의 하나다. 중국에서 이루어지는 모든 소비 가운데 옷에 투자하는 비용이 본인 소득의 10%라는 통계가 있다. 100만원을 벌고 10만원은 옷값에 소비하는 셈인데, 중국사람의 소비 중 먹는 것과 입는 것에 지출하는 비중이 거의 비슷하다.

중국은 패션에 대해 어두운 것이 아니라 오히려 화려함과 치장을 좋아

했던 민족적 전통이 있는 나라다. 예전에는 전 세계 모든 종류의 고급 비단과 독특한 문양의 섬유들이 전부 중국으로 모여들었다. 중국인들은 자신에게 치장하고 투자하는 것에 대해 굉장한 기쁨과 희열을 느낀다. 더불어 남에게 과시함으로써 느끼는 자부심과 만족감 또한 대단히 크다. 그것을 지켜본 주변 사람들 역시 자신의 능력 안에서 결코 무리임에도 불구하고, 요즘 식으로 표현하자면 지름신이 강림해서 마구 지르는 것이 중국 사람만의 특성이다.

자유 경제 체제 안으로 들어오게 되면서 민간 의류 산업의 초창기 시절인 80년대 초반에는 일단 먹는 문제부터 시작해서 경공업 발전과 같은 개발이 우선이었기 때문에 의복은 중요한 게 아니었다. 의류와 관련해 있던 한국의 모 교수가 중국을 찾았을 당시의 상황을 눈으로 확인하고 "앞으로 의류산업이 본격화되기 시작하면 중국은 최고의 시장이 될 것이다."라고 전망하기도 했다.

그래서인지 개방 초기부터 세계 유수의 브랜드들이 동시에 중국에 진출했다. 구찌, 프라다와 같은 명품 브랜드부터 시작해서 알려지지 않은 신생 브랜드들까지 중국의 내수시장을 보고 신규 시장에 뛰어들었다.

국내 기업의 진출 방향은 크게 두 가지 루트가 있었는데 중국 내에서 생산해 나가려는 기업과 국내에서 만들어진 상품을 가지고 들어와 판매하려는 사람으로 구분되었다. 그런데 생산해서 나가려는 기업은 대부분 중소기업이었고, 가지고 들어오려는 사람은 중견 이상의 기업체들이었다. 그 큰 중국 땅에 작은 매장 하나 차린다고 장사가 될 리가 없다고 판단해 초반에는 막대한 자본을 앞세운 대기업들의 진출이 많았다.

당시 대기업들의 의류 시장 진출 실패 사례들을 살펴보면, 경쟁 업체보다 중국 내 선점을 하기 위해 진출한 A기업과 국내의 성공 노하우를 바탕으로 중국 시장을 장악하겠다는 의지의 B기업이 대표적인 한국 기업이었다. 그 당시 중국의 내수 시장 규모는 매우 컸지만, 지역마다 계절, 취향이 다르다 보니 52개가 넘는 민족마다 선호하는 디자인, 선호도 등 조사가 부족한 상태에서 무조건 뛰어드는 경향이 있었다.

또한, 중국 의류 산업에서 중요한 성공의 요인은 교통과 물류였다. 성패를 좌우하는 것이 옷의 품질이라든가 디자인이 전부가 아니라, 옷을 최대한 저렴한 가격으로 공급할 수 있는 유통망이 중요했다. 그래서 철도를 중심으로 도시마다 도매 시장들이 우후죽순 생겨났다. 전국의 주요역 주변에 동대문 시장과 같은 곳이 정책적으로 생겨났다.

중국은 세계 최대의 면화 생산국으로써 의류의 원료가 되는 방적물이나 방직물의 생산량이 많았다. 그래서 기존에 의류를 생산하고 유통해 온 기존의 시스템이 있었다. 어쨌거나 10억이 넘는 인구들이 옷은 입고 살지 않겠나? 배급제에 의존하다 보니 디자인도 단순하고 품질도 많이 떨어지긴 했지만 그래도 생산과 시장과 유통망은 여전히 대도시 주변에 남아 있었다.

초창기 해외 기업들은 이러한 생산망을 활용해서 새로운 디자인이나 생산 방식으로 자국으로 수입했다. 중국에 진출했던 업체들은 경쟁력 있는 디자인과 기술은 가지고 있으니 중국시장과 유통망까지 장악하게 되면 무조건 성공하리라 장담했다. 하지만 기존 중국의 업자들은 생산시설을 내줄지 몰라도 유통 라인만큼은 끝까지 쥐고 있었다. 전통적인 의류제품의 유통을 담당할 수 있는 옛날의 거부들. 예를 들면 과거에 군복이나 인민복 등을 전문으로 납품했다든지, 작업복 위주로 만들었다든지, 구두를 만들었다든지 하던 사람들이 그 유통망 자체를 끝까지 쥐고 있었던 것이다.

우리 기업은 이들을 통하지 않고는 물건을 댈 수 없다는 걸 몰랐다. 이런 기존의 유통업자들은 꽌시를 바탕으로 대도시의 유통망을 순식간에 장악했다. 그 당시 중국에서 가장 인기 있었던 캐주얼 브랜드는 지오다노였다. 그래서 지오다노급의 옷을 생산하던 국내의 많은 중소 브랜드들이 진입을 시작했다.

A기업의 경우 의류를 고급화해서 중국 시장을 잡겠다는 전략을 세웠다. 고급 백화점 명품관에 입점해서 VIP 고객 위주로 영업하겠다는 계획이었는데, 중국 사람들이 아무리 패션에 관한 정보가 없다 해도 세계적으로 손꼽히는 구찌와 A기업의 브랜드 차이 정도는 알고 있었다.

중국 의류 시장을 100%라고 했을 때 중가 시장이 20%를 점유하고, 고가 의류 시장 10%, 저가 의류시장이 70%인 것인데, 당시 A기업의 브랜드 정장 한 벌을 60만원 정도 가격에 판매했다. 그 돈이면 상해에서 2달 치 월급, 시골 지역에서 4~5달 치 월급에 해당하는 액수였다. 그 정도의 큰 비용을 내면서까지 그 회사 옷을 사 입을 만큼 브랜드의 인지도가 되느냐에 대해 정확하게 판단하지 못했던 것 같다. 브랜드의 가치와 인지도를 높이기 위해 유명정치인이나 연예인들에게 협찬을 해주는 '스타 마케팅'을 위주로 많은 시도를 했지만, 그 옷을 살 수 있는 사람들은 결국 보스나 아르마니와 같이 정통성 있고 유명한 고가의 브랜드를 더 선호했다.

완벽한 마케팅의 실패 사례이다. 판매가 안 되다 보니 중국 파트너를 기용해서 라이센스 계약을 체결하고 판매 대행을 시작한다. 이것이 2차 패착이 되었다. 매장에 A기업의 정품 옷 한 벌 걸어놓고 그 디자인을 비슷하게 카피한 후 가격을 반 정도 떨어뜨려서 옆에 전시했다. 디자인은 같은데 상표만 다르고 가격이 절반이니까 당연히 오리지널 브랜드 제품은 계속 밀려나게 되는 것이다.

백화점을 우리나라와 같은 개념으로 보는 것도 실패의 한 요인이었다. 중국은 상가 건물이 복합 몰의 개념이기 때문에 백화점 안에 쇼핑 코너가 10%라고 하면 그 나머지는 위락시설과 식음료 시설이다. 방문객들이 문화공간에 놀러 가는 사람이 주 고객이고, 옷 사러 가는 사람은 10%정도다. 100만 명의 백화점 방문객 중 실구매자는 10만 명 정도밖에 되지 않는데, 애당초 방문객 전부를 의류 구매자로 생각하고 매출 규모를 잘못 잡은 것이다.

부연하자면 백화점 총 방문객이 10만 명이니 60만원짜리 정장을 한 달에 1만 벌은 팔 수 있을 거라 예상한 것이다. 하지만 실제 의류 구매를 목적으로 온 사람은 1만 명에 불과하고, 그중 60만원짜리 옷을 살 수 있는 사람은 1천 명 정도였다. 더구나 고가의 옷을 구매할 수 있는 사람들에게도 선택받지 못하는 상황이었다. 결국, A기업의 옷을 사는 사람은 100명도 없었을 것으로 추정된다.

A기업이 제휴했던 600여 개 매장을 둔 작은 중국 의류 회사가 있었다. 이 회사와 라이센스를 체결하면서 디자인 기술 유출이 되어버렸다. 쉽게 말해서 패턴이 다 넘어가 버린 셈이다. 기본적으로 패턴 한번 배우면 그

모양으로 색깔 바꾸고 무늬 바꾸는 게 뭐 어렵겠나? 이런 식으로 기술 유출이 된 다음부터는 매장을 늘리면 늘릴수록 판매는 안 되고 지출만 늘어나게 된 것이다.

또 다른 착각은 매장이 많으면 잘 팔릴 줄 안다는 것이다. 중국 백화점은 대부분이 임대 매장이다. 매장 계약한 후에는 얼마를 팔아서 얼마의 이득을 챙기든 건물주는 신경 쓰지 않는다. 임대료만 내고 돈 벌어서 성공하면 되니까. 언뜻 좋아 보일 수도 있겠지만, 쇼핑 자체가 목적이 되는 전문 백화점이 아니므로 손님 유치가 쉽지 않다. 이걸 몰랐던 거다.

결국, A기업은 중국 진출 5~6년 만에 발 빠르게 사업을 접고 철수한다. 매출 3,000억의 성과를 거두었다고 하는데 아마 그 열 배는 까먹고 돌아오지 않았나 싶다. A기업이 브랜드 네임을 바꿔서 중국 시장의 재진출을 시도 중이라고 한다. 온라인 마케팅 위주의 새로운 사업을 벌이겠다고 하지만 내가 보기엔 이 기업은 아직도 철이 덜 들었다.

결국, 중국시장 안에서 성공하는 방법은 유통을 잡는 것이다. 중국 내에서 교통의 요지를 통하지 않고서는 상품 유통이 어렵기 때문에 내륙 요지의 중심역에는 물류센터들이 모여있다. 물류센터들이 완성되기 시작하면서 전 세계 물건들을 도매의 형태로 그 안으로 끌어다 모았다. 도매시장을 키워서 잡고 있으면, 소매시장은 자연스럽게 장악되므로 소매와 직영에 올인할 필요가 없다는 것이다. 보여주기 위한 일부 전시성 매장을 제외하고 말이다. 쇼핑몰을 세워서 소매하겠다는 생각을 하지 말고, 기반 도시시설에 진입해서 남대문 시장과 같은 시장을 차렸어야 한다.

상해 부근에 '이우 시장'이라고 하는 중국에서 가장 크게 성공한 전설적인 시장이 있다. 남대문 시장의 100배 정도 되는 규모로 20년 전에는 거리에 좌판 벌여놓고 이것저것 파는 보통의 시골 시장이었는데 상해가 물류의 중심이다 보니 상해시와 연계해서 지역 특화 차원의 물류 시장으로 새롭게 만들었다. 83년 개장 이후 430만 평의 대지에 7만 개의 상점이 들어섰다. 20톤 컨테이너 2만 대 즉, 40만 톤의 물량이 하루 동안 이곳을 오간다. 규모가 크다 보니 없는 게 없는 이곳은 무조건 싸게 팔면 통한다. 여기 와서 살 수 없는 것이 없고 여기보다 싸게 살 수 있는 곳도 없는, 모든 것이 이 안에서 처리된다는 개념의 토털 매머드 시장이 되었다. 워낙 돈이 많이 도는 지역이라 금융 신도시까지 같이 세워지고 있다. 물론 도매 유통시장에 뛰어들게 되면 소매를 통해서 벌 수 있는 이익보다는 단위가 작고, 성공까지 시간은 오래 걸리겠지만 탄탄한 기업을 만들어 낼 수 있다는 것을 명심해야 한다.

중국 의류 시장은 이미 포화 상태다. 시장 자체의 수출입도 줄고 매출의 오름세도 한풀 꺾였다. 그런데도 세계의 여러 브랜드가 여전히 중국을 꿈꾸고 있다. 요즘 온라인 마케팅에 기대를 많이 한다. 우리나라를 비롯한 세계 여러 기업이 중국 진출에 있어서 목적으로 하는 것이 온라인 마케팅이다.

온라인 마케팅은 현재 중국에 있는 상점 구조에 비교하면 비용 절감이 되다 보니 20% 이상 가격 경쟁력이 있다. 이제 중국에서는 스마트폰 보급에 힘입어 인터넷보다는 모바일 시장 매출의 규모가 커지고 있고 장래가 유망하다. 일종의 소셜커머스 같은 형태의 모바일 쇼핑으로 주력하겠다는 것인데, 브랜드 이미지 강화를 통한 차별화가 필요하다. 특화된 브

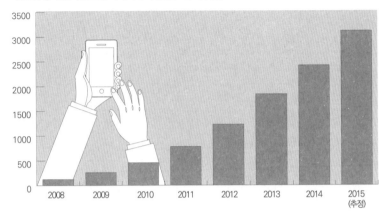

연도별 중국 온라인 쇼핑 거래액 추이 (단위 : 10억 위안)

랜드를 만드는데 많은 노력과 비용을 쏟아 부어야 한다. 예를 들면 김연아 귀걸이와 같은 특화 상품을 만들어내야 하고, 그 상품을 구매할 소비자가 쉽게 찾아올 수 있는 방식을 마련해야 한다.

중국에서 현재 제일 잘 나가는 유통 기업 중에 하나가 암웨이다. 암웨이가 중국 시장에서 성공할 수 있었던 비결은 물류 센터를 최소화했기 때문이 아닌가 싶다. 암웨이의 중국 내 물류센터는 400~500km 안에 한 군데씩밖에 없다. 물류센터가 100km 안에 2~3개씩 있는 한국의 암웨이는 소매, 중국의 암웨이는 도매라고 봐야 하는 거다. 중국에서는 정확한 주소를 입력해도 물류체계가 제대로 잡혀있지 않아서 배달 사고가 잦다. 중국 내의 암웨이 사업자는 500km를 이동해서 자기 동네에서 팔 수 있는 만큼의 물건을 구입해 자기 지역의 시장을 독점한다. 그러니 한 번에 500만원, 1,000만원어치 씩 물건을 떼 가지고 가는 큰손이 된다. 그러므로 사업자가 멀리 가서 사 올 수 있는 수고를 하더라도 내가 독점할 수 있다는 믿음만 주게 되면 자발적으로 도매상이 되는 것이다.

덧붙이자면 중국 10억 이상의 인구를 대상으로 일일이 직접 물건을 판매하려고 한다면 불가능한 일이라고 말하고 싶다. 대신 그 물건을 팔 수 있는 일꾼을 키워야 한다. 위와 같이 이들에게 독점할 수 있는 구조만 만들어주면 된다는 것이다.

중국에는 아직도 무궁무진한 신화가 있다. 그래서 계속 도전하고 투자하는 사람이 늘어가지만, 일반인은 한번 실패하면 재기하기가 힘들다. 현지화 전략과 판매 전략을 잘 구분해서 도전하면 소비재 시장에서 중국에서 반드시 성공하는 길이 있을 것이다. 그러기 위해서는 끈기 있는 노력과 포스트를 선점한 후 때를 기다릴 줄 아는 인내심이 필요하다.

중국에 세운 우리 기업의 성공신화?

실제로 중국 의류 사업을 한 단계 발전시킨 그룹이 E그룹이다. 이 기업은 일찌감치 현지화 전략을 밀고 나갔다. 중국을 자세히 분석해서 그동안 없었던 독특한 기법과 마케팅을 했다. 국내에서의 성공 노하우를 중국으로 그대로 가져가서 적용 시킨 것이다.

일단 국내에서 경험을 쌓은 우수 직원들을 중국 매장에 매니저로 투입했다. 매장 관리에 대한 모범을 보여주고 교육한 것이다. 그 당시 중국 옷가게는 손님이 들어와도 종업원이 말을 걸거나 설명하지 않았다. 디스플레이도 거의 없고 마네킹에다가 한두 벌 입혀놓고 옷을 전부 쌓아두는 형태였다. 그런데 E사의 직원들은 본인들이 브랜드의 옷을 먼저 입고 있었고, 고객이 오면 적극적으로 응대했다. 이런 방식이 초기에는 중국인들에게 굉장히 어색하게 느껴지는 마케팅이었다.

그리고 손님이 많이 찾아와 매출이 활발해 보일 수 있도록 아르바이트 손님을 채용했다. 매장에 들어가서 상담을 하고 옷을 구입했다가 다시 진열하는 식의 꼼수를 부린 것이다. 이는 실제로 굉장한 효과가 있었다고 한다.

그리고 현지화 전략으로 매장 디스플레이도 다 통일해서 중국인이 가장 좋아한다는 빨간색을 이용해 매장 전체를 꾸며놓았다. 브랜드 네임도 중국화해서 '옷을 연모하다'라는 의미의 '이련'이라는 이름을 붙였다. 그래서 초창기 엄청난 인기를 끌어 매장이 금세 전국적으로 퍼져 나갔다.

문제는 E매장이 추구하고 있었던 마케팅을 위해 그 많은 매장에 일일이 우수 직원을 매니저로 배치해야 했던 것인데, 그로 인한 인력 비용이 엄청나게 들어갔다. 중국은 물류비에 대한 비용도 너무 크다. 북경에서 상해로 물류 지점도 없이 매달 옷 300벌씩 보낸다고 했을 때, 교통비와 직원 인건비 빼고 나면 300벌의 옷을 다 판다고 한들 수익이 얼마나 남겠는가?

E 브랜드는 현지화 전략으로 디자인을 굉장히 특화하여 가져갔다고 주장했다. 아이비리그의 대학생들이 입을 법한 디자인을 특별한 것처럼 내세웠고, 가격도 중고가로 잡았다. 중국 진출 이후 7~8년 만에 직영매장이 2,600개까지 늘어나고, 전국 580여 개 백화점에 입점, 창출된 매출액도 무려 1조 원이었다. 결코 적은 금액은 아니지만 1조원을 2,600개로 나누면 매장당 연간 약 4억원 정도의 매출을 낸 것이다. 이 정도 매출로 과연 남는 게 있었을까? 매장 운영비의 최소 30% 이상이 임대료였을 테고 인건비, 관리비, 물류비, 유통비까지 계산해 봤을 때 이 사업은 하면 할수록 남는 게 없었을 것으로 생각된다. 투자비나 인테리어 비용까지 지출한 상황에서 그 정도의 매출이었다고 하면 과연 성공적인 진출이라고 볼 수 있겠는가?

그래서 E 그룹은 2,600개의 직영매장이 있었음에도 프랜차이즈 사업을 추가로 진행한다. 대리점주에게 계약금과 로열티를 받고 매장을 운영할 수 있도록 매장을 6,500개로 늘린 것인데, 여기서 계약금이란 기업이 받아서 이득으로 취하는 것이 아니라 보증금 개념으로 나중에 돌려줘야 되는 돈이었다. 직영매장은 아니지만, 상품의 공급과 마케팅 교육, 시즌에 따라 인테리어도 꾸준하게 관리해줘야 하다 보니 수익성은 오히려 더 나빠지는 결과를 초래하게 된다. 그래서 매장의 수는 세 배로 늘어났지만, 매출은 고작 2조 원에 그치고 만다.

당시 마케팅에서도 E 그룹은 조금 독특한 발상으로 공항 카트에 이랜드 상표를 붙여서 고급화된 이미지 광고를 시도했다. 고급화에 만드는 등의 효과는 있었지만, 비용에 대한 부담 때문이었는지, 한류 마케팅으로 방향을 바꿔 한국 모델들을 내세운 광고를 시작했다. 그런데 중국사람들 사이에 당시에 한류 붐이 일어나기 시작했다고는 하지만, 그 옷을 실질적으로 구매하는 소비자들한테 한류 스타 마케팅은 너무 앞서갔던 것 같다.

중국 사람들은 의복의 선택에서 자신이 남들보다 독특하게 입는 것보다, 유행하는 옷을 따라 입고 싶어 한다. 이게 핵심이다. 중국에서 의류 사업으로 성공하려면 유니폼으로 눈을 돌렸어야 한다. 중국의 단체나 조직들은 규모가 크기 때문에 직원이 몇천 명, 몇만 명씩 있는 회사와 접촉해서 유니폼으로 집중했더라면 하면 어떤 결과가 있었을까 하는 생각을 해보았다.

결국, E 그룹은 국내 매장과 중국 내 매장의 매출은 비등해졌지만, 손실비율이 월등히 높아지는 상황이 발생했다. 장사가 잘되지 않는 상황에서 브랜드를 계속해서 늘리다 보니 상품에 대한 마케팅 비용이 갈수록 늘어났다. 그나마 한때 중국에서 성공한 품목이 있었다. 바로 아동복인데, 현재 중국 의류 가운데 가장 발전 가능성이 높은 시장이 아동복 시장이다.

초창기 E 매장의 아동복 제품들은 전체 매출에서 있어서 중요한 비중을 차지할 만큼 선풍적인 인기를 끌었다. 다만 중국 기업의 무자비한 카피 정신! 어마어마한 돈질! E 매장이 100평이라고 하면 그 옆에 1,000평의 중국 브랜드 매장이 따라 생겼다. 그러다 보니 경쟁력 키우겠다고 다른 브랜드를 추가 런칭해서 입점시키고 한두 달 지나면 그 브랜드 매장을 닮은 큰 규모의 매장이 또 하나 생기고, E 매장이 장사 몫을 키워놓고 활성화된다는 소문이 나면 그 주변으로 비슷한 수준의 옷을 판매하는 중저가 의류들이 따라 생겼는데 이는 건물주나 관리자를 통해서 입점을 막을 수도 없었다. 사실 임대주 입장에서 다른 기업의 입점을 막을 이유가 없지 않나? 결국, 보여주기 식의 쇼윈도 매출만 늘어나고 실익은 후발 기업과 나눠 가져야만 했다.

새롭게 변하고 있는 중국의 부동산

　중국은 토지와 건물의 소유 지분을 국가와 국민이 양분하고 있는 전 세계에 유래를 찾아볼 수 없는 독특한 특징이 있다.

　부동산을 알기 위해서는 중국 토지정책의 역사를 간략하게 살펴보아야 할 필요가 있다. 1953년에 공산화되면서 정부는 일부 소수 민족의 토지를 제외하고 당시 전체 면적 90%에 달했던 농지들을 토지주에게 수용하여 3억 명 가까운 농민들에게 분배해주었다.

　그 당시는 전쟁 직후의 시기로 대다수 남성이 사망했거나 군대에 복무 중이었기 때문에 여성의 노동력을 농업으로 끌어들이기 위해 여성에게도 균등하게 토지를 분배해주었다. 이로 인해 여성이 경제적 주체로서 독립성이 생겼고, 남녀평등의 변화가 일어났다. 토지개혁으로 비롯된 남녀평등이 지금까지도 잘 유지되어 중국은 양성평등에 있어서 세계적인 모범 국가라고 할 수 있다. 공동 집단 농장과 조합을 통한 생산 시스템으로 농업의 혁신을 기대했던 정책이었지만, 농사 기술과 행정책임자의 무능으로 한동안 좋은 성과를 내지 못했다.

　원칙적으로 중국의 토지는 국가의 것이다. 주거 지역 안에서 한 개인이 집을 짓고 사는 경우, 기본적으로 70년의 사용권이 주게 되는데 이것은 상속이나 양도가 되지 않아 1대가 사망하게 되면 국가가 회수하는 것이 원칙이었다. 건물은 개인의 소유이지만 토지는 사용권의 형태로 되어 있는 것으로 상가나 공장을 짓는 경우에는 50년의 사용권을 주고, 연장을 하더라도 20년을 초과할 수 없도록 법으로 제한하고 있었다. 만약 땅의 사용 기간이 다 되었거나 다른 용도를 위해 사용 만료 전에 회수해야 하는 경우 거주자가 땅에 얼마나 투자를 했는지를 보고 국가가 상당 금액을 보상해준다.

그러나 제대로 활용이 안되는 땅은 그냥 재수용해서 가져가 버린다. 그래서 중국에서 어떤 정책을 위해서 토지를 수용한다고 소문이 나면 거기에 주택이나 빌딩을 짓거나 부근에 나무를 빽빽이 심어버린다. 심지어 오늘 여기서 이쪽 밭에서 토지 검사가 나온다고 하면, 이쪽 밭에 나무를 한 500그루를 옆에서 빌려다가 심어 검사를 받은 후 그다음 날 밤에는 그걸 뽑아다가 그다음 날 검사할 땅에다가 다 옮겨 심어지기도 한다.

토지 보상을 받기 위해 하는 그런 짓거리들은 어느 나라에나 있는 꼼수인가 보다. 갑자기 잔디밭에 심어진 고추 모종들이 떠오르는 이유는 무엇일까?

땅 자체가 국가 것이기 때문에 국가에서 달라고 하면 무조건 줘야 한다. 그러니 토지에 투자하는 사람이 없어지게 되고 정부는 개인의 토지 소유로 주장할 수 있는 토지법으로 다시 개정하게 된다. 개인이 국가로부터 임대받을 수 있는 땅을 개인 출항지라고 하고, 지자체가 관리 할 수 있는 땅을 집체 토지라고 하는데, 산골 오지나 원시림 같은 곳은 국유지로 분리해 놓았다. 우리나라의 그린벨트 같은 땅이라고 하면 이해가 빠르겠다.

그리고 일반 평지를 최소한 80% 이상 농지로 유지해야 한다는 조건으로 지자체장들에게 관리와 분양의 권한을 위임했다. 지자체가 공단이나 주택단지를 유치할 수 있는 권한을 가지게 되었지만, 중국이 경제 활성화 되기 전까지는 별다른 영향력이 미치지 못했다. 그러나 개방 이후 많은 기업이 중국으로 모여들게 되면서 좋은 땅을 분양받기 위해 기업과 지자체 간의 많은 유착 비리들이 발생하기 시작했다. 갈수록 도시가 커지고 발전하게 되니 농지 80%를 남겨 놓을 수 없는 상황이 되었고 농업용 토지를 공장이나 주택용 토지로 나눠주는 식의 토지비리들이 빈번하게 일어났다.

토지사용증은 국가와 현에서만 발급해줄 수 있는데, 지자체는 중앙정부에 농지나 국유지로 포함된 땅으로 표시해놓고, 나눠줄 때는 일반 토지사용증으로 발급해주었다. 정상적인 임대나 매매가 가능한 땅으로 계약했지만 그게 아니었던 것이고, 심지어는 그 땅을 국가가 도로 앗아 가는 사태까지 생겨났다. 서민들조차 자신의 농지나 사유지를 평지로 변경해서 사기분양을 하게 되었다.

그래서 외국인들은 안전한 땅을 사려고 하면, 국가기관에 정확히 허가받고 나온 땅인지, 과정 중에 비리는 없었는지 확인해야만 한다. 나중에 문제가 생겨도 보상은커녕 토지 매매 비용도 못 찾고, 세금도 냈지만 국가에 낸 사실을 증명할 수도 없다. 더 큰 문제는 감사를 받아 들통 나기 전까지는 문제가 안 생긴다는 것이었다. 이러한 비리 대부분은 발전하기 시작한 중에 대도시들을 중심으로 자주 발생했고, 그때 들어갔던 외국 사람들이 사기를 당하는 경우가 많았다. 워낙 이런 사기가 만연해 있다 보니 원래 계약한 조건의 토지가 아닌 것으로 드러났어도 대부분 국가가 환수 명령을 내리기 전까진 계속 사용하는 경우가 많다. 그러나 국가가 그 토지의 반환을 요구하는 경우에는 꼼짝없이 환수당할 수밖에 없는 처지라는 불안감 속에 토지를 이용하고 있는 게 현실이다.

중국에 들어가서 부동산 사업을 하려는 사업가들이 상당히 많다. 그러나 사실 지금 들어가면 쓸만한 땅을 찾기가 힘들다. 기본적으로 도시 주변의 입지가 중요한 데 얼마나 성장 가능성이 있느냐와 먼저 선점하는 데에 따라 개발 이익이나 나중에 환매나 양도를 통해 충분히 이익을 거둘 수 있다는 판단이 되는 곳이라면 장기적인 투자가 가능할 수도 있다.

그러나 중국은 발전의 방향을 국가가 결정한다. 정부가 어느 지역을 개발시키겠다고 발표를 하면 반드시 개발되기 때문에 부동산 정보가 국가에서 나오는 거나 마찬가지인데, 중국은 가진 토지가 50년 후, 70년 후에 환매를 통해서나 사용계약을 연장함으로써 현재의 땅값 보다 오른다는 것에 보장을 확신하기 힘들다.

농업토지로 잡아두었던 땅들을 집단 공유제를 통해서 판매나 매매가 될 수 없도록 농지로 보존을 시켰는데, 중국 토지 정책의 가장 큰 실수는 그 땅들을 지자체나 개인이 분양할 수 있는 권한을 줘서 애초에 국가가 제시했던 수준에서 수십 배나 올라버렸다는 것이다. 그리고 건축의 경우에도 예상치 못한 새로운 문제들이 생겨났다. 예를 들어 땅을 분할 받아서 아파트를 지으면 아무 내장재 없이 기본 콘크리트 구조물 형태 그대로 매매가 된다. 거기에다가 어떻게 인테리어 하느냐에 따라 주택의 가격이

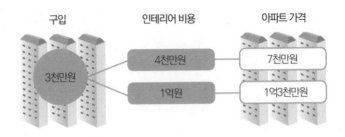

구입   인테리어 비용   아파트 가격

3천만원

4천만원 → 7천만원

1억원 → 1억3천만원

결정되기 때문에, 소유자가 3천만원을 주고 90㎡ 아파트를 사서, 4천만원의 비용을 들여 장식할 경우 7천만원짜리 아파트가 되는 것이고, 1억을 들여 장식하면 1억3천만원짜리 아파트가 되는 것이다. 나중에 아파트가 다른 사람에게 넘어가거나 사용 기간이 다 돼서 재계약 연장을 해야하는 경우 그 투자 비용을 그대로 인정받을 수가 있다.

이렇게 만들어진 주택들 대부분은 소유주가 임대를 해서 돈을 번다. 집에 빌트인(Built-In) 설비를 해서 사용료를 받는 방식으로 기본 임대 기간이 내국인은 6개월, 외국인은 1년 이상이기 때문에 외국인에게 임대를 해주면 돈을 더 많이 받을 수 있다. 외국인 임대의 경우 1년 이상의 비자를 소지하고 있고 월세를 선납하는 조건으로 아파트를 임대할 수 있다.

집을 1억 3천만원 투자해서 임대를 내주게 되면 1년에 약 3천6백만원 정도의 순수익이 나온다. 더 놀라운 것은 은행에서 개인이 집 한 채를 사면 분양가격의 약 70%까지 대출이 나오고 두 번째 주택을 사게 되면 60%까지 대출이 나오기 때문에, 실제로 투자한 비용은 얼마 안 되지만 집을 많이 사서 인테리어를 하고 임대를 해서 월세를 받게 되는 부동산 임대업하는 사람이 늘어났다. 이런 경우 1억을 가지고도 대출과 임대료를 활용하면 집을 다섯 채, 여섯 채 만들어서 임대하는 방법이 생겨났다. 그리고 거기서 나오는 수익들이 100% 현금으로 쌓이게 되고 새로운 돈벌이 수단으로 주목받자 아파트는 쉽게 돈을 벌 수 있는 수 있는 수단으로 인식되었고, 광풍에 가까운 건축 붐과 투기 붐이 일어나게 된 것이다.

이런 수익 구조로 되어 있어서 대도시의 목 좋은 위치의 아파트들은 가격이 몇십 배까지도 치솟아 오르지만, 교외에 지어진 집들은 잘 팔리지 않아서 그냥 비워둔 채로 남아있다. 정확한 통계는 나와 있지 않지만, 현재 중국의 아파트들 가운데 약 20%가량 공실이라고 한다. 집은 계속해서 짓고 있지만 팔리는 곳만 팔리고 나머지는 흉물이 되는 실정이다. 사람들이 부동산이 잘 된다고 하다 보니 너나 할 거 없이 빈 땅만 있으면 용도 변경해서 집 지어서 집 장사하려고 덤비는 것인데, 이런 주택 문제들이 빈익빈 부익부 현상을 극단적으로 만들었다.

농촌에선 자기 지역의 땅을 가지고 있어 봐야 희망이 없어서 토지를 버려두거나 싸게 팔고 도시로 몰려드는 농민공 현상이 심화되었다. 1990년도 중후반에도 상해나 북경 중심가의 30~40평대 아파트 월세가 그 당시 한화 2백만원 정도 했으니까 지금은 거의 1천만원 정도는 할 것이다. 이런 강남 타워팰리스 가격 못지않은 주택을 가진 사람들은 특별한 근로 소득 없이도 임대료만 갖고도 충분히 큰 소득을 올리고 있다.

토호와 지자체의 공무원, 건설업자 간의 비리가 만연해지면서 정상적으로 돌아야 될 돈들이 비리와 연루되어 음성적인 수입들이 늘어났다. 은행 대출 대상이 까다롭지만, 고위 공무원이나 사업체를 운영하는 사장들은 이자율 3~5%대의 대출이 가능했고, 일반 서민들은 대출받기가 어렵다 보니 사채를 끌어다가 비용을 조달하는 일들이 많았다. 그래서 자본이 없는 서민들의 부동산이나 임대 사업은 결국 실패하는 경우가 많았다. 지금도 주택에 대한 건설 편중과 과잉투자, 미분양 공실 문제가 갈수록 확대되고 있다.

꽌시의 경제에서 설명했던 소위 그림자 금융이라 불리는 중국의 사금융을 이용한 과잉투자는 중국사회 전반으로 확대되고 있다. 예를 들어 중국 석유회사가 사옥을 짓고 100층 높이로 쌓는다면 어떻게든 그 건물은 사용될 것이다. 그런데 아무것도 없는 일반부동산 회사가 지하금융자금을 끌어다 그보다 더 큰 빌딩과 넓은 쇼핑몰 같은 건물을 옆에다 지어 버리는 경우가 생긴다. 이런 건물은 원래 목적에 있어서 그렇게 지어진 게 아니라서, 수요보다 공급이 넘어버리니까 양쪽에 있는 건물이 다 죽어버리는 결과를 낳는다. 경기가 좋을 때는 주택이나 상가를 무한정 공급해도 무한정 수요가 따라오던 시절도 있었지만, 그게 어느 정도 충족이 되고 나면 통제가 되어야 하지만 무분별한 과잉투자가 지속하고 있는 것이다.

현재 은행에서 발행하는 돈에 비해서 중소기업을 통해 늘어난 사금융의 규모가 대략 65조위안, 우리 돈으로 약 8천조원 정도 된다고 한다. 중국 전체 생산 GDP의 125%까지 늘어나 버린 셈이다. 은행 돈 보다 사금융의 돈이 다 부동산에 꽂혀버린 것이고, 이렇게 공급된 부동산들이 포화상태에 이르렀는데도 더는 수요가 없을 때, 고금리 사금융에 못 이길 때는 그냥 파산해 버리는 경우가 허다하다. 땅은 어차피 국가 것이고 빌린 돈이 대부분이라 손해를 볼 게 없다는 인식이다.

그런 식으로 건축주가 도망가 버리면 그 건물은 폐물이 되고 그 폐물로 인해 주변의 부동산 시가가 동시에 떨어져 버린다. 은행에서 꽌시를 통해 대출해 준 돈이 그런 식으로 묶이게 되면, 미국의 모기지론 사태와 비교도 할 수 없는 부동산 대란이 뒤따르며 중국 경제는 완전히 걷잡을 수 없는 상황으로 추락할 수 있다. 최근 중국 부동산 시장의 폭발적인 성장 배경 중에 민간인이 주도한 사업에는 제도권 금융이 아닌 사금융에 의존했을 확률이 훨씬 높다.

이런 상황에서 중국 부동산에 투자한다거나 대규모 사업을 벌인다는 생각은 위험한 발상이다. 한 예로, 최근 삼성을 비롯한 상당수의 한국 기업들이 중국에서 손 떼고 빠져나오려는 움직임을 보이고 있다. 삼성은 뭐든 정보가 빠른 기업이기 때문에 현재 생산기지를 필리핀이나 베트남 쪽으로 급속하게 옮기고 있다는 것은 중국의 금융위기를 예견하고 있는 것이 아닌가 하는 생각이 든다.

앞으로 예상되는 새로운 위기를 어떻게 타파할 것인가가 시진핑 정부의 숨겨진 과제다. 일단 농민공으로 떠돌아다니는 사람들을 회유하여 농업으로 끌어들이고, 묶여있던 농지의 유동성을 높이기 위해 80% 이상을 농지로 유지한다는 정책을 줄이고 임대나 위탁을 통해 개발할 수 있도록 변화를 주어 농촌 토지의 가치와 투자를 향상시키는 정책을 시행하고 있다. 그리고 과잉된 부동산은 국가가 사들여 적절한 방식으로 폐기하고 심천이나 심양, 상해 같은 큰 도시 주변에 위성 신도시를 건설해서 주민들을 이주시키는 방향으로 정책도 같이 진행하고 있다.

우리 정부는 부동산 부양을 대출 확대와 정보 조작으로 하는 것 같다. 주택 가격이 오른다, 대출금 늘린다고만 하지 궁극적인 책임을 국가가 지지는 않는다. 그런데 중국의 부동산 정책은 국가가 책임을 져야만 한다. 어차피 국가 땅이니까. 그래서 토지공개념과 활용 원리를 잘 운용하고 있다. 과밀 되어 있는 도시 인구를 빼내기 위해서 새로운 도시를 만드는데 필요한 토지를 구하는 데 어려움이 없다. 지금 중국은 2천 5백만 명 정도 모여 있는 대형 도시들을 5백만, 1천만 명 수준의 도시와 50만 수준의 소도시로 나눠 분산시키는 정책을 준비 중이다. 그래서 앞으로도 부동산 투자도 사업성이 있을 수는 있다. 그러나 투자 정보와 토지 인허가를 다 책임져 줄 수 있는 유력인사와의 꽌시가 없다면, 성공을 담보할 수 없다는 점에서 섣부른 시도는 절대 금물이다.

중국에서 부동산 사기로 속지 않는 방법

우선 행정구의 이름을 잘 살펴보아야 한다. 행정구역에는 구로 부르는 구역이 있고 시로 부르는 구역이 있는데 '무슨 무슨 구'라고 끝나는 곳이 있다. '구' 지역의 토지는 전부 국유지로, 개인이 분할 받을 수 있는 땅이 없다. 따라서 이 안에서 무언가를 한다는 건 사기이다.

다음으로 끝에 '시'로 끝나는 곳이 있다. '시'로 부르는 지역 안에는 농토가 포함되어 있어서 이게 정말 농지인지, 국가가 발행한 토지 사용증이 맞는지 등 계약서를 잘 확인해야 한다. 국가에 청구하면 되고, 그 기간이 보통 일주일에서 보름 정도의 시간이 걸려서 부동산이 3~5일 이내에 계약금에서 잔금까지 요구하는 경우 사기일 가능성이 높다. 건물이 없는 상태에서 토지 가격의 프리미엄을 요구하는 경우, 사기일 가능성이 높고 건물이 지어져 있는 땅의 경우, 이 건물의 본래 사용 용도가 무엇이었는지 토지의 용도도 함께 확인해야 한다. 계약할 실제 땅의 위치와 면적을 정확하게 잘 확인을 해야 한다. 문서만 보고 따라가서 샀다가는 어떻게 될지는 불 보듯 훤하다.

안타깝게도 공산주의 체계 안에서도 투기는 막을 수 없었다. 정부는 충분히 토지에 대한 규율을 엄격하게 관리할 수 있었지만, 지방 세력인 토호들과 그 이익을 나누려는 일부의 기업들과 브로커들이 그 과정에서 많은 비리를 저질렀다. 상해 같은 경우 토지와 부동산 사기 비리로 인해서 그 당시 중국 서열 5위 안에 있던 실권자가 총살된 사례도 있었다. 그 때문에 아파트 가격이 최고치의 1/4 가격으로 폭락할 정도로 부동산 시장이 침체되기도 했다.

중국의 토지에 관해서는 전문가나 본인과 관계가 있는 사람을 통해 투자해야 한다는 것을 명심해 두어야 한다. 중국에서 부동산업이나 건설업에 투자했던 한국 기업들이 많았지만, 지금은 살아있는 기업이 많이 없는 점은 참 안타깝다.

2 중국의 경제

중국의 금융과 그림자 금융

한마디로 중국은 돈의 개미지옥 같다. 한 번 빠지면 빠져나올 수가 없고 열심히 할수록 잡혀먹히는 나라. 어찌 보면 블랙홀 같기도 하다. 외국 자본들은 끊임없이 들어오지만 결국에는 아무도 살아남지 못한 블랙홀 같은…. 지금까지의 중국은 그렇게 평가해도 될 것 같다.

그래도 중국에선 금융시장이 그나마 외국자본이 들어가서 경쟁력을 갖추고 수익을 낼 수 있는 분야라고 볼 수 있다.

중국은 배금주의가 강한 나라다. 돈에 대한 집착과 돈으로 이어진 의리에 대한 확실한 결속력이 있다. 전통적으로 남을 빌려주거나 돌려받는 것에 대해 배타적이다. 중국 사람은 돈이 생기면 무조건 쌓아놓다가 나중에 자식이나 믿을만한 친척에게만 무상으로 빌려준다.

그래서 중국은 수신과 여신에 의존하는 금융 구조가 몹시 취약하다. 중국은 전 세계의 금을 사 모으고 있다. 전 세계에서 1년에 유통되는 금의 약 35% 이상을 중국이 다 수입해서 저장하고 있다. 중국인들이 금을 모으는 이유는 은행을 신뢰하지 못해서다. 중국에는 은행 안에 존재하는 금융과 은행 밖에 존재하는 사금융(그림자 금융)이 있다. 이 규모가 비슷하거나 오히려 사금융이 약 20% 정도 더 크다.

그림자 금융을 차단하고 그 돈을 제도권 안으로 끌어들이는 것이 시진핑 정부 개혁·개방의 화두이다.

중국에서 금융 서비스에 관련한 업종은 거의 유일한 블루오션이라고 할 수 있다. 경제 개방안을 통해 중국이 WTO에 들어오면서 모든 경제 지수들이 숫자로 평가되기 시작했다. 중국의 2,500개 이상의 상장기업들이 만들어 내는 1년 순익이 약 1조2천7백억위엔 정도로 이 중 54%를 16개의 중국은행이 거둬들이고 있고, 그 은행들 가운데 국가가 설립한 5개 은행이 75%를 가지고 있다. 중국의 4대 공적 상업은행인 공상은행, 중국은행, 건설은행, 교통은행이 1조2천 7백억위엔의 이익금 중에 6천8백5십억위엔 이상을 벌어들이고 있는 것인데 나머지 11개 은행이 25%를 갖고 있으므로 중국 전체 수익 중 상장기업의 수익의 45% 정도 된다. 결국, 2,500개 기업이 내는 수익보다 5개 은행이 내는 수익이 훨씬 많다는 이야기다.

5개의 국책 은행은 중국이 개방 당시 정부가 정책적 목적으로 만든 공기업이기 때문에 여기서 벌어들이는 수익은 세금이나 마찬가지로 보면 된다. 그러한 막대한 자금을 중국 정부가 활용해 국가의 정책들을 운용해 나가는 원동력으로 삼고 있다.

예금 금리가 1%도 되지 않기 때문에 일반 개인은 은행에 돈을 잘 맡기지 않는 편이고, 대부분 중국 내 대기업에게 예금 대출 업무가 집중되어 있다. 초창기 국책은행들은 수신한 돈이 없으면서 허위 수신액을 만들어서 기업에게 대출을 해주고 기업들은 그 깡통계좌를 통해 회사를 세웠다. 그리고 기업 법에 따라서 기업이 운영하는 모든 자금은 은행 계좌로 거래

되었다. 거래 대금을 몇천억씩 주고받았다고 해도 계좌에서만 왔다 갔다 하는 것이고, 인건비나 해외에 송금 같은 꼭 필요한 돈만 출금할 수 있었으며, 기업의 운영 자금 대부분은 은행 저축으로 묶이게 되었다. 국책은행들이 돈을 20년간 이런 식으로 굴려서 경제발전을 위한 투자금으로 조달했고, 중국의 경제가 발전하며 마이너스이던 여수신 상황을 흑자로 만들었다. 따라서 중국에 들어와 51:49의 사업을 벌였던 외국의 투자 자본은 중국은행의 가상 계좌 속 자금을 믿고 실제 달러를 투자했다. 이것은 관치금융을 활용한 중국의 거대한 사기극이라고 봐야 한다.

대외적으로 보면 굉장히 저축률이 높지만, 사실 민간의 저축률은 제로에 가까운 나라다. 대부분의 여신액은 공기업의 돈을 은행이 관리하는 차원의 금융구조이다. 서민들 대부분은 현금으로 갖고 있거나 금괴를 소지하는 방식으로 돈을 운용하는 게 그동안의 관행이었다. 그래서 중국은행은 환율을 자국에 유리하게끔 자율적으로 조절한다. 우리나라처럼 극단적인 고환율 정책을 쓰는 것이다. 달러화에 대비하여 위안화 환율을 상승시키니 중국 내 유통되는 달러와 중국이 결제하는 달러의 가치 차이가 크게 났다. 이런 달러의 가치 차이를 이용해 '환치기'라고 하는 중국에만 존재하는 금융업이 생겨났다.

예를 들어 미국에서 중국으로 100달러 송금했을 때, 은행에서 정상적인 방법으로 중국 돈을 받는 것보다 미국으로 100달러를 송금하고, 중국으로 전화해서 100달러 치 중국 돈으로 달라고 하면 환치기가 되는 것이다. 보통의 외환송금보다 돈을 더 쳐주기 때문에 중국 내 환거래는 대부분 이런 식으로 이루어지게 되었다.

환치기를 통해 생긴 돈들이 후에 생긴 민간 상업은행으로 모여들게 되면서 그림자 금융이 이용하는 현금 창구가 되었다. 이런 식으로 형성된 양쪽 은행의 운영 방식의 차이가 돌이킬 수 없을 만큼 확실하게 나누어졌다.

5대 은행은 대기업들을 상대로 충분히 금융거래를 확대해 나갔으나 민간은행들은 빌려줄 수 있는 돈과 기업들이 줄어들면서 대출을 더 확대할 수 없는 지경에 이르렀다. 그러다 국제 경기가 나빠져 수출이 줄어들고, 중국 내에도 과잉투자가 일어나면서 중국 내 민간 중소기업들이 부실해지기 시작했다. 국영기업의 수익은 정부의 세수로 들어가면서 국고는 계속 넉넉해졌으나, 대기업이 벌어들인 돈을 인건비 외에 일반 국민들에게 분배할 방법이 없었다. 삼성이 수백조원을 벌어서 직원들에게는 10조밖에 안 주는 것과 같은 것이다. 국가의 세금으로 들어갔으니 우리보다 더 낙수효과 없었다. 수익이 분배되지 않으니까 통화 증가가 시장 경제로 이어지지 않았다.

즉, 경제 지표는 좋은데 돈이 시장에서 돌지 않았고 이것은 빈부의 격차를 점점 더 벌어지게 하였다. 최대 3%대의 대출금리가 유지되다 보니 은행에 돈이 쌓여 있을수록 손해였다. 그러나 더 이상 중국 내 대형 기업 투자 수요가 없었기 때문에 대출해줄만 한 곳이 없었다. 더구나 20년간 무역수지 흑자를 달성한 결과 중국에 달러가 계속해서 쌓여갔다. 현재 중국의 외화보유고는 4조달러인데 우리나라의 외화보유고가 3천억달러니까 양적으로 15배 차이가 난다. 인구 대비로 보면 1/4 수준이고 그 돈이 1%도 안 되는 중국의 상위 부자들에게 몰려 있다.

그래서 현재 중국 기업이 벌어들이는 수익보다 막대한 대출금과 손실의 정확한 수치가 공개되면 기업의 가치가 떨어지게 되고, 은행 대출금에 대한 이자 지급능력이 떨어지니까 중국 기업들은 분식회계를 시작하게 되었다. 이자도 못 물게 될 만큼 실제 생산 매출이 떨어지고 있는 것을 감추기 위해 정부는 과감한 투자은행 정책을 시행하게 되었다. 기업들은 은행자본에 의존하고 있었기 때문에 은행 안에 쌓여있는 돈을 가지고 해외 채권이나 부동산, 기업 등을 사들이기 시작했다. 생산으로 돈을 못 버니 대출받은 돈으로 부동산 투자에 나서고 있다.

위에도 말했지만, 중국의 맹점은 금융투자에 대한 정보가 전혀 없다는 것이다. 투자에 관련된 인력을 양성하지도 않았고 아웃소싱도 하지 않았다. 그런 비용의 필요성과 가치를 인정하지 않았고, 지출하려는 시도도 하지 않았다. 국제 변호사나 투자자문사가 왜 필요한지 모르는 상태에서 마구 사들이다 보니 손실이 나고, 그러다 보니 중국은 20년 가까이 미국의 투자은행에 투자자문을 받거나 대리 매입업무를 시켰지만, 그들이 중국을 위한 거래를 할 만큼 양심적인 기업이 아니었다.

부진한 실적에 참다못한 중국 정부는 마침내 금융 투자를 직접 관리할 수 있는 회사를 차리게 되었다. 주식이나 채권 같은 투자도 하고 자금도 대출받을 수 있도록 투자를 개방했다. 그러나 중국 내 금융 투자기업이 실제로 얻고 있는 소득은 미미하다.

그리고 민간 금융을 확대하기 위해 신용카드도 발급해주기 시작했다. 그동안 중국은 주로 체크카드를 사용했는데 최근 들어 매년 신용카드 사용액이 50% 이상씩 늘어나고 있다. 근래에 신용카드가 모바일과 결합된 전자상거래 방식으로 바뀌어 가고 있다. 메신저나 검색, 광고 등을 유치해서 운영됐던 ITC 회사들 이를테면, 알리바바, 텐센트, 바이두 같은 기업들이 전자상거래와 유사 금융상품을 취급 가능할 수 있도록 허가를 내주었고, 더불어 자유롭게 이율도 결정할 수 있게끔 해주었다. 쇼핑 머니를 결제하는 적립된 계좌 안에 예치금에 대해 시중금리보다 높게 쇼핑 후, 잔여 금액에 대해서도 재투자가 될 수 있도록 약 5%대의 이자를 주는 세계 최초의 온라인 금융상품을 만들어낸 것이다. 그동안 모바일과 앱, 신용카드가 합쳐져서 전자상거래 사이버머니에 이자를 주는 정책은 없었는데. 중국은 이자를 지급하는 방식을 이용해 일종의 은행과 같은 역할을 할 수 있도록 영업 방향을 열어준 것이다.

중국은 우리나라보다 훨씬 부실한 운영 체계를 가지고도 내수를 성장시키기 위해 사이버머니를 통한 온라인 금융상품을 실현하고 있다. 그 금융상품들이 은행뿐만 아니라 보험, 증권, 채권 시장까지 확대되어 가고 있지만, 여전히 전문성이 많이 부족하므로 이쪽 시장을 공략해서 블루오션을 만들 만한 방법은 무궁무진하다. 그러나 우리 ITC 기업들과 은행들은 중국 같은 융합상품 개발에도 엄두를 못 내고 있다는 현실은 우리의 금융 경쟁력에 암울한 미래를 상징한다.

이제 주식시장 이야기로 넘어와서 금융정책과 관련한 은행 주식 이야기를 해보려고 한다. 우리나라는 코스닥과 일반주식거래 두 개로 나누어 있고, 중국은 세 개의 주식거래소로 분리되어 거래 종목도 5~6개로 각각 다르게 나누어져 있다. 상해에 있는 거래소에서는 대기업 위주의 상품을 거래하는데 우리로 말하면 상장 주식 위주이고, 심천 거래소는 중소기업을 위한 거래소를 따로 여는데 초기 투자 자본을 모으기 위한 창업 중소기업과 실적에 따라 주식을 거래하는 일반 중소기업으로 다시 나누어진다. 그리고 중국 대기업들과 홍콩 내 대기업들을 관리하는 홍콩 주식거래소 이렇게 세 군데로 나뉘어있다.

지금까지는 중국이 이 주식들을 A는 내국인이, B는 외국인이 살 수 있도록 그 경계를 분명하게 나눠놓은 상태이지만 국제사회에서 계속 이것을 문제 삼고 있어서 조만간 완전 개방이 될 것으로 예상된다. 중국은행들이 상장기업 수익 대부분을 내고 있고 은행 외의 45% 영업이익 또한 중국 내 100대 기업들이 올리고 있어서 은행주와 대기업 주식들을 제외한 나머지 주식들은 사실상 투자가치가 거의 없다고 봐야 한다. 한마디로 2,500개 넘는 기업들 가운데 알짜배기는 110여 개밖에 없다는 얘기다. 나머지 주식들은 그냥 편승해서 따라가는 것일 뿐이다.

98년, 중국 주식시장이 개방되고 일반인이나 외국인들 모두 주식을 살 수 있다고 해서 완전히 시장판 같은 주식 열풍이 불었다. 무슨 종목인지도 모르는데 일단 주식만 상장되었다 하면 상한선도 없이 폭등해서 하루에 180배, 360배씩 오르는 주식이 있을 정도였다. 상장기업도 몇 개 안 되고 나올 수 있는 주식의 양도 얼마 안 되다 보니, 어차피 중국 경제가 발전되어 가는 상황이었으므로 어떠한 종목의 주식을 사놓더라도 다 오를 것이라 여겨 투매하듯이 주식을 사들인 것이다. 실제 10만원에 사서 100만원의 수익을 내고 팔았는데 열흘 지나면 200만원, 400만원씩 올라가 있는 경우가 태반이었다.

이렇다 보니 중국 주식은 불패라는 인식이 생겨서 개미들의 돈이 한꺼번에 몰렸던 적이 있었다. 그 당시에는 상승 상한선이라는 제한도 없었다. 디지털 체계가 제대로 갖춰지지 않았기 때문에 객장에 들어가서 단말기를 두들기거나 전표를 써내는 방식으로 진행되었는데 그걸 서로 찍겠다고 북새통을 이루니 분위기가 거의 노름판 수준이었다. 주식을 10만원에 사서 20만원에 팔고 돌아섰는데 그새 30만원으로 올라가 있고 그래서 40만원에 다시 샀더니 60만원이 되어 있으니, 가만 생각해보면 주식의 숫자는 줄고 있고 금액 가치만 계속 올라가고 있는 상황이 반복되었다. 처음부터 10만원으로 10주를 사서 가지고 있었다면 2~300만원이 되는데 금방 팔고 후회된다고 더 비싼 값으로 사다 보니까 개미들 같은 경우는 주가만 올라가 있고 주식의 숫자는 오히려 줄어버리는 상황이 됐다. 결국, 주식을 발행한 정부와 거래 수수료를 통해 이득을 취한 증권회사만 돈을 벌었던 셈이다.

그런데 더 중요한 문제는 중국은 정부가 내놓은 주식이 다 팔리고 나면 원래 시장에 내놓기로 한 양보다 많은 정부 보유분 주식을 시장에 풀고 가격이 내려간 뒤 다시 사들이는 방식으로 국민들의 주머니를 털었다. 이렇게 되다 보니 개인 투자자 보호되지 않았다. 우리나라 같은 경우 5천원짜리 주식에 공모가를 내면 수익률이 뻔하니, 아무리 높아봐야 10만원 이상 못 건다. 액면가 5천원짜리 주식이 10만원으로 오르는 주식이 얼마나 되겠나? 그런데 중국은 5천원짜리 주식들을 20만원, 50만원, 심지어 100만원까지 공모가를 때렸다. 분식회계를 통해서 이 주식이 시장에 나오게 되면 비슷한 업체의 주식이 현재 얼마 정도 되니까 이 주식도 그 정도까지 될 거라는 식으로 과도한 공모가를 제시했다. 개미들이 공모에 참여할 때 5천원짜리 나오면 2~3만원이라 사 볼만 한데 돈이 그렇게 올라버리면 어떻게 살 수 있겠는가? 결국, 공모에 뛰어드는 개미들이 점점 줄어들게 되고 은행들끼리 돈 놓고 돈 먹기 혹은 대자본가들끼리의 돈 놓고 돈 먹기가 반복되면서 개미투자자들의 돈이 대자본에 다 빨려들어 갔다.

중국의 주식시장은 결국 국영기업의 자금 조달을 목적으로 해서 설립된 것이기 때문에 투기를 통해서 주가가 오른다고 해도 중국 경제 성장에는 크게 도움이 안 된다. 주가는 처음 공모해서 팔아넘긴 그 순간 국가가 환수한 돈뿐이고 시장 안에 돌아가서 주식가격이 높아지는 것은 나라 입장에서 별로 바람직한 상황이 아니다. 주식 시장이 과열될수록 사람들이 일은 안 하고 다 주식 시장에 모여들어 주식만 들여다보고 있을 테니까 말이다.

특히 공기업 주식을 장기 보유했던 사람들은 주식가격이 오를 때마다 어디서인지 알게 모르게 풀리는 유령 주식으로 폭락하고, 폭락하면 불안하니까 손해가 좀 나더라도 판다. 그럼 그걸 또 슬그머니 거둬들이고, 또 시장 수요가 모자라니까 다시 오른다. 이런 파렴치한 짓거리를 했던 것이 그 당시 중국 주식 시장이었다. 이런 방식으로 뽑아먹는다는 사실이 소문나면서 외국인 투자자들이 대거 빠져나가기 시작했다.

중국은 현재 기업의 43% 이상이 분식회계를 하는 것으로 추정된다. 우리나라는 분식회계하면 잡아서 구속해야 하는데 중국은 처벌을 안 한다. 국가가 주인인데 무슨 처벌이 있었겠나? 감독기관이 다 그놈이 그놈인데. 그래서 내부 정보를 이용해서 투자자문사, 공무원, 대주주들이 시세 조작을 해댔다. 수출 계약이 언제쯤 터질 것이라고 하면 자기네들끼리 속닥속

닥해서 정보를 내보낸다. 이런 내부 정보를 가지고 일종의 작전 세력처럼 조작을 해왔다.

당시 중국의 주식시장은 개방 이후 약 18배 가까이 성장을 했고 시가 총액 또한 2배 가까이 늘어났다. 중국기업 대부분이 분식회계를 했기 때문에 기업의 실체를 확인할 데이터는 거의 나오지 않는다. 기업과 은행, 정부 모두 분식회계를 해서 장부를 맞추기 때문에 올해 경제 성장률 7%라고 했는데 그보다 더 성장하면 초과 성장했다고 말하지만 그보다 못하면 내부에서 지표를 맞춰서라도 7%를 만들어 버리는 것이 중국이다.

앞으로의 잠재성장력으로 계산해보았을 때 위안화를 보유하거나 채권이나 주식을 사놓는 것은 장부상 장기투자로 보면 2배 이상의 수익이 나올 수 있을 것이란 계산이 나온다. 내부적으로는 얼마나 곪고 썩어가든지 간에 7~8%의 성장률을 5~6년간 꾸준히 지속해가면 7~8년 후엔 지금보다 경제력이 2배가 된다는 얘기가 된다. 중국 정부가 보장하는 지표이기 때문에 지금 실물을 잡아놓고 10년을 기다리면 무조건 2배는 벌 수 있다는 것. 그것만큼은 틀림없다.

중국에서 투자로 성공할 수 있는 조건이 물론 자본이나 실무능력도 있겠지만 결국 가장 중요한 것은 꽌시다. 투자자문사의 자체적인 분석이나 정보력을 통해 영업하는 것이 아니라 꽌시로 이어진 권력의 인맥을 통해 내부조작이 되어야지만 성공할 수 있다는 것이다. 이런 문제점 때문에 2010년까지 들어오던 외국 자본들이 현재는 거의 투자를 종료하고 있다. 어떻게 이런 금융운영이나 회계감사를 믿고 정상적인 투자를 할 수 있느냐는 것이다. 중국 금융시스템의 낙후성, 전근대성, 사기성을 극명하게 보여주는 이 문제들을 해결하지 않는 이상 중국에 투자 유치는 힘들다고 봐야 한다. 지속적인 중국 내의 투자 유치를 위해서는 금융과 서비스 감사시스템 등의 총괄적인 개혁이 절실히 필요한 상황이다.

중국이 망하는 걸 가장 두려워하는 나라가 미국이다. 중국이 외화보유액으로 4조달러를 가지고 있고 양국 간의 협약으로 밝히고 있지 않지만, 미국이 발행한 채권을 얼마나 가졌는지 추산할 수도 없다. 중국이 수십조의 달러를 보유하고 있는 상태에서 금융이 부실해 지면 그 빚을 갚기 위해 한순간에 미국의 달러와 채권이 풀어져 버리게 되고 달러가치는 폭락한다. 중국발 금융 위기가 터지게 되면 전 세계 모든 화폐의 가치가 한꺼번에 폭락할 수 있는 위기 상황이 발생할 수 있어서 대비 차원에서라도 미국은 적극적으로 중국의 금융 시스템 개선을 위해 들어오게 될 것으로 예상이 된다. 경제적인 폭탄의 방아쇠는 서로 쥐고 있는 셈이다.

간단히 정리해보면, 중국 안에 있는 돈의 50% 이상은 은행이 벌어들이지만, 이 돈의 흐름은 서민들에게 이어지지 않는다. 즉, 물길의 흐름이 다르다는 것이다. 그리고 중국은행의 규모보다 더 큰 그림자 금융이 따로 있고 현재 중국 내수가 중앙은행이 아닌 그림자 은행을 통해 돌아가고 있으므로 시장의 통합이 쉽지 않기 때문에 정상적인 내수로 끌어들일 만한 극단적인 방법이 필요하다는 것이다. 중국 당국이 해외여행을 개방하고, 신용카드의 발급을 부추기며 중국인들이 해외에서 신용카드로 결제한다는 것이 나중에는 대량 부도 사태로 이어질 수 있는 위험성도 있다. 그러나 부도율을 감수하더라도 내수성장이 되어야만 국민에게 부의 분배를 완성할 수 있으므로 중국의 금융 서비스 소매시장에 한국 기업의 진출에 가능성은 매우 높다.

한때 우리나라의 민간 자본들도 마찬가지로 예전에 중국 주식 시장 활황기에 중국에 들어가서 꽤 돈을 벌었다. 일부 투자회사는 중국 펀드만 해서 수익을 네 배 이상 키웠던 적도 있었으나 그 이후 폭락 장세에 그간 벌어들인 수익을 다 말아먹기도 했다.

그러나 예전에는 한국 투자회사는 중국이 제시한 수익률의 펀드를 샀지 주식을 직접 소유할 방법이 없었다. 이제는 직접 투자하는 방법이 생겼기 때문에 중국의 우량하고 건강한 주식들을 얼마든지 사 모을 수 있고 그 안에서 정보관리나 유통관리, 시스템관리를 할 수 있는 용역들이 생겨나고 있다. 그 부분에 우리가 금융서비스로 진출하게 되면 우리나라 경제권의 20배가 넘는 다른 지하 경제가 있으니 어찌 보면 100배가 넘을 수도 있는 금융 한류 상품이 될 수 있다는 기대를 해본다.

나의 중국주식 실패 이야기

　나도 중국에 있을 때 어쩌다가 주식 열풍에 발을 담가본 적이 있다. 지인이 말하길 "현재 정부가 어떤 회사의 주식을 매입해서 국유화하고 있는데 이 주식이 25위엔까지 오를 것이다."라는 주가조작에 관한 정보를 전해 들었다. 그러나 그때는 가진 돈이 없어서 한국에서 빚을 끌어다가 그 주식이 10위엔일 때 한화로 2천만원 가까운 돈을 용기 있게 쏟아 부었던 적이 있다. 6개월 정도 안에 딱 두 배만 불리고 갚아야겠다는 생각에 돈을 빌렸는데 IMF 시절이라 금리가 엄청나게 높았다. 한달에 3% 정도 되는 이자를 주기로 했는데, 수익률이 100%인데 그 정도쯤이야 하는 배짱이 자연스럽게 생겼다.

　이자는 매달 나가는 상황에서 매입한 후 석 달이 지나도록 오르질 않는 거다. 난감한 상황에 발만 동동 구르다, "지금 생활비도 없는데 이자는 줘야 하니, 반만 팔아볼까?" 하는 생각에 주식을 팔고 나니 갑자기 주식이 13위엔까지 뛰어올랐다. "아, 25위엔까지 오른다고 했는데 내가 왜 팔았지? 하는 후회에 주식이 상승세를 탔나 보다 하는 확신이 들었다. 수수료 떼고 이자 내고 나니 남는 것도 없었는데 이제 오르기 시작했으니 지금부터라도 다시 해볼까 하는 판단에 한국에서 또 1천만원을 더 빌려다가 13위엔에 그 주식을 사들여 소위 물타기를 했다. 시간은 계속 흐르고 정보가 나오고서 8개월을 기다렸는데도 총 10%도 안 올랐다. 빌린 돈을 갚기로 한 시간이 지나 결국 주식을 전량을 팔 수밖에 없었다. 어쩔 수 없이 매매한 상황에 계산을 해보니 3천만원을 투자해서 손해만 600만원이었다 . 그러나 일주일 지난 후, 마치 내가 팔기를 기다렸다는 것처럼 35원까지 폭등을 했다. 이것이 중국의 만만디인 거다. 보통 정보를 줬을 때는 1년 정도는 바라봐야 했던 건데…. 그럼 정보를 줄 때 1년 뒤에 오른다고 말을 해줬어야지. 난 일주일 뒤에 바로 작업 들어갈 줄 알았는데…. 최소한 한 달 후에는 할 줄 알았다. 아! 또 속 쓰린 기억!

중국의 보험과 채권투자

중국을 공략할 만한 금융 관련 서비스 가운데 국내 기업들이 블루오션으로 생각하는 것이 보험시장이다. 중국은 97년 양로보험, 실험보험으로 시작해 다음 해 의료보험, 출산보험, 공상보험을 추가로 공영보험화 하면서 총 다섯 개의 사회보장 보험을 유지하고 있다. 그 외는 민간 보험이고, 그 시장의 규모가 전 세계에 3위권이다. 그 시장을 중국의 민간 보험사들이 대부분 차지하고 있다. 중국 보험 시장에 10개국 총 21개 회사가 진출해 있는데 현재까진 수출입화물에 대한 손해보험 정도로만 머물러 있어서 시장규모의 약 1.2%밖에 진출하지 못했으나, 개방이 되면서 한국을 포함한 여러 나라가 자동차 보험을 주 타겟으로 노리고 있다.

자동차 보험은 우리로 말하면 책임보험 같은 것으로 중국은 의무조항이 아니므로 자동차 중 50%만이 가입되어있다. 보험료 또한 우리나라는 60만원 전후인 반면, 중국은 75~85만원 정도여서 시장성은 크다고 보고 있지만, 그 시장을 장악할 수 있을지는 장담하기가 어렵다. 획기적인 영업력과 서비스를 선보인다면 어느 정도 경쟁력을 기대해봄직하지만 사실상 그 시장 자체가 삼성이나 현대, 교보 같은 국내 대표 보험사들이 들어가도 독식할 보장이 있는 것이 아니라 시장을 넓혀가는 정도에 그칠 것으로 판단된다.

중국 채권은 극단적으로 모 아니면 도다. 중국 은행금리가 워낙 낮기 때문에 수익률을 위해 채권을 발행하는 것으로 채권의 종류로는 국채와 중국 기업은행에서 발행하는 중앙어음, 금융채라고 하는 각 은행의 채권, 회사채가 있다. 몇 번을 강조하지만, 중국에서 투자하면 무조건 돈은 번다. 그러나 100대 기업 안에 있는 국영 기업과 관련된 주식과 채권 이외에는 건드리지 않는 것이 좋다.

한·중·일 은행의 역할 비교

중국 은행은 저금리인지라 서민의 은행 거래는 송금이 대부분이고 저축은 거의 없다. 그런데도 중국은행들은 국가나 기업이 필요로 하는 경우 무한대로 돈을 빌려 준다. 그러기 때문에 국가 예산이 우리나라의 두 배 정도밖에 되지 않음에도 불구하고 그 많은 기업에 투자가 가능한 것이다. 실제로 중국은행 안에 내부 전표를 들여다보면, 1,000억을 대출해 줄 수 있을 만큼 1,100억이라는 돈이 비축되어 있어서 그렇게 엄청난 액수를 빌려준 게 아니라는 것을 알 수 있다. 은행이라는 시스템을 이용해서 허수의 금액을 만들어 여신을 제공해 준 것이다. 가상의 금액을 우선 계좌로 선지급해 주고, 그 운용 수익을 받아 나중에 상계하는 방식으로 자금을 조달했을 것으로 추정된다. 중국이 개방 초기에 무제한의 투자 자금을 조달하는 과정에서 순수한 현금과 실물거래가 가능했다고는 절대 믿을 수 없다. 이러한 가공의 자산을 바탕으로 중국은 성공하는 기업을 키웠고 GDP를 폭발적으로 증가시켰다. 25년 이상 10% 이상을 달려온 고도 경제 성장 속에 이런 가공의 자산운용이 섞여 있지는 않을런지 그 비밀은 일부 고위 관리자만이 알고 있을 것이다.

일본의 은행 운영을 보면 일본은 저축률이 무척 높다. 아무리 풀어도 시중의 돈이 은행으로 다시 들어온다고 한다. 일본 은행은 중국과는 반대로 남아도는 돈들을 제대로 대출해 줄 곳이 없다. 결국, 일본은행은 그 돈으로 일본 정부가 발행하는 국채를 계속 사들인다. 나라빚이 이미 자국 GDP의 200배가 넘고, 연간 1조 8,000억 달러의 국채를 발행할 정도이고, 국가 예산의 30% 이상을 국채 발행에 의존하고 있다. 그러니 일본 국채가 정상적으로 상환되지 않을 것을 알고 있다. 그런데 일본이 국채를 팔면 누가 살까? 미국이? 한국이? 아무도 안 산다. 결국, 일본의 금융권에서 그걸 도로 사들이는 것이다. 그러면서 쉽게 말해 국채라는 형태로 일본 국민이 해놓은 저축을 일본 정부가 막 뽑아다 쓰고 있는 것으로 보면 된다.

반면 우리나라는 어떨까? 예전에는 우리나라에도 관치 금융이 실제로 존재했다. 그러나 IMF 이후 미국식의 선진 자본을 바른 예로 들며 "관치금융은 부끄러운 거다. 자본경제 체제에는 있어서는 안 된다." 식의 논리로 정부가 통제받지 않는 금융의 형태로 바꾸겠다고 하고선 실제론 외국 자본에다가 우리 은행을 팔아먹었다.

현재 우리나라의 은행들 대부분 대주주가 외국의 자본들이고, 그 자본들은 국민에게 여신을 주고 카드를 뿌리고 대출을 해준 다음 악랄하게 회수해서 매년 수조원의 이익을 남긴 뒤, 그 이익 가지고 배당으로 자기네들끼리 수익을 나눠 외국으로 가져가고 있다. 서민의 등을 쳐서 벌어들인 돈을 매년 배당으로 2조, 3조씩 해외로 유출하는 우리나라 은행의 행태는 기업을 위한 것도 아니고 국가를 위한 것도 아니다.

세계 금융의 블랙홀, 화교 자본

　정확한 통계는 확인되지 않고 있으나 매년 중국으로 유입되는 총 외국 자본은 약 700~1,000억달러 내외이다. 그 가운데 화교 자본이 50~65%를 차지하고 있는 것으로 분석된다. 즉, 화교의 돈이 중국 경제 전체를 이끌어가고 있는 거나 마찬가지인 셈이다.

　화교의 역사를 살펴보면 화교란 중국을 떠나 다른 나라에서 거주하는 중국 교포로서, 국제 유랑민이다.

　과거 중국의 전제군주들은 돈이 필요할 때마다 무력으로 부호의 돈을 털어 가는 일이 매우 잦았다. 중국은 배금주의적 성격이 강하기 때문에 현금과 재물들을 집에 쌓아놓고 살아서 재산을 털기에 아주 좋은 조건이었다. 수탈이 반복되다 보니 부호나 거상들은 경기가 안 좋다거나 전란의 조짐이 보이면 미리 재산을 챙겨서 도망을 가거나 외국으로 나가 무역을 했는데 그런 식으로 돈이 회전한 역사가 500년 이상 이어져 온 것이다.

　특히 12~16세기경 실크로드가 한창 활성화되던 시기, 중국의 거상들이 실크로드를 따라 동남아시아에서 북아프리카까지 진출했다고 한다. 옛날 중국인들이 황비홍같이 머리를 뒤로 묶은 모양을 구족이라고 하는데 세계 시장을 돌아다니며 무역을 하던 모습이 외국인들 눈에 돼지 꼬리 모양 같다 하여 피그테일(pigtail)이라고 불렀다. 중국 역사상 가장 문화적으로 교역이 활발했던 시기가 명나라 시대로 명나라 말기에 100만 명이상의 상인들이 해상 교역을 통해 동아시아로 나가서 현지에 정착했다.

또한, 청나라가 들어서고 아편전쟁에 패하면서 국가의 통제력이 상실되던 시기에 미국에서는 링컨의 노예해방 후 노동력이 극심하게 부족해졌다. 이때 많은 중국인이 노예를 대신해 강제 징용되듯 외국으로 팔려나가게 되었다. 일종의 노예시장과 같은 개념으로 이때 많은 중국인이 유출되었다고 한다. 지금의 하와이의 농장을 개척하고 미국 동·서부를 잇는철도를 놓은 주인공이 사실은 미국인들이 아니라 그 당시 중국 노동자들이었다. 그들도 차이나타운을 이루어 가며 미주에 정착했다.

그러다 1950년 중국 공산당이 설립되고 자본주의 성향의 상인들 약1,000만 명 이상이 국외로 탈출했다. 이때 이후로 전 세계로 퍼져나간 중국인들은 일종의 카르텔을 구성했는데, 그것이 지금의 화교이다. 세계에흩어진 화교 조직 안에는 집단을 진두지휘하는 지도자 그룹이 있다. 화교내부의 유민 중에 덕망 있는 집안의 후손이라는 뜻의 '객가인'이라 불리는 사람들로 엘리트 집단으로 정국이 좋지 않아 외국으로 추방된 경우가많았다. 그들이 화교 조직의 수장을 맡으면서 조직의 규율을 만들었다.

첫째 원칙은 남녀의 차별을 두지 말고 근로를 존중해야 한다는 것. 한마디로 부지런해야 한다는 것이고 둘째는 혈연, 친척, 동향에 대해 철저하게 의리를 지키고 모든 재산이나 가업은 장자에게 승계하되 장자가 없는 경우 조직 안에서 가장 능력 있는 사람을 후계자로 삼는 것. 셋째는 신용을 중시하고 도박을 금하는 것이었다. 중국인들은 도박을 좋아했는데 화교 조직 안에서 도박을 못 하도록 아예 규율로 세웠고 특히 모든 거래를 현금 거래만 하게 했다. 오늘날 전 세계 화교 조직에는 5대 강령(Clean, Language, Location, Guild, Trust)이 존재한다고 전한다. 이러한 철저한 규율과 관리는 조직을 강인하게 유지하고, 경제적인 자립성과 현금 동원력이 뛰어난 경제 집단으로 발전시켰다.

지금으로부터 10년 전 통계를 참고했을 때 전 세계 130여 개국에 6천만 명 정도의 화교들이 분포된 것으로 추산되고 있다. 그 이후 정식으로 발표된 통계가 없으나 세계에서 차이나타운이 없는 나라는 없다고 할 만큼 화교의 규모는 크다. 유대인을 제외하고 세계에 분포해 있는 가장 큰 조직이라고 봐도 무방할 것 같다. 유대인이 월가를 장악하고 미국의 자본을 지배하고 있다면, 화교의 차이나머니는 130개국에서 힘을 발휘하고 있으며 그중에서도 동아시아 경제를 석권하고 있다.

청나라 말기에 외국으로 빠져나갔던 중국인들이 동남아시아 쪽에 정착하여 상업과 공업을 일으켰는데 2차 대전 당시 점령군에게 협조하면서 그 세력을 더욱 키우게 되었다고 한다. 당시 식민지배자들의 하수인 역할을 맡으면서 그 나라의 국부를 독점하다시피 했다.

일반적으로 잘 알려지지 않지만, 말레이시아나 인도네시아 같은 국가의 경제와 산업 중 70% 이상을 화교 자본이 장악하고 있다. 그 나라들 재벌의 90%가 화교라는 것이다. 마찬가지로 10년 전 통계에서, 화교의 유동성 자산, 현금만 추산해보아도 돈의 규모가 약 2조~3조5천억달러이고 우리 화폐로 약 3천조~4천5백조원으로 조사되고 있다.

그런데 중국이 개방되면서 투자자금들이 본격적으로 쏟아져 들어가기 시작했다. 중국이 개방되던 당시 미국은 "중국은 미국 자본이 살리는 게 아니라, 죽의 장막이 살릴 것이다."라는 말을 한 적이 있다. 한마디로 중국과 연관된 동남아시아의 화교 자본이 살릴 것이라는 예언이었다. 중국에서 화교의 자본 유입과 과감하고 겁 없는 투자가 가능했던 것은 현 중국의 지배계층과 과거 군벌 세력들과의 관계, 즉 꽌시가 형성되어 있었기 때문이다.

외국자본이 중국으로 들어갈 때 거쳐야 할 과정들은 까다롭고 복잡하지만, 화교의 경우는 꽌시를 믿고 어떤 위험 상황이 발생하더라도 과감하게 투자하고 그 위험에 탄력적으로 대응할 수 있었다. 이런 식으로 흘러들어 간 화교의 자본들이 지금의 중국 대기업들을 성장시키고 주요 은행과 증권, 모든 유동성 금융시장을 거의 장악했다. 그 가운데 일부 서민과 중소기업 쪽에 들어가 있는 그림자 금융 형태의 자본 규모도 공적 금융의 두 배 가까이 커져 있는 상태인 것으로 보인다.

그러므로 화교의 자본을 이해하지 못하면 중국의 발전 방향을 알 수 없다. 현재 화교의 자본은 중국 내에서 어느 정도 완숙기를 거친 상태이다. 한마디로 외적인 팽창의 완성 상태로 보면 된다. 이 자본들이 이제 외국기업 및 자산들을 사냥하기 위해 손을 뻗쳐오고 있다. 따라서 현재 우리나라 역시 이 자본의 위협을 받을 것이다.

최근 미국은 양적 완화 종료를 발표했다. 이것은 돈을 푸는 것을 중단하겠다고 선언한 것으로 미국의 금리는 오를 전망이다. 일본이 양적 완화를 지속하기로 했다는 것은 엔화의 하락이 계속될 거라는 말이고 중국의 위엔화 가치는 절상 압력에 따라 5% 이상 상승하고 있다.

조금 복잡한 이야기이나 이 3개국의 경제구도는 전부 국내 시장에 악재로 작용한다. 미국의 양적 완화 종료와 함께 금리가 오르게 될 경우 국내 증권 및 금융시장에 들어와 있던 외국 자본들이 미국 본토로 다시 돌아가게 된다. 일본의 양적 완화 지속은 일본의 물건값이 계속 싸진다는 소리로 국제시장에서 우리 물건의 수출 경쟁력이 떨어지게 된다. 중국의 위안화 강세는 중국 돈이 더 값어치 있어지니 우리가 중국에 수출입을 하는 데 있어 손해를 보게 된다는 말이다. 쉽게 말해 싸게 팔고 비싸게 사와야 되는 상황이 생길 수 있다.

우리의 경제 전망은 더욱 우울하다. 수출 부진은 계속될 것이고, 내수는 이미 죽을 만큼 죽었고, 재정적자는 몇 년째 늘어날 것이다. 2015년 재정도 보나 마나 적자일 테고, 이명박 정부 때 발행된 국채들은 2015년부터 만료되기 시작했다. 또한, 부동산 경기는 끌어올려 보겠다고 돈을 무제한 풀어줬지만, 전혀 올라가지 못하고 있다. 게다가 국채 발행은 1,000조를 넘어선 상황이다. 이런 총체적인 악재 가운데 한국이 외국자본에 완전히 털리는 위기가 올 것이다.

우리은행의 매각 경우로 봤을 때, 계속 매각이 안 되고 민영화가 안 되는 상황에서 중국의 안방 보험이라 하는 대표 화교 자본 금융 전문 회사가 인수하려다가 실패했지만, 2015년 하반기에 다시 인수에 도전할 것이다. 이 회사의 회장이 등소평 손녀의 사위니까 대충 어떤 꽌시인지는 알 것이다. 우리은행의 경영 지분권을 확보할 수 있는 30%를 인수하기 위해서 안방 보험의 인수자금으로 약 3조원 가량 제시할 수 있다. 이렇게 되면 국내 2위 은행인 우리은행 경영권이 중국 화교 자본에 넘어갈 수도 있다.

우리나라와 중국은 지난 2014년, 통화 스와프를 3년 연장했다. 앞으로 수천억 달러가 넘는 중국 교역 중에 상당액을 중국 돈으로 받게 될 것이다. 정부는 중국에서 달러를 구하기 힘든 중소기업이나 개인들이 중국 돈으로 우리나라 물건을 사줄 수 있을 것이라는 기대를 하고 있다는데, 바꿔 생각하면 중국 돈을 들고 와서 우리나라에서 부동산이나 빌딩 같은 기초 자산들을 사들인다는 얘기도 된다. IMF 당시 유대인 자본들이 들어와서 우리나라의 고급 건물들은 싹쓸이했었던 적이 있다. 그 심각한 사태가 재연될 수 있는 위기 상황을 정부가 스스로 열어놓고 있다.

앞서 설명한 악재들로 인해 어떻게든 국내 경제에 새로운 외국 자금을 유치하지 않으면, 실물 경제가 고사할 위기에 처해있음에도 현 정부는 이 모든 것을 수수방관하고 있다.

IMF 당시 외환 보유가 떨어져서 외환액에 대한 부족분의 일부, 약 60억달러만 일본이 지원해줬어도 외환위기는 오지 않았을 것이다. 아니면 아르헨티나처럼 디폴트 해버리고 "지금 못 갚아, 우리가 뭐를 해서라도 갚아줄 테니까 기다려." 하고 주 채권국인 일본, 미국에 배짱을 부렸더라면 더 쉽게 풀어나갔을 수도 있었다. 그런 대응을 못 하고 그대로 IMF에게 모든 경제 주권을 던져줘 버린 아픈 선례가 있는데 지금은 그보다 더 탈탈 털릴만한 위기에 와 있다는 사실을 반드시 인식해야 한다.

재벌에게도 허용하지 않았던 금융시장을 중국 자본에 열어준다는 것, 이 정도 상황이 되면 우리나라 재벌들도 위기의식을 가져야 한다. 중국의 자본력에 국내 은행자산이 넘어가면 국내 기업은 중국 자본에 굴복하게 되는 것이다.

화교는 왜 우리나라에서
실패했는가?

우리나라의 화교인에 대한 처우는 어떠했는가?

A 우리나라가 군사정권이 들어서면서 화교의 본국인 중국이 공산국가
이다 보니, 산업분야 중 중요한 산업 부문이나 정부와 관련된 요직을 가
지게 되면 차후에 어떻게 될지 모른다 하는 기우로 인해 취업, 창업 등에
큰 제약을 받았다. 특히 반공이라는 정치적 이데올로기가 있었기 때문에 화교의 부
동산 취득을 허락하지 않고 요식업 외 다른 분야로의 진출을 금지했다. 결과적으로
화교들은 우리나라의 반공 정책으로 엄청나게 탄압받았다.

특히 박정희 정권의 무지막지한 화폐개혁으로 원과 환을 10 : 1로 바꿔치기했다.
그러면서 국내인 신분이 아니었던 화교들의 돈을 빼앗다시피 했다. 1인당 구권과
신권의 교환을 제한함으로써 막대한 현금을 보유하고 있던 화교들의 돈을 갈취했
다. 내국인이 아니었기 때문에 환전에 어려움을 겪었고, 연이은 차별조치에 화교
대부분이 그 당시 우리나라를 떠났다. 50만에 달하던 화교인구가 2만가량으로 줄
었다는 말이 있을 정도였다. 어쩌면 현재 유입되는 화교의 자본들은 그때 받은 손
해까지 보상받을 각오로 국내 시장을 갈취할지도 모른다.

화교들이 중국 국적을 그대로 유지하는 이유는?

A 국적과 언어를 지키는 것이 원칙이라 국적을 지켜야만 화교 사회 안에
서도 인정을 받을 수 있다. 그 원칙을 벗어난 사람들은 화교 조직의 도움
을 받을 수 없다. 화교가 내부 조직원들과 거래와 지원을 하는 차원에서
그 원칙을 고수하는 경향이 높다.

언어가 비슷해서 조선족과 화교 간의 교류도 꽤 있었을 것 같은데? 조선족과 화교의 차이
는 무엇인가?

A 언어는 비슷해도 일종의 카르텔, 혈육 관계가 아니면 절대 화교라는
길드 안에 들어갈 수가 없다. 따라서 같은 언어를 쓴다고 해도 조선족이
화교가 될 수는 없다.

화교는 사실상 모두가 혈연과 동업으로 뭉친 친척이기 때문에 절대 위험하지 않
은 돈으로 그들끼리만 현금거래를 하고, 신용을 어기는 순간 그 사회에서 완전히
퇴출당한다. 그들은 자신의 자본과 무역을 위해 어떠한 짓도 할 수 있는 집단이기
때문에 따지고 보면 화교가 삼합회이고 골든트라이앵글이며 결국 세계에서 가장
무서운 범죄조직일 수 있다. 그 자체가 다 결국은 비즈니스니까. 경제적인 규모와
영향력을 감히 짐작할 수 없다. 그런 화교 자본이 중국에 정착했고 중국의 위상을
업고 세계 장악을 위해 나오고 있음을 직시해야 한다.

episode 9

세계 중심으로 떠오른 ITC 기술력

우리 ITC 기업들의 기술력이 중국에 월등히 앞선다고 확신할 수 있을까? 세계 최고의 휴대폰이라는 아이폰을 중국이 전담 생산하고 있다. 최고의 기술력을 가진 휴대폰의 부품 제조는 물론 조립까지 모든 생산과정이 중국에서 100% 이루어지고 있다.

한국도 1980~90년도 이후 소니에게 기술 후진국으로 천대를 받다가 카피에서 시작한 기술 개발을 지속해 오며 반도체를 비롯한 가전제품 모든 분야에서 일본의 아성을 깨고 ITC 산업으로 아시아에서 선두를 달리던 시절이 있었다. 그 영광을 잊지 못한 채 최근까지도 국내 전자제품 회사들이 기여하는 국가 GDP 기여율이 25%라며 ITC 강국으로 착각하고 있다.

그러나 중국에는 ITC 기업으로 세계 최고의 위치에 올라간 대표 기업들이 있다. 이 기업들은 젊은 CEO의 등장과 함께 단기간에 전 세계 최고의 기업으로 성장한 공통점을 가지고 있다. 중국 ITC 기업과 기술력의 현실을 객관적으로 들여다보자.

'샤오미폰'으로 우리에게 친숙(?)해진 샤오미가 있다. 2010년 7월에 창립된 신생회사인 샤오미가 만든 휴대폰이 삼성의 갤럭시를 밀어내고 중국 내 휴대폰 점유율 1위를 차지했다. 레이쥔이라는 CEO의 개인 역량에 의해 만들어진 이 회사는 사훈이 '돼지도 태풍을 만나면 날 수 있다'이다. 즉 좋은 기회를 맞이하고 그 순리에 따라가면 얼마든지 기업을 빠르게 키울 수 있다는 것이 샤오미 회장의 지론이다.

레이쥔은 1992년에 킹소프트라는 회사에 입사하여 29살의 나이로 입사 6년 만에 사장이 되었고, 15년 만에 그 회사를 상장시킨 후 은퇴했다. 은퇴 후 3~4년간 새로운 사업을 준비하다가 2010년에 샤오미를 설립하였다. 그는 처음엔 휴대폰이 아닌 휴대폰 안에 들어가는 프로그램을 먼저 개발했다. 샤오미 휴대폰에서 구동되는 프로그램의 개발을 마치고 2011년 샤오미 M1이라는 모델을 처음 출시하였다. 당시에는 아이폰 카피 폰이나 다름없었으나 M2, M3를 거치면서 M4가 세상 밖에 나오자 아이폰4s와 비슷한 수준의 기능을 갖춘 저가폰이라며 각광을 받게 되었다. 당시 아이폰은 5,590위엔 정도였고 샤오미는 딱 1/3 가격인 1,990위엔이었다.

샤오미는 온라인 판매로 유통비를 1/10로 절감하였고, 선주문 후 생산방식으로 재고를 남기지 않았으며, 기기 가격은 최대한 저렴하게 공급하되 휴대폰 속 애플리케이션 서비스를 유료화하여 수익을 냈다. 또 샤오미 휴대폰을 좋아하는 사람들을 SNS 그룹으로 만들어서 요구 사항을 듣고 즉시 생산에 적용했다. 이러한 장점으로 샤오미 휴대폰의 SNS 동호인 그룹은 900만 명 가깝게 증가했다. 이렇게 피드백을 주고 있는 소비자들이 마케팅과 홍보를 자체적으로 전담하여 무료로 해주는 조직은 샤오미의 유행을 중국 전체로 확대했다. 이 모든 운영 방식이 혁신적이긴 했으나, 정작 휴대폰을 그 가격에 만들어낼 수 있었던 비결은 선전 공업지구에 있는 아이폰 공장단지가 샤오미의 휴대폰 제조 업무를 담당했기 때문이다.

중국 아이폰 생산 공장의 특징은 대기업이 아닌 중소기업이 전담하고 있다는 점이다. 그래서 샤오미나 화웨이 같은 회사들은 자체적인 생산 공장을 세우지 않고도 선전의 생산 공장에 주문만 하면 아이폰에 납품되는 제품과 동일하게 만들 수 있는 기술력으로 조립 생산이 가능하다.

사실 아이폰이나 샤오미 폰이나 제조 원가는 거의 비슷하다. 물론 삼성 갤럭시도 마찬가지이다. 실제로 삼성은 갤럭시 스마트폰 가격이 너무 비싸다는 비판이 나오자, "우리는 어떻게 해서 중국이 30만원 미만의 휴대폰을 만들었는지 이해할 수 없다."라는 입장을 발표했다. 생산 원가로 그정도 가격의 휴대폰을 만들 수 없다고 사기를 치고 있지만, 인도에서 갤럭시 휴대폰이 실제로 14만원에 판매되고 있다. 물론 제품 사양은 조금 떨어지겠지만, 삼성도 충분히 14만원짜리 휴대폰을 만들어 낼 수 있고 거기에 대한 원가 체계를 이해하고 있다는 뜻이다. 샤오미는 선주문 생산을 통한 재고관리와 판매 온라인화를 통해 물류비를 절감하며 저가에도 불구하고 수익을 올리고 있다.

중요한 것은 샤오미 휴대폰의 95% 이상이 중국 안에서만 팔리고 있다는 점이다. 제품을 외국으로 수출한다고 하면 디자인이나 부품, 소재 등 갖가지 인터페이스에 대한 특허권 소송으로 휘말릴 가능성이 많이 있다. 사실상 중국 내에서는 특허에 관한 시비가 거의 문제 되지 않았기 때문에 지금의 성장이 가능했던 것이다. 그러나 앞으로 디자인과 원천기술을 축적해서 자체적인 디자인과 성능으로 세계적인 상품을 만들어낼 시기가 멀지 않았다는 것은 인정해야 할 것이다.

레노버도 우리가 관심 있게 들여다볼 기업이다. 우리나라 선거투표 개표기에 쓰였던 노트북을 생산한 회사다. 2011년 이후, 홍콩의 상장기업 중에 최고 실적을 올리는 기업이기도 하다. 레노버의 성장을 이끌어온 CEO 양위안칭은 1986년 상해에 있는 교통대학을 졸업하고 레노버에 입사했다. 레노버는 1984년 설립된 기업으로 그는 12년 만에 CEO가 되고 20년 만에 회장에 취임했다.

1990년대에 처음 컴퓨터를 만들기 시작했고 1994년에 홍콩에서 상장했다. 2003년 회사 이름을 레노버로 개명한 뒤 중국의 국가 공무원 재단의 투자를 받아 세계적인 PC 업체들을 적극적으로 인수했다. 2005년 IBM PC 사업부를 인수하여 기존의 IBM 고객들을 흡수했고 2008년 세계 50대 기업으로 이름을 올렸으며 2010년 스마트폰으로 세계 생산 1위, 2013년 PC 부분 생산 전 세계 1위에 올라섰다. 2014년 IBM 서버 사업 부문까지 인수하고 모토로라까지 인수하게 되면서 현재 378억달러의 매출 수익을 올리는 세계 최대 컴퓨터 생산기업이 되었다.

전 세계에 유통되는 PC 중에 약 20% 가까이 레노버 PC가 차지하고 있고 세계 휴대폰 시장의 1/4를 장악하고 있다. 20년 만에 전 세계 컴퓨터 하드 시장 점유율 1위를 이루어내고 대부분의 부품과 PC를 중국 국산화하여 자체 생산이 가능한 수준으로까지 발전했다. 앞으로 적극적인 저가 공세와 국제 마케팅을 본격화하게 되면, 4~5년 안에 전 세계 PC 시장을 석권할 것이라는 업계의 분석이다.

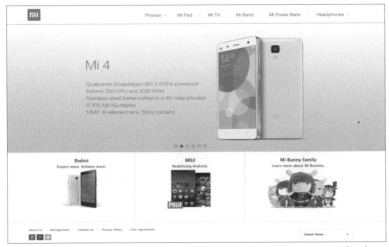

앞의 두 기업은 하드웨어 시장을 장악한 기업들의 이야기였다. 그러나 ITC의 핵심은 소프트웨어, 시스템이다. 후발주자로 무섭게 성장한 중국 기업들을 살펴보자.

알리바바는 한국 시장의 교두보를 통해 전 세계 인터넷 허브를 장악하고자 하는 야심찬 기업이다. 알리바바 사장 마윈은 입지전적인 인물로서 자산 가치가 구체적으로 평가되지 않을 정도의 중국 신흥 부자이다. 64년생으로 항주시에서 가난한 경극 배우의 아들로 태어났고, 160cm 정도 되는 키에 특이한 외모로 인해 어릴 때부터 콤플렉스가 심했다. 영어 선생님을 짝사랑한 것이 계기가 되어 영어공부를 열심히 하게 되었다고 한다. 재수 끝에 사범대에서 영문학을 전공했다.

중국에서 인터넷이 장차 사업성이 있을 거라고 처음 판단했던 사람이 마윈이었다. 미국에 가서 인터넷을 접한 뒤 국내로 돌아와 홈페이지 제작

회사를 차렸지만 중국의 낙후된 인터넷 환경과 사업에 대한 낮은 이해도로 인해 실패하고 만다. 이후 33살에 대외경제무역합작부(외국 손님을 접대하는 부서)에 들어갔다가 98년 야후 창업자인 제리 양의 관광가이드 담당 업무를 맡게 되면서 인연을 맺었다.

그 인연을 바탕으로 마윈은 제리 양에게 중국에서의 인터넷 사업에 대한 도움을 청한다. 17평 남짓한 자신의 아파트에서 직원들을 데리고 인터넷 회사 알리바바를 창업하였고, 제리 양의 도움으로 일본 소프트뱅크의 회장 손정의를 소개받는다. 손정의를 만나 구체적인 사업 계획과 전망에 관해 설명했으나 가능성이 없을 거라는 회사의 반대로 공식적인 투자 유치에는 실패한다. 그러나 손정의는 마윈을 믿고 자신의 개인 투자금으로 과감하게 2,000만달러를 투자했다.

알리바바는 검색서비스 사이트로 시작해서 인터넷 쇼핑몰로 사업을 키운 회사다. 당시 중국의 인터넷 쇼핑을 E-bay가 독점 장악하고 있는 상태에서 알리바바는 중국에서 생겨난 후발업체였다. 중국의 인터넷망은 후진적이고 열악하여서 서민이나 중소기업들이 접속해서 사업을 운영하기에는 지식이 많이 부족했다.

쉽게 말해, 컴맹인 사람들을 상대로 서비스를 해줘야 했다. 중국의 인터넷 사업은 B2B였기 때문에 E-bay 역시 기업 대 기업 간의 인터넷 중개 정도에서 그치고 말았지만, 알리바바는 서민과 중소기업들을 포용할 수 있는 프로그램을 개발하고 적극 유치시켜서 800만이 넘는 판매자와 생산기업들을 끌어안았다. 결국 하루 평균 매출이 2조를 달성하고 최고 하루 매출 10조를 넘어서는 세계 최대의 인터넷 유통기업으로 성장하기에 이르렀다.

야후가 10억달러를 투자하면서 알리바바는 미국 주식시장에 상장하기에 이르렀다. 알리바바가 미국 시장에 상장하던 날, 바로 주가총액 160조원의 전 세계에서 네 번째로 큰 기업이 되었다. 10억달러를 투자했던 야후는 100억달러 이상의 수익을 올렸고, 200억원을 투자했던 손정의는 6조원의 수익을 벌어들였다.

현재 인터넷 쇼핑몰 외에도 오프라인 유통에도 투자하면서 온·오프를 겸비한 기업으로 성장해나가고 있다. 알리바바는 일단 한국을 최우선적인 타깃으로 삼고 있다. 최근 알리바바가 국내 여러 엔터테인먼트 회사와 광고 회사에 직접적인 투자를 하고 있는 것으로 알려져 있는데, SM엔터테인먼트의 경우 1,000억 정도를 투자해서 최대주주가 된 것으로 확인되었고, 인천에 1조원 규모의 물류센터와 쇼핑센터를 포함한 오프라인 단지를 세우겠다고 한다.

알리바바가 국내에 투자에 열을 올리는 이유는 알리페이라 불리는 인터넷 금융거래 시장을 한국 내에서 정착 완성하려고 하기 때문이다. 인도의 인터넷 머니 결제회사를 인수해서, 그 회사의 기술로 국내의 모바일 결재 시장에서 적용을 완료하고, 동남아와 세계를 제패하겠다는 야심을 보이고 있다.

알리페이는 인터넷 쇼핑 계좌에 충전한 모바일 머니로 전 세계 물건들을 쉽게 구입할 수 있고 그 적립금 일부에 이자를 주는 시스템까지 갖고 있다. 이런 알리페이를 운용하는데 있어서 세계 최대의 인터넷 쇼핑몰인 T-MALL이 그 확산의 토양을 제공하고 있다.

국내에 진출해서 중소기업이나 생산업자와 연결돼서 사업을 하게 된다면 군이 국내 유통업체를 통하지 않고 중국 알리바바 시스템을 이용할 가능성이 매우 크다. 그래서 이런 공격 태세를 가장 두려워하는 것이 이마트, 롯데마트 같은 오프라인 몰로 역풍을 피하기 위한 준비를 하고 있다. 특히 알리페이는 국내 동대문과 제주도 등에서 실제로 모바일 결제 사업을 하나은행과 같이 시범 운영 중이다.

텐센트는 중국을 석권한 세계 최대의 게임 퍼블리싱 업체이다. 이 업체의 특징은 중국 자본으로 설립된 것이 아니라 남아공 자본이 중국에 들어가서 설립한 것이다.

남아공 자본이 중국에 처음 들어와서 게임 퍼블리싱을 시작할 때만 하더라도 중국에는 게임 업체가 없었다. 사실 그러한 게임 제조 기술과 콘텐츠를 공급한 나라가 우리나라이다. 온라인 게임의 세계 선두주자였던 한국의 외환위기를 틈타 중국의 업체들이 국내 게임 업체들을 거의 흡수해 가버렸다.

한국 업체들이 개발한 넷 위즈나 카트라이더, 카운터 스트라이크 같은 게임의 회사들이 모두 헐값에 인수되어 텐센트의 콘텐츠에 흡수되었다. 텐센트 게임 사이트의 순간 동시 접속자는 매일 3억 명 이상이라고 한다. 지금도 이 회사는 매년 40% 이상 성장하고 있다. 심지어 최근에는 스타크래프트를 개발한 업체 블리자드까지 인수할 계획으로 알려졌다. 그렇게 되면 전 세계 게임 시장을 평정한 것이라 봐야 한다.

이것이 가능했던 것은 중국의 가장 대중적인 메신저 QQ메신저의 역할이 컸다. QQ메신저는 MSN 메신저의 짝퉁인데 인기를 끌다 보니 오히려

MSN 메신저가 밀려나게 되었다. 텐센트에서는 QQ메신저 아이디를 개설하면 그 아이디 하나로 모든 게임 사이트에 접속할 수 있는 시스템을 구축했다. 물론 해킹에 위험에 있어 상당히 취약하지만 그걸 감수하고 과감하게 고객의 편의성과 확장성을 추구했다. 그래서 QQ메신저 서비스와 소소닷컴이라는 검색엔진 서비스를 제공하고, 이용자들에게 최대 클라우드 1TB를 제공했다. 국내 포털사이트 다음 클라우드는 50G, 네이버 N드라이브는 40G인데 반해, 무려 1TB를 웹에 연동해서 사용할 수 있게끔 했다. 4억 명의 이용자를 거느린 We chat이라는 무료 채팅 프로그램도 운영하고 있다.

텐센트는 막대한 자금력과 기반을 가지고 전자상거래, 광고, 보안업체, 모바일 업체 등을 다 쓸어 모았다. 하물며 다음 카카오의 2대 주주가 텐센트이고, CJ의 넷마블 지분 역시 1/3은 텐센트 것이다. 우리에게 잘 알려지지는 않았지만 미국 제3위 인터넷 검색 업체도 인수를 한 상태이며, 앞으로 모바일 인터넷 쇼핑몰로 시장을 확대해서 스마트폰으로 상품의 바코드를 찍으면 배송까지 되는, 전자상거래 바코드 스캐닝 서비스를 계획 중이다.

알리바바와 텐센트 같은 기업들의 성공 배경은 중국이 자국 내 ITC 기업에 대한 지원을 최적화했기 때문이다. 다른 생산제조업의 성공은 자본이나 꽌시가 필요한 대기업들이 이루어낸 반면, 지금의 ITC 대기업들은 자체적으로 육성되어 발전해 왔다. 외국 ITC 기업들이 자국의 시장을 선점하려고 할 때 법적으로 강력하게 제재를 하고, 자국 기업이 상장될 때는 법인세 인하에 R&D 비용의 70%까지 면세 혜택을 제공했다. 또 기술

소유권 양도할 때 양도세도 면제해주고 직원 교육 부분에서도 100% 감세해주는 등의 국가의 전폭적인 지원이 있었다.

중국은 양적 성장 통해 고용 확충이나 부의 분배에 대한 한계를 확인했다. 그래서 2010년 이후부터 대기업 위주의 생산 정책에서 중소기업 위주의 정책으로 돌아섰다. 대규모 투자가 필요했던 중공업이나 생산기업들에 비해서 중국의 중소 ITC 기업들은 고용 확대과 내수 증진, 소득분배에 있어 더욱 뛰어난 임무를 수행할 수 있음을 증명했다. 따라서 중국은 앞으로도 ITC 중소기업과 아이디어 기업들의 성장을 최대한 지원하는 정책을 확대해 나가겠다고 천명했다.

압도적인 기술력과 시장을 선점하던 우리의 ITC 기업의 몰락과 그 수혜를 고스란히 인수해 발전시킨 후발 중국 기업들의 무서운 성장을 그저 부러운 눈으로 지켜봐야 하는 지금의 현실은 안타깝기만 하다.

중국 주도의 금융시장 재편, AIIB

세계 금융은 미국과 영연방 국가, 일본 등이 주축이 된 IMF(International Monetary Fund)가 있고, 이는 가장 대표적인 국제금융기구로써 전 세계 전당포 역할을 하고 있다. 어느 나라든 금전적인 문제나 환난이 발생할 경우 IMF에 구제 금융을 신청한다. IMF의 약자 F는 펀드로 각 회원국이 모아온 돈을 수익적으로 운용한다. 출자금을 투자한 나라가 각각의 지분율을 가지고 있는데, 이중 미국이 19%로 가장 높은 지분율을 가지고 있다. 현재 IMF는 85%의 출자국의 승인을 받아야만 대출이나 각종 운영 정책에 대해 승인받을 수 있다. 따라서 19%의 지분율을 가지고 있는 미국은 거부권을 행사할 수 있어 사실상 미국이 직접 IMF를 쥐고 있다고 봐도 과언이 아니다.

IMF가 인정하는 국제적으로 공인된 기축통화는 달러, 엔화, 유로, 영국의 파운드화 이렇게 네 종류가 있다. 그동안 중국은 위엔화를 기축통화에 포함하기 위해 엄청난 로비를 해왔다. 2009년 프랑스 출신의 도미니크 스트로스 칸(Dominique Strauss-Kahn) IMF 총재는 위엔화를 포함해서 달러 위주의 국제 금융시장을 바로잡자고 주장하며 2009년부터 2011년까지 의사회에 이와 같은 내용을 계속해서 올렸다. 그러던 중 2011년에 호텔 여종업원 강간 혐의로 체포되는 사건이 발생하면서 그는 총재직에서 물러나게 되었는데 본인은 아직도 결백을 주장하고 있다. 이 사건은 매우 중대한 국제적 이권이 달린 위엔화 기축 통화 사안을 주장하는 그를 미국이 비겁한 방법으로 제거해버린 것이라는 것이 국제사회의 공공연한 비밀이었다.

4개의 기축통화 중에 세계에 유통되는 돈의 61%가 달러, 유로화 24%, 엔화 4%, 파운드화는 1% 미만이다. 경제적으로 보았을 때 엔화나 파운드보다 중국의 위엔화가 기축통화로 편입되는 것이 훨씬 더 실리와 명분이 있지만, 미국은 이것을 막아버린 것이다. 그래서 중국은 자체적인 은행 설립을 하기로 하고 제일 먼저 브라질, 러시아, 인도, 중국, 남아프리카공화국 이렇게 5개국이 합쳐진 브릭스(BRICS) 개발은행을 세웠다. 고공행진을 이어가던 이 브릭스가 2008년 미국 서브프라임 모기지 사태의 발발 이후, 미국의 이른바 양털 깎기 꼼수의 가장 큰 희생양이 되었다.

2014년 이들 브릭스 국가들은 달러화를 배제한 브릭스 뱅크를 설립하였는데 중국이 이 은행에 1천억 달러를 출자하면서 5개국 간에 인민폐로 거래하기로 했다. 브릭스 국가들의 인구가 전 세계 인구의 43%이고, 이들이 인민폐로 운용되는 브릭스 은행을 통해 금융거래하게 될 것이다. 브릭스 은행은 2014년 체결을 맺었고 2016년 본격적인 운영을 시작한다.

그리고 본격적으로 IMF를 견제하기 위한 기구로 AIIB(아시아 인프라 투자 은행, Asian Infrastructure Investment Bank)를 설립하였다. 일본 주도로 아시아 각국에 돈을 빌려주는 아시아투자은행(ADB)이 있다. 그런데 ADB는 돈을 빌려주면서 민주화나 신자유주의 무역개방 등 정치적이고 외교적인 사안에 대한 조건을 요구한다. 그런데 중국은 이러한 조건을 달지 않고 오로지 인프라 투자에 대한 비용을 빌려주는 은행을 만들겠다고 한다.

참가국 분포는 아시아, 아프리카, 유럽, 남미, 대양주 등 북미를 제외한 전 세계 모든 지역으로 확대됐다. 아시아가 한국, 중국, 인도, 인도네시아 몽골, 캄보디아, 방글라데시, 라오스, 말레이시아, 미얀마, 필리핀, 싱가포르, 스리랑카, 태국 베트남, 몰디브, 네팔, 파키스탄, 브루나이, 요르단, 쿠웨이트, 오만, 카타르, 사우디아라비아, 카자흐스탄, 우즈베키스탄, 타지키스탄 등 30개국으로 가장 많고 유럽 국가가 영국, 프랑스, 독일, 이탈리아, 노르웨이, 아이슬란드 등 14개국으로 뒤를 이었다. 대양주 국가가 호주, 뉴질랜드 등 2곳이었고 중남미 국가와 아프리카 국가로는 각각 브라질과 이집트만이 참가했다. 중국 소속으로 분류되는 대만과 홍콩을 포함하면 무려 50개국의 회원국을 보유한 매머드급 국제 금융기구가 탄생한 것이다. 동아시아 국가 중 북한만이 경제적인 능력을 이유로 가입이 거부됐다. 이러한 예상을 뛰어넘는 흥행에 중국은 기뻐하고, 일본과 미국은 당황하고 있다.

중국이 이번 양회에서 발표했던 경제 정책의 핵심이 일대일로(一帶一路)이다. 일대(一帶)는 중국이 개척해낸 아프리카와 아시아를 연결하는 해상 수송로와 항만에 관련한 국가들이고 일로(一路)는 중국에서 시작해서 스페인까지 연결되는 유라시아 철도의 개통을 말한다. 이 유라시아 철도는 카자흐스탄, 러시아, 폴란드, 독일, 프랑스를 거쳐 스페인까지 가는 1만3천 km 길이의 육상 실크로드라고 할 수 있는데, 철도 주변 국가들이

AIIB 가입국들이다. 따라서 앞으로 AIIB가 연결된 국가들의 인프라 시설에 집중적인 투자를 하겠다는 의도를 알 수 있으며, 중국의 자본으로 새로운 경제 동맹을 구축한 것으로 볼 수 있다. 이미 중국과 연결된 각 나라에서는 중국 돈을 활용하는 환전소들이 생겨나고 있으며 중국의 상품과 돈을 유통할 준비를 하고 있다.

사실 중국의 이러한 정책을 선택한 것은 경제적인 측면과 함께 군사적 위협에 대해 두려움이 크기 때문이다. 중국이 해상을 통해 해외로 나간다고 했을 때 바다는 사실상 미국의 해상 봉쇄선에 막혀 있다고 봐야 한다. 미국은 태평양 함대를 비롯한 11개의 항공모함 전단을 보유하고 있으며, 남중국해에서부터 1차 저지선을 유지 중이고 필리핀 앞바다에서 2차 저지선을 구축하고 있다.

만일 중국과 미국이 군사적으로 충돌하는 위기 상황이 발생하면, 압도적인 미군의 해군력을 앞세워 중동의 석유 자원 수입로를 비롯한 중국의 주요 해상 수송로를 봉쇄당하게 된다. 현재 중국의 해군력은 미국보다 상대적으로 취약하기 때문에 미국의 11개가 넘는 항공모함을 상대할 수 있는 능력이 못 된다. 그런데 이 실크로드의 완성은 현재의 해상 봉쇄선을 극복하고 육상으로의 주요 무역로를 우회할 수 있는 숨통을 열었다는 측면에서 또 다른 특별한 의미가 있는 것이다. 현재 미국이 중국을 막을 수 있는 해상 봉쇄선의 한계는 필리핀 앞바다까지이다. 대만과 필리핀 사이 해협을 막음으로써 중국을 고립시킬 수 있다는 전략을 세워놓고 있지만, 중국은 전 세계 알짜배기 항구들을 모조리 거둬들이고 있다. 자세한 내용은 뒤에 중국의 자원외교에서 설명하겠지만, 중국 하이난 성 항구에서부터, 미얀마 시트웨이, 방글라데시 치타공, 스리랑카 함반토타, 파키스탄 과다르, 케냐 라무, 탄자니아 바가모요, 남아공 리차드만 항구 등을 조차하여 바닷길을 연결했다. 이로써 남아프리카 공화국에서 중국까지 연결되는 모든 항로의 교두보를 완성한 것이다.

이 중 2015년 4월 개통이 되는 파키스탄의 과다르 항이 가장 중요하다. 중국은 과다르 항의 시설비로 2억달러를 투자했고, 주변에 홍콩과 같은 자유무역도시를 만들기 위해 수십억 달러의 투자 계획을 진행 중이다. 심지어 중국의 최외곽인 서장성과 파키스탄을 연결하는 철도 건설에 5억불을 투자를 했고, 이 항구를 통해 석유를 수입하여 송유관을 통해 중국으로 바로 받아올 수 있는 체계를 만들고 있다. 이제 미국이 예전 같은 쿠웨이트만 봉쇄정책이 더 이상 의미가 없어진 것이다. 중국은 파키스탄에 전면적인 경제 원조를 통해 자기편으로 끌어들였고, 과다르 항을 군항으로도 사용할 수 있도록 준비 중이다. 이미 중국 잠수함들이 시험 정박을 하고 있다고도 한다.

최근 미국은 러시아를 견제하기 위해 러시아의 루블 가치를 50%가량 폭락시켰다. 러시아의 주 생산 품목이던 석유값을 계속해서 하락시키면서 러시아 국부 절반 이상을 깎아내렸다. 그로 인해 10년 동안 진전이 없던 러시아와 중국 간의 자원 교류가 급진전되었다. 미국이 배후 조종한 것으로 의심받는 우크라이나 사태 직후 가스 공급 계약 및 송유관 건설 성사로 재개되었음은 특별한 의미를 지닌다. 중국은 러시아에 대한 미국의 압박정책을 이용해 중국의 가스 필요량 25%를 러시아에서 끌어다 쓸 수 있도록 장기 공급 계약을 맺었다.

중국이 일대일로를 선언하자 중국 증시는 꾸준하게 폭등세를 이어가고 있다. 일대일로를 통한 산업 생산과 수출에 새로운 활로를 얻었다는 게 전문가들의 분석이다. 철도와 항만의 연결 고리에 대한 파급 효과를 생각해보자. 중국은 이미 내수 생산의 과잉 체제로 필연적으로 구조조정을 통한 개혁이 필요하지만, 이 과정에서 실업자 증가와 경제성장률 하락이라는 리스크가 걸려있는 상황이었다. 그런데 AIIB의 설립은 인프라 건설시장의 새로운 수요를 불러올 수 있고 중국 제품들을 육상 실크로드 주변 국가들에게 저렴한 가격으로 공급할 수 있는 새로운 수출 시장의 활로를 열었다고 볼 수 있다.

매년 인프라 건설시장 수요가 7,500억달러 이상일 것이라는 장밋빛 분석도 나와 있으며, 우리나라에도 그 수혜가 일부 돌아오지 않겠느냐는 예상도 가능한 상황이다.

이러한 AIIB의 설립으로 가장 근심하는 나라가 바로 일본이다. 일본이 갖고 있는 아시아개발은행(ADB)이 유명무실화될 위기에 놓였기 때문이다. 일본과 미국은 AIIB의 투명성과 공정성이 떨어진다며 여론몰이 공격을 하고 있으나 딱히 먹히지 않고 있다. AIIB 은행은 출자한 수만큼의 투표권을 갖기 때문에 이사회가 따로 없다. 중국이 50% 이상 출자하고 회장국이 된 상태이다. 중국은 스스로 거부권 행사를 하지 않겠다고 선언했고, 30% 이상의 지분은 유럽 국가에 할당하고 출자에 따른 공정한 지분 분배와 운영을 약속하고 있다. AIIB 초대 총재로 중국금융공사 회장이었던 진리춘이 유력한데, 아시아개발은행 부총재이기도 했던 경력이 있다. 정치인이 아닌 국제금융전문가가 배치되어 있기 때문에 AIIB의 성공적

운영에 대해 기대가 상당히 높아지고 있다.

2014년 시진핑 주석의 방한 당시 박근혜 대통령과 비밀회담에서 AIIB 가입에 대한 논의가 있었다고 한다. "싸드 배치 안 하면 지분 8%로 주겠다. 돈 안 내고 출자한 만큼 의사 결정권 지분을 주겠다."라는 것이다. 최근엔 10%까지 올랐다는 말이 있다. 중국이 50%의 지분을 가진 상황에서 7~8%의 지분은 IMF의 7~8%를 갖는 것 이상이다. 중국도 IMF 지분의 4%밖에 못 가졌다. 그런데 그보다 10배는 더 클 수 있는 대형 은행의 7~8%의 지분을 떼어주겠다는 망설일 이유가 없다. 경제적인 측면뿐 아니라 정치 외교에서도 그 정도 영향력을 갖는다는 것이 엄청난 것이다. 우리나라가 유엔 안보리 비상임이사국이고 OECD 의장국 중 하나라지만 그걸로 우리가 국제시장에서 무슨 대접을 받겠는가? 그런데 AIIB의 7% 지분을 가진 국가라고 하면 돈 빌려 쓰려는 국가에 막강한 영향력을 미칠 수 있음은 자명한 사실이 아닌가?

AIIB는 분단 상황인 한반도의 미래 통일 정책에 굉장한 도움을 줄 수 있다. 남북통일이 되었을 때 현재 낙후된 북한 경제개발 자금을 어디서 구할 것인가? 북한의 인프라를 개발하고 경제 성장이 초기 진행될 때까지 명목상 AIIB의 투자를 받아서 재원을 해결할 수 있다는 것이다. 따라서 의사 결정권을 가짐으로 인해 얻어지는 실익은 우리나라 자동차 몇백만 대 수출보다도 훨씬 큰 권리이다. 그런데도 가입을 최후까지 미루다가 막판에 가입함으로써 2대 주주는 이미 물 건너갔고, 5%의 지분도 차지하기 힘들 것으로 예상한다.

AIIB의 출범에 앞으로 미국의 역습이 어떠한 방식으로 나타날지도 궁금하다. 먼저 예상해볼 수 있는 것은 일대일로의 허리를 끊는 것이다. 현재 AIIB 회원국 가운데 갑자기 내전이 벌어지거나 경제 위기가 온다거나 정치적 정변이 발생한다면 그 배후를 일단 의심해봐야 할 것이다. 사실 영국, 호주, 뉴질랜드의 공식적인 가입은 미국 입장에서 굉장히 뼈아플 것으로 생각된다. 부자로 살 때 친했던 친척들이 살림살이 궁핍해지니 등을 돌린 느낌이랑 비슷하지 않을까? 그래서 미국은 영연방 국가들과 전통적 우호 관계를 내려놓고 한국이나 일본과의 군사적 동맹을 강화하여 중국을 압박 가능성이 높아 보인다. 2017년 예정이던 싸드의 배치를 올 연말로 앞당긴다든가, 싸드의 배치 포대를 늘린다든가 하는 식의 강공 드라이브 가능성을 예상해볼 수 있겠다.

이 상황에서 쏠쏠한 재미를 보려 하는 국가가 북한이다. 일본과 북일 정상회담을 열어서 막대한 배상금을 조건으로 수교 정상화를 논의할 수 있다. 남북 대화를 거부하고 미국과 직접 협상을 시도할 가능성이 높다. 미사일 문제와 핵보유국 지위를 간접적으로 인정받았으니, 당당하게 협상 테이블에 앉을 수 있으며 중국과 미국 사이에서 등거리 외교전을 펼치려 할 것이다. 미국 입장에서 한국이 중국과 경제적으로 통합되면 영향력도 떨어지게 되는데, 오히려 북한이 직접 수교를 하자고 하면, 어느 날 갑자기 한미간 논의도 없이 북미 고위급 대표 접촉이 일어나는 것도 예상해볼 수 있다.

지금까지 중국의 브릭스 은행과 AIIB를 중점적으로 이야기했다. 그러나 여기서 우리가 잘 모르는 신 삼국동맹이라 하는 인도, 러시아, 중국의 협정도 있다. 이 나라들이 긴밀한 경제 관계를 지속하고 자원을 나눠쓰자

하는 자원외교 동맹을 맺었다. 또 중국은 미국, 러시아 어느 편에도 서지 않으려고 하는 중앙아시아의 중소국가들을 끌어모은 상하이 협력기구(SOC)를 운영하고 있다. 러시아, 우즈베키스탄, 카자흐스탄, 키르키스스탄, 타지키스탄 이렇게 6개국이 참여하고 있는데 이 상하이협력기구가 AIIB에 가입하면서 이들 나라의 자원들이 중국과 연결되어 경제 공동체 형태로 묶였다. 이 나라들은 자원 외에는 사실상 교역품목이 없다. 그동안은 미국의 메이저 자원기업들이 자원 수요를 관장하였기 때문에 미국 주도의 물가나 수급 조절에 따라 대책 없이 국부를 침해받았다. 100만달러 넘던 석유 가격이 50달러 미만, 최대 30달러까지 하락시키는 것은 러시아를 길들이기 위한 미국의 농간이 있었는데, 이 과정에서 브라질이나 카자흐스탄, 키리키스스탄 같은 나라들이 더욱 치명적이고 충격적인 경제 추락에 빠지게 되었다. 그들을 중국이 결합해 경제 공동체로 편입하고 있고, 당분간 중국과 러시아의 동맹관계는 더욱 돈독하게 유지될 전망이다. 현재 미국과 일본이 주도해왔던 환태평양 경제 동맹체계가 사실상 완전히 와해된 것이며 이에 대한 견제가 본격화될 것이다.

결국, AIIB의 설립은 그동안 미국의 지배하에서 왜곡되어 있던 세계 금융시장의 흐름을 중국이 주도하는 새로운 금융기구가 견제하려는 시도의 시작이라고 할 수 있다. 그리고 이러한 새로운 국제 경제 전쟁의 최후의 승자가 누가 될 것인지는 아직 알 수 없다. 그러나 분명한 것은 우리나라도 미국과 전통적 군사 동맹의 틀을 유지하면서 AIIB에 가입했고, 그 속에서 실리와 성과를 거두어야 한다는 목적의식이 있어야 한다.

당면한 마이너스 경제성장과 디플레이션 우려 속에 AIIB의 등장과 국제적인 인프라 개발 시장의 확대는 우리에게 희망을 던져주기도 한다. 그러나 이를 성취하기 위한 현명한 외교 능력이 정부와 민간의 협력 속에서 착실하게 준비되어야 한다. 앞으로 AIIB가 국제 금융시장에서 중국발 황사 바람으로 세계를 휘저을지, 그저 찻잔 속의 태풍으로 그칠지 관심을 두고 그 행보를 지켜보아야겠다.

3 중국의 교육과 산업

중국의 공교육

 나 또한 중국 여성과 결혼하고 아이를 낳았을 때 우리 아이가 장차 한국어와 중국어 2개국어를 구사하게 되면 취업이나 기타 경쟁력에 크게 도움되지 않을까 하는 꿈같은 생각을 했던 적이 있었다. 아이가 어릴 때 2년가량 중국에서 지냈던 시기가 있었는데 중국 학교에 입학시켜서 중국 아이들과 어울리게 하면 저절로 언어를 따라 할 거로 생각했던 내 예상과는 달리 중국어도 제대로 배우지 못하고 한국어도 익힐 수 없었다. 오히려 그 시기에 스트레스를 심하게 받아서 한국에 돌아와서도 정규 수업에 제대로 적응하지 못했다. 복수의 언어를 배우고 다른 나라의 문화를 이해한다는 것은 가족들과 주변 환경의 적극적인 도움이 필요하다는 것을 뼈아프게 느낀 내 인생의 또 한 가지 실패였다.

 우선 중국의 전통적 교육의 역사를 알아볼 필요가 있겠다. 고대에는 귀족, 왕족 자제들 위주로 가르치는 '관아'라고 하는 교육기관이 주나라를 시작으로 한나라, 송나라, 원나라, 명나라, 청나라 때까지 이어져 내려왔다. 선택받은 귀족 자제들은 윤리 도덕이나 문학을 배워서 관료가 되거나 어용 문인이 되어 국가 정책을 홍보하고 노래로 만들어서 문화를 이끌어가는 임무를 수행했다. 당시에는 이러한 공교육을 받는다는 것 자체가 특권이었다.

후대에 공자는 민간 사학을 일으키는데 가장 중대한 역할을 했던 인물이다. 춘추전국시대 여러 제후국이 경쟁하던 가운데 공자의 등장과 함께 여러 유파가 생겨났다. 제자백가라 할 정도로 유가, 무가, 도가, 법가 등 다양한 학파들이 생기고, 학문과 이론이 만들어졌으며 그 이론을 기초로 해서 제후국의 재상이 되거나 관료가 되어 자신의 철학과 학문을 직접 실천했다. 이러한 사학의 발달로 국가의 통치 이념이나 사회 질서의 기초가 확립되었다. 고대 중국에서는 '육예'라고 하여 예의, 음악, 활쏘기, 수레 몰기, 글쓰기, 수학을 주로 공부했다.

그러다가 근대에 이르러 청나라 말기에 근대화를 거치면서 교육의 새로운 유파의 생겼다. 1840년 청나라가 아편전쟁에 패하면서 외국의 교육과 세력이 중국에 대거 진출했다. 서양문물 개방에 열을 쏟았던 유신파와 서양문물을 받아들이되 우리 것으로 변화시켜 이해하고자 했던 양무파, 이렇게 두 개의 파로 나뉘게 되었다. 1860년대 약 4만 명의 중국 유학생들이 일본과 미국으로 보내지면서 선진문물의 개방이 활성화되었다. 그렇게 서구문물을 적극적으로 받아들인 인물들이 '신해혁명'을 일으켰고, 그 전통을 장개석이 이끄는 국민당 정부가 이어받아서 친미·친일적인 정부로 계승되었다.

그와 반대로 공산당은 자체적인 보습학원을 세워서 혁명 정신과 공산 철학을 교육했다. 1900년대 초에 여덟 개 정도 존재하던 중국 대학들이 일본과의 국공 전쟁을 치르면서 거의 파괴되어 없어졌고, 1952년 공산혁명이 완료되면서 중국 내의 모든 교육이 공립화되었다.

당시에는 소련의 영향을 받은 마르크스 이론을 중심으로 철학과 혁명을 가르치는 것이 교육의 목적이었다. "노동은 신성하며 직종에 관련해서 차별받지 않으며, 개인은 모두 가능성 있는 사람이고 당신이 선택하는 일이 중요한 일이다."라는 마르크스 이론의 근본 정신이 중국 교육 바탕에 깔렸었다. 이러한 교육은 장차 중국을 이끌어나갈 건설 노동자들과 후계자들을 결합했다. 지도자와 노동자를 구분하지 않고 함께 노동하는 가운데서도 조직을 구성하고 지도하며 관리할 수 있다고 교육했다. 너무 지식이나 이념만을 가르치지 않고 체육적인 부분까지 합쳐져서 지덕체를 겸비하게 한다. 이것이 초기 공산당이 주창한 중국 교육의 원론이다.

1962~1965년까지 중국의 교육은 노동과 정치 운동에만 묻혀 있었다. 노동자와 농민을 중점적으로 개혁하다 보니 철학이나 문학과 같은 물리학 분야의 학문이 크게 쇠퇴하였다. 1966년 문화대혁명이 일어나면서 노동의 가치는 최상으로 인정하되 지식인들에 대한 대대적인 탄압이 이루어졌다. 이때부터 문화대혁명이 실패로 끝났던 1976년까지 대학입시제도가 강제 폐지되면서 10년 동안 배출한 대학생 숫자가 100만 명에 불과했고, 1966년 당시 1,400만 명에 달하던 고등학생의 숫자가 200만 명으로 현저하게 감소하였다. 이러한 교육의 소홀함은 중국의 고급 노동력과 지도자 계급을 심각하게 부족하게 만들었고, 이로 인해 국가 경영에 어려움을 겪게 되었다.

뒤늦게 심각성을 깨달은 정부가 새로운 교육 체계를 세우기 시작했다. 초등교육은 '소학교' 6년제, 중등교육은 중학교와 고등학교 과정이 합쳐져서 '중학교' 6년제, 고등교육은 '대학교'로 구분하고 1976~1990년까지 100개의 신설 대학을 세우고 대학생을 200만 명 이상으로 늘렸다. 9만 개의 가까운 고등학교를 세워서 4천만 명의 고등학생을 교육했고, 78만 개의 소학교를 세워서 1억2천만 명의 초등학생을 교육했다. 중학교 과정에서는 기술 전문학교 정원을 55% 모집했다. 우리나라의 경우로 비교하자면 제도적으로 인문계 45%, 실업계 55%를 유지한 셈이다.

성인학교라는 대학과정에는 사회적인 교육 커리큘럼도 만들었다. 방송대학, 직능 대학, 공업대학, 농민대학 등 대학에 진학하지 않더라도 대학교육과 대등한 수준의 학위 취득이나 다른 분야로 전직할 수 있는 별도의 기회를 제공했다. 대학은 전공 분야를 세분화시켜서 학부 약 870종에 1400 정도의 학과를 개설하고 집중적으로 교육했다. 이를 위해 대학교수 40만 명, 고등교사 57만 명, 중등교사 250만 명, 초등교사 550만 명, 유치원교사 80만 명을 일시에 육성했다. 교육 부분의 대대적인 투자로 노동인력 확보와 고용 안정의 효과가 나타났다.

중국은 유학을 통해 많은 효과를 거두었는데, 특히 80년대 이후 유학생들이 대다수 귀국하여 중국 기술 개발에 혁혁한 공헌을 했다. 일부 유학생들은 졸업 후 NGO와 같은 국제기구로 파견되어 보내졌다. 현지에서 봉사활동을 하면서 국제적인 실무 감각을 익히기 위해서였다. 그래서 1980~1990년대까지 국제기구의 인턴 유학생 가운데 중국인의 비중이 가장 컸다. 중국의 대학 교육은 창조력과 독립적인 사고, 실사구시, 국가에 대한 헌신을 최우선으로 가르친다. 1,700개의 자연과학 연구소, 220개의 사회과학 연구소, 99개의 국가 실험실이 전부 대학 안에 갖추어져 있으므로 다루고자 하는 분야의 전문 인력풀이 자체적으로 조달 가능했다. 20년간 매년 8,000~10,000명 이상의 연구 용역들이 대학을 통해 배출되었다.

기초 교육 과정에서 국가 주도의 무상보육을 시행해 탁아소와 유아원을 두었다. 현재 중국에는 만 2세 이하부터 8세 어린이까지 현재 약 2,700만 명 정도 추산된다. 67만 개의 소학교가 있고, 학교마다 2,500만 명의 초등학생이 있으며 전체 총 학생 수가 약 1억3천만 명 정도 된다. 그 안에서 교사와 학생 비율은 1 : 20 정도이다. 중학과정의 경우 약 4천 개의 학교가 있고 전체의 약 60% 가까운 숫자가 직업학교를 통해 기술 교육을 받고 있다. 학생 수 4천만 명에 25만 명 이상의 교사가 확보되어 있으므로 15 : 1 정도 비율이다. 대학도 학생과 교수의 비율이 8대 1 정도로 우리나라의 두 배 이상 우수한 수치를 유지하고 있다.

일찌감치 교원의 숫자를 늘려버린 탓에 초급대학도 나오지 못한 교사들이 전체 초등학교 교사 가운데 60~70%를 차지하고 있다. 초등학교 교사의 수준이 중등 고등 교사보다 많이 떨어진다는 점은 현재 중국 교육의 문제점으로 지적된다.

중국 교육의 특징적 요소가 초등학교 교육의 무한 경쟁이라고 할 수 있다. 지금 중국은 산아제한 정책으로 인해 가구당 한 명의 아이들을 키우는 집들이 많다. '소황제'라고 불리는 아이들에 대한 교육의 투자가 날로 높아지고 있다. 그러나 공교육이 부실하다 보니 사교육 시장이 폭발적으로 성장하는 추세이다. 현재 10만 개의 사립 소학교가 세워졌는데, 값비싼 교육비용으로 인해 가구당 내는 교육비가 평균 부모들의 전체 수입의

30~50%를 차지한다. 중국 정부도 이 같은 소학교의 교육열을 인정해서 따로 모범 지구를 만들었다.

예를 들어 상해의 사립 소학교에서는 중국어와 더불어 영어도 함께 진행한다. 이 같은 학교가 중국 전역에 150개 정도 있다. 상하이 초등학교 같은 경우 OECD 조사 결과 전 세계에서 65개 교과 과정 중에 수학, 읽기, 과학 부문에서 수학 능력 1위를 했다. 중국의 사립 학교는 교육 과정이 무자비할 정도로 힘들다. 수학 시간에는 연습장 없이 암산으로만 계산하게끔 하고, 구구단을 19단까지 외우게 하며, 암기 과목은 아예 교과서를 통째로 암기하게 하고, 못 외우면 수백 번 써오게 하기도 한다고 한다.

현재 중국의 사교육 시장의 규모는 약 20조원 정도로 특권계층만 모이는 차별화된 사장이 따로 만들어지고 있다. 모바일이나 인터넷을 통한 온라인 교육도 매년 40%씩 성장하고 있다.

중국의 공교육을 통해 우리의 교육 현실을 되돌아보면, 우리나라는 일류 대학을 진학하는 몇몇을 위한 수혜만 있을 뿐이고 그만한 비용에 비해 얻어지는 교육의 보편적인 생산성은 너무 떨어진다는 것이다. 독일이 마스터 제도를 통해 직업 교육이 가장 잘 갖춰진 나라라고 하고, 프랑스는 대학 진학 후 졸업하기 가장 힘든 나라라고 하는데. 중국은 이 2가지를 병합하여 보편적인 교육과 인재 양성을 충실하게 이뤄가고 있다.

중국은 과학 기술은 미국과 겨룰 수 있을 정도의 수준까지 도달했으며 전 세계 전자제품을 생산 조립하고 운영할 수 있는 기술을 쌓아가고 있다. 이 모든 것이 중국이 지향하는 공교육 안에서 만들어진 것이다. 교육이 곧 국가 경쟁력이다. 한국이 가지고 있는 교육의 인프라가 중국에 비해 수적으로나 질적으로나 뒤처져 있다는 한심한 사실을 인정해야 한다. 우리나라도 좀 더 장기적인 시각으로 실용적인 공교육 개혁을 수행해야 한다는 것을 강력하게 주장한다.

중국 의료산업이 몰려온다

세계의 의학계는 주류인 서양의학과 그 외의 대체의학이 양분하고 있다. 그러나 중국과 한국은 같은 뿌리를 둔 전통적인 한의학을 자체적으로 발전시켜 왔다. 역사적으로 중국에 서양의학이 들어온 시기는 개화기 우리나라에 광희병원이나 세브란스 병원이 생기던 때와 거의 비슷하다. 그런데 그 이후 한국의 한의학은 그 가치를 계승하지 못하고 퇴색됐지만 중국은 서양의학과 동양의학을 조화롭게 융합해서 발전시켜왔다. 그런 중국의 전통 한의학의 체계화, 선진화, 세계화에는 어떠한 배경이 있었는지 비결을 들여다보아야겠다.

중국 의과대학에는 양의대와 중의대로 구분되어있다. 양의대는 6년제 학사, 전문의가 되는 8년제로 두 개 대학이 있고 중의대는 3년제, 5년제, 7년제로 나누어져 있다. 양의대는 한국과 비슷한 체계이고 중의대는 침구, 안마, 방제 세 가지 전문 분야로 나뉜다. 중의대 3년제 중의학원 수료(전문대학), 5년제 중의대학교(학사), 7년제 중의대학원으로 다시 구분된다. 본과 공부 5년과 임상 1년을 하게 되면 의사 자격증을 주는데 임상 3년만 하거나 7년제 중의대 졸업증만 있어도 자격증은 못 따더라도 '집업증'이라고 하는 의료 행위 자격이 주어지는 의료 면허 허가증이 발급된다.

1950~60년대까지는 의료에 투자할 자본과 의료장비나 약품을 수발할 수 있는 물자가 없었다. 그래서 기존 한의학을 공부해 왔던 사람들에게 서양의학을 접목해서 가르쳤다. 최초의 양의사는 사실 중의학에 서양의학을 억지로 접목해 만든 형태였기 때문에 적합한 자격증이 존재하지 않았다.

그 당시 농촌 지역 의사의 면허증 소지율은 7%밖에 되지 않았다. 거의 무면허나 다름없었지만, 그들도 의과 지식이 있다고 해서 중국 정부는 의료 행위를 할 수 있도록 증명서를 내주었다. 그렇게 농촌 지역 의사는 2년 동안 중의학에 종사했거나 의과 본과를 수료한 사람들이 일했다. 5년 이상의 정규 학위 과정을 이수한 의사만 도시에서 일할 수 있었기 때문에 상대적으로 농촌 지역 의사들이 도시 의사들보다 지위나 급여 등의 혜택을 누리지 못했고 거주지 이전의 자유도 없었다고 한다.

통계에 따르면 2005년까지 의사의 수가 190만 명인 반면, 간호사는 140만 명밖에 되지 않았다. 간호 교육을 받은 사람보다 의사로서 교육을 받고 종사했던 사람이 더 많았다.

그러나 공산당의 통치 이후, 중의학을 통한 약품과 의료 서비스가 제공될 수밖에 없는 것이 중국의 현실이었다. 중국 공산당은 외국 세력과 내전인 국·공전쟁을 치르면서 전략적으로 중의학을 양성했다. 군대에서 부상자가 생겼을 때 모르핀처럼 서양식 의료 약품을 사용하여 수술하는 게 아니라 중국식 전통 침과 약재를 사용해서 치료했는데 이것이 곧 중의학 교육의 커리큘럼으로 만들어졌다.

현재에도 중국은 양의사와 중의사의 혼합 진료가 이루어지고 있다. 법적으로 중의학의 침구, 추나학, 중서 결합 의학으로 학과를 나누었고 의사들 가운데 중의사가 70% 이상을 치료하도록 하고, 이를 통해 90% 이상 치료 효과를 거두어야 병원이 운영될 수 있도록 법을 만들었다. 최소한 20종 이상의 중의학 약물을 사용하고 총 처방에 40% 이상을 전통 약재로 처방하게끔 법적인 제도를 만들었는데 이 의료 체계가 30~40년 쌓이다 보니 약성을 인정받은 중의약 종류만 해도 총 9,000종이 넘게 되었다.

　중국은 이런 중의학 체계를 국제사회에서 인정받기 위해 정치적인 로비를 꾸준히 이어왔다. 중의학을 TCM(Traditional Chinese Medicine)이라고 해서 이 TCM의 기준을 가지고 모든 병증에 대한 약재나 침술을 체계화하는 공인 작업을 추진 중이다. 그래서 앞으로 우리나라가 한의학이나 인삼, 영지로 공인을 받는다고 하면 국제 사회에서 국내 표기법이 아닌 중국식 표기에 의한 공인을 진행해야 한다. 게다가 중국은 미국 FDA와의 검증과 협상을 통해 TCM을 독립의학으로 인정을 받았다. 통상적인 내과, 외과와 같은 하나의 병과로서 인정을 받은 것이다. TCM을 전공한 의사라면 그 분야의 전문의로 인정받고 진료를 할 수 있는 권한을 획득한 것이다.

　그에 반해서 우리나라는 외국에서 한의학 공부를 한 사람이 한국에서 한의사를 하려고 하면 시험을 다시 봐야 하는데 그 시험 자격 조건이 한국 대학과 한의학회에서 인정하는 교육기관에서 교육받은 사람만이 가능하다는 것이다. 1950년대부터 이어져 온 규정인데 한의학회에서 인정하는 외국 대학에서 수료하고 온 사람들이 한국에 들어오면 인정한다고 해놓고 우리나라는 60년 동안 그런 대학을 한 번도 지정하지 않았다. 결국, 외국인은 한의학을 배울 필요가 없는 것이다. 중국은 의과 공부를 한 외국인이 중국에서 의료 행위를 하는 것은 금지하지만, 외국인이 중국에서 유학에서 중국 내 면허를 취득하면 의사 자격을 허용해준다.

앞으로 전 세계적으로 FTA가 적용되면 서로의 자격증을 인정해줘야 하는 지적 재산권의 공용화 문제가 생기는데, 중국에 TCM 자격증을 가진 의사들은 독립적인 병과로 되어 있으므로 외국에 나가서 취업할 수 있지만, 국내 한의학자들은 외국에 나가서 의사로 일할 방법이 전혀 없다.

1952년 이후 중국의 의료 시험은 중의학에 양의학을 거의 강제로 병합시키다시피 했다. 똑같은 의료 시험이었음에도 중의사들에게 월등히 불리한 시험 체계로 만들었다. 그래서 많은 중의사가 양의학 쪽으로 흘러들어 갔는데 이로 인해 중의사와 양의사가 병합된 의사들이 대량으로 생겨났다.

중국 병원에 가면 침구를 놓는 의사와 수술을 집행하는 의사와 각각 상담한다. 약재를 뭐로 쓸 것인지, 서양식 마취제를 쓸 것인지 동양식 마취제를 쓸 것인지. 그리고 침술로 마취해서 뇌 수술을 할 것인지 탕약을 먹여서 뇌 수술할 것인지, 이 정도 수준까지 합작의 영역이 넓혀졌다.

현재 개발되고 있는 세계 신약 특허 물질들은 거의 중국 약재에서 비롯되어진 것들이 많다. 대표적인 예로, 사스나 신종플루가 전 세계로 유행했던 시기에 유일하게 공인받은 치료제가 '타미플루(Oseltamivir)'라는 바이러스 제재였는데, 그 약이 중국 전통 감기약의 원료인 팔각회향(八角

茴香)에서 추출한 '시킴산(shikimic acid)'을 발전시켜 만들어진 약이다. 중국 전통의 약리 물질을 바탕으로 성장한 약학 기술을 서양의학에서 분석하고 연구하여 승인이 결정되면 새로운 치료제로 개발되고 있다.

바이오산업 분야에서 한국과 중국의 임상데이터와 연구력이 9000 : 15 정도의 비율로 차이가 난다. 중국은 국제적으로 인정받은 약물만 9000종인데 우리나라는 한국의 이름으로 통용될 수 있는 약물이 고작 15가지도 안 된다. 현재 중국의 전체 의료 시장 규모가 연간 1천조원 정도로, 여기서 발생하는 매출 수익 70%가 혼합 의학 TCM을 통해서 창출되고 있다. 중국은 미래 사업으로 병이 나기 전에 미리 쓰는 약이란 뜻의 '미학'이라고 하는 예방 차원의 약물 개발 프로세스를 FDA에서 승인받아 전문병원을 양성하고 고유 의학으로 발전시켜 나가는 중이다.

한국 정부와 의료계는 FTA 이후 중국의 의료시장으로 진출해서 국내 자본으로 중국 땅에 병원을 세워서 1천조원 시장을 장악하겠다고 하지만 기본적으로 경쟁이 어렵다. 우리나라의 의료 분야 중 그나마 성형외과 분야가 조금 나은 부분이 있지만 그것도 단편적인 시각의 우위일 뿐이다. 성형도 결국 임상이 쌓여야 되는 것인데, 우리나라가 성형 강국이 된 것은 성형을 많이 해봤기 때문에 잘하는 것이고 그 샘플들이 한류 바람을 타고 드라마로 뭔가 보여주고 있기 때문에 가능했던 것이다. 그 추세가 얼마나 유지될지는 알 수 없다. 중국은 자체적인 고급인력과 장비를 발전시킬 수 있는 충분한 자본력과 인력이 우리보다 앞서 있다. 역전은 시간문제일 것이다.

제주도에 첫 외국 법인을 짓겠다고 하다 사기로 끝나버린 '싼얼병원'

이 있었다. 싼얼병원은 돈만 투자하고 자기 나라에 있는 줄기세포치료법을 도입해 우리나라에서 적용을 해보겠다는 사업 계획서만 냈다. 그들이 실제로 한국에서 줄기세포치료로 성형이나 조직재생법으로 신경이 끊어진 걸 살리고 치매 환자를 고치는 등은 계획서만 있을 뿐이었고, 현행법으로도 실질적으로 어떤 병원이 어떤 형태로 들어온다는 내용 없었다.

만약 정식으로 중국의 한방 의료병원이 우리나라에 들어온다고 하면 현재의 의료법상 그런 의사는 받아들일 수가 없다. 그럼 중국이 우리나라에 병원을 짓는데 중국 의사 아니고 미국 의사 데려다가 병원을 운영한다고 기대할 수 있겠는가? 지금 있는 한미 FTA가 완전히 이행돼서 지적 재산권에 대한 부분에 양해 각서가 체결되고 중국 의료 면허나 의료술, 등록되어 있는 약재들이 들어온다면 지금 국내 바이오 시장이나 병원들은 한방에 무너질 것이다.

TCM은 국제사회에서 그 경쟁력을 이미 입증받았기 때문에 이것을 뒷받침하기 위한 국제 표준화 인증만 마치게 되면 바이오의학이나 대체의학, 예방 치료 부분에서 석권하게 될 것이다. 가난했기 때문에 약재를 공급할 수 없었던 자국의 특성상 어쩔 수 없이 전통의학을 활용할 수 있게 법적인 제도를 만들었던 것이 지금껏 이어져 오면서 전 세계에서 볼 수 없는 동서양 통합진료 병원들이 생겼다. 이 의료 분야의 경쟁력을 확인한 대형 자본들의 투자가 시작되면서 중국 각 성에 약재 전문 연구소 15곳이 동시에 세워지고 있다.

중서 결합 의학을 바탕으로 한 복합 병원들이 중소 도시들에 세워지면서 면허증 소지율 7%에 불과하던 농촌 의사들을 대체할만한 의료 인력을 육성하고 있다. 공산주의 체제는 의사라고 해서 급여를 더 주는 시스템이 아니었기 때문에 예전 같으면 의사는 그다지 환영받는 직업이 아니었다. 그러나 지금은 의사의 기능성을 인정해서 한국 돈으로 월 급여가 500~700만원 정도로 올랐고 도시 의사의 경우 2,000만원 정도까지도 올랐다. 의사들 대부분은 스스로 사장이 되어서 병원을 짓거나 운영하는 개인 의원을 할 수 없다. 대학병원이든 공립병원이든 대형자본에 의한 사립병원이든 고용 의사로밖에 할 수 없는 의료 인력 수급 부분에 있어서 한국과의 차이점이다.

중국의 의료 발전에 있어서 가장 큰 걸림돌은 국가 의료보험이었다. 한국처럼 지역 의료보험이든 직장 의료보험이든 종류와 관계없이 토탈 진료서비스를 받을 수 있는 체계가 아니다. 이 지역에서 가입한 의료보험을 다른 지역으로 이동했을 때 그대로 승계되는 과정이 지금까지는 그다지 매끄럽지 못했다. 중국은 2015년까지 1,500개의 병원을 추가로 짓겠다고 발표했다. 그 계획이 실행되고 내수적으로 탄탄하게 다지고 자리를 잡기까지 시간이 조금 걸리겠지만, 완전히 정리되고 났을 때는 전 세계가 중국 의료의 공습을 받게 될 것이다. 중국이 그간의 지반 기식을 창조적으로 폭발시켜서 수익 경제로 전환하는 단계로 와있는데도 불구하고 우리는 현재까지 아무 대비책이 없다.

중국에서 다치면 나만 손해다

중국의 의료에 대해 고민하도록 만든 사건이 있었다. 이야기는 친구를 만나기 위해 중국으로 여행을 갔던 98년의 여름으로 거슬러 올라간다. 그때는 내가 좀 용감했다. 중국어도 못하면서 중국 유흥에 빠져 밤길 무서운 줄 모르고 날마다 술을 마시러 다녔다. 한국 교포가 운영하던 술집이었기 때문에 언어에 불편함이 없었고, 머물고 있던 거처 역시 택시로 오갈 수 있는 거리에 있어서 기사에게 주소지만 전달해주면 늦은 시간 귀가에도 별다른 문제가 없었다.

문제의 그 날도 얼큰하게 취해서 택시를 탔다. 그런데 택시기사가 엉뚱한 곳에 내려준 것이다. 술 취한 정신으로 물어물어 간신히 아파트 입구까진 찾아가긴 했는데 아파트 경비아저씨가 쉬는 시간이라 철문이 굳게 닫혀 있었다. 높이가 대충 2m 정도 되어 보이는 철문을 넘기로 했다. 철문 꼭지에 구름 문양의 뾰족한 창 같은 장식이 달려 있었는데 몸을 던져 뛰어넘는 순간 장식 틈 사이로 발이 끼여 발목이 꺾어진 채로 대롱대롱 거꾸로 매달리게 되었다. 발을 빼기 위해선 윗몸 일으키기 하듯이 몸에 반동을 줘서 민첩하게 일어나야 잡을 수 있는데 그때도 내 몸은 날씬한 편이 아니었기 때문에 어떻게 할 방법이 없었다.

소리를 질렀다. 처음엔 "헬프~"라고 했다가 안 되니까 대충 들어본 중국어로 "쭈밍아~"라고도 해보고 나중에는 "살려주세요!"라고 외쳤다. 한참 후에 지나가던 행인에게 발견되어 땅으로 내려졌는데 발목이 홱~ 돌아가 있었다. 밤이 늦어서 일단 집에 들어가서 자고 다음 날 아침에 일어났는데 발목이 허벅지 굵기만큼 부었다.

친구도 중국말을 썩 잘하는 편은 아니었지만 당장 같이 가줄 수 있는 사람이 없었기 때문에 친구와 함께 병원으로 갔다. 진료 접수를 하려면 중국 주민증이 필요한 데 주민증이 없는 나는 여권을 대신 내밀었다. 접수처에서 엑스레이 촬영 접수증을 건네주니 보증금을 요구했다. 엑스레이 사진만 찍고 도망갈 수 있다는 이유에서였다. 보증금을 걸고 30분 넘게 기다렸는데도 나를 부르지 않아 물어보니까 엑스레이를 거는 고리를 사거나 임대를 해야 판독을 할 수 있는데 그 비용을 내지 않아서라고 했다. 그 비용을 내고 한 30분 또 기다렸다. 슬슬 짜증이 나서 접수 직원에게 항의를 했더니 어떤 사람이 다가와서 어설픈 한국어로 "사장님 많이 아프십니까? 어디 아파서 오셨어요?"라고 말을 건넸다. "내가 중국 말을 잘 못 한다. 다리를 다쳤는데 진료를 빨리 안 해준다."라고 하니까 "사장님 돈 있으면서 왜 여기서 기다려요?"라며 간호사에게 뭐라고 속닥속닥 거리더니 갑자기 나를 휠체어에 태워서 옆 병동으로 데리고 갔다.

대기 중이던 병동에서 한 블록 더 들어가니 같은 병원 안에 최신식 시설을 갖춘 다른 병동이 있었다. 중국은 공산주의 국가이기 때문에 진료비도 국민 모두 평등하게 받아야 한다는 원칙이 있어서 엑스레이는 얼마, 주사는 얼마 하는 식의 각각 정해놓은 단가들이 있다. 그래서 진료비를 정가로 내고 진료를 받으면 엑스레이 한 장 판독 받는데 12시간에서 1박 2일도 기다려야 했지만, 기본진료비에 급행료를 추가로 낼 경우 개인병실에 주치의까지 맞춰주는 시스템이었다. 그런 중국식 병원 체계를 모르고 가서 내국인 대기실에서 기다렸으니 진도가 안 나갔던 것이다.

나중에 진료비 정산을 해보니 일반 진료 비용의 거의 20배 가까이 더 나왔다. 내가 진료를 마치고 입원 수속을 밟으려고 하는데 아까 그 브로커가 다시 와서 "사장님 여기 입원하면 치료도 못 받고 시간도 오래 걸려요."라며 아는 기공사에게 데려가 주겠다고, 그 기공사가 전담해서 안마도 해주고 침도 놔주는 치료를 해주겠다고 제안했다. 나중에 알고 보니까 그 브로커가 이미 내 병원비에 몇 퍼센트 받아 챙겨 가져갔다.

그 사람이 소개한 기공사는 이 약만 바르고 있으면 다 낫는다고, 비전의 약재라는 이상한 연고 비슷한 걸 줬는데 효능을 보니까 무슨 약이 피부병부터 골절까지 안 낫는 병이 없었다. 나중에 중국말을 하는 직원에게 "이 약은 무슨 약인데 이 약만 바르면 만병통치라고 그러냐?" 하니까 "모르겠는데요. 이거 어디서 나온 건지도 모르겠어요."라고 했다. 어쨌거나 그 기공사가 발도 주무르고 사혈 침도 놓고 하더니 그 당시 돈으로 30~40만원 뜯어갔다.

그런데 그 약 바르고 하루가 지나니까 발목이 파래지다 못해 시커메지기 시작했다. 무엇보다 통증이 견딜 수 없게 심해서 이대로 있다간 다리를 아예 못 쓰게 될지도 모른다는 생각이 들어서 중국에서 치료를 포기하고 한국으로 들어왔다. 병원진단 결과 인대 파열에 사후 조치가 제대로 이루어지지 않아 관절도 함께 상했다고 했다. 그래서 결국 관절경 수술을 해야 했다.

나도 중의사가 될 뻔 했다!

1999년에 사업한다고 중국에 갔다가 50년 만에 온 추석으로 45일이라는 장기 연휴의 늪에 빠져 심신이 지칠 때로 지친 상황에서 요녕성 심양시에 갔다. 비자 유효기한이 다 되었는데 돈은 아직 남아있고, 이대로 한국으로 들어가기는 좀 억울해서 알아보니까 대학 입학을 하면 1년 비자가 나온다고 했다. 중의대학은 조선족들이 많아서 한국어로 진행되는 클래스도 있다고 해서 중의대에 입학하기로 했다. 오전에는 중의학 강의를 듣고 오후에는 중국어 수업을 듣는 코스로 6개월 학비를 선납하고 1년 학생비자를 받아 중의대생이 됐다.

그런데 솔직히 중의학 공부가 제대로 들어왔을 리가 있나? 밤새 술 먹고 귀찮으면 결석해버리곤 했는데 날라리 중의학 원생이었지만 어쨌거나 학생증만 보면 중의학 공부를 하는 의대생이었다. 이 학교에는 와서 3달 만에 자격증 따고 가는 사람도 있고, 돈만 주면 속성으로 1주일 공부해서 중의사 자격증을 받아 가는 경우도 있었다. 저런 식으로 배워서 나중에 어떻게 하려고 하나 싶은 생각이 들었다.

학교에 중의학 강의를 들으러 가면 아직 병원 문 여는 시간이 안 되었는데도 대학 병원 앞에는 수백 명씩의 환자들이 줄을 서서 기다리고 있었다. 이 사람들은 모두 정상적인 진료비를 낼 수 없는 어려운 환경의 사람들이었는데 일종의 의대 실습용 자원자라고 할 수 있다.

그래서 실습 시간에 환자가 통증 부위를 설명하면 의사는 옆에서 이런 증상엔 어떤 부위에 어떤 식으로 침을 놓아야 한다고 가르쳐 주고, 수련의는 지침에 따라 침을 꽂고 나중에 잘못된 점을 지적받고 하는 식으로 수업이 이루어졌다. 책을 펴놓고 이론 수업으로 대체하는 것이 아니라 정말 눈앞에 환자를 두고 치료를 하고 그것을 옆에서 감수하는 실습 시스템이다. 의대생들 거의 하루에 50~100명씩 환자를 임상 치료를 해 볼 수 있다. 침구나 추나도 마찬가지로 같은 방식으로 임상실습이 이루어지고, 방제 실습 역시 약재의 약성을 실험해보기 위해 환자 증상에 맞춰 제조해서 먹이는 방식으로 임상데이터를 쌓았다. 임상 실습이 이 정도다 보니 2년 간 낙제 없이 수업만 제대로 받아도 웬만한 의사 흉내는 낼 수 있을 것 같았다.

그 지원자들도 어떻게 보면 복지이다. 가난한 사람들에게 치료의 기회를 제공함과 동시에 교육하는 사람들에게는 실제적인 임상을 제공하는 시스템을 오랫동안 실행해 온 것이다.

그러나 한국에서는 아예 의사가 아닌 사람은 침을 못 놓게 되어 있다. 의대생이지만 자격증이 없어서 실험자나 피시술자에게 침을 놓는 순간 불법 의료행위가 되어 버린다. 이 정도로 실습을 거친 우리 한의사들이 전면 개방 후에 중의학이 국내로 들어와서 자리를 잡게 되면 실무능력과 약재 부분에서 경쟁이 될 수 있을까? 수천 년을 이어온 우리의 전통 한의학 자체가 없어지지 않을지 심히 걱정된다.

말도 많고 탈도 많은 중국의 지적재산권

중국은 카피의 천국이다. 단순한 디자인이나 표절뿐만 아니라 비슷한 모사품은 물론 진품과 구별되지 않는 복제품들을 너무도 쉽고 빠르게 만들어낸다. 최근 출시된 애플워치의 경우 미국 출시가 시작된 다음 날 중국 시장에는 짝퉁이 유통되기 시작했다. 놀라운 것은 뿐만 모양이 아니라, 정상적인 연동과 작동이 되는 제품이었다는 것이다. 물론 구동 OS는 안드로이드였지만….

이와 같은 모방 능력을 볼 때, 중국의 공산품 생산기술은 이미 세계의 수준과 같거나 그 이상임을 인정하지 않을 수 없다. 그리고 중국인들의 오랜 관습 때문인지 카피 또는 유사 제품을 사용하는 데 있어 별다른 거부감이 없다는 것은 이들의 대륙적인(?) 포용력과 민족 기질에 의한 것으로 추리한다면 너무 무리일까? 어쨌거나 중국에서 대표적으로 복사되고 있는 지적 재산권 사례들을 한 번 알아보도록 하자.

중국에도 레저문화의 붐이 일면서 많은 놀이공원이 생겼다. 그런데 대부분 놀이공원을 보면 디즈니랜드의 랜드마크인 디즈니 성이 거의 흡사하게 만들어져 있는 것을 자주 보게 된다. 물론 디즈니 본사와 전혀 관계

없는 것은 당연하고….

심지어는 오스트리아 어느 마을을 그대로 옮겨놓은 알프스 테마의 공원을 만들어 놓았는데 자로 잰 듯이 너무 똑같다 보니 실제 그 지역 시장이 찾아와서 최소한 사전 협의는 하고 베꼈어야 하지 않느냐고 할 정도였다. 그러나 번성하는 공원의 많은 관람객을 본 그 시장은 중국판 오스트리아 마을 앞에 "이곳은 오스트리아의 어떤 마을을 옮겨온 것입니다."라는 안내판을 세워달라는 부탁을 하고 자매결연을 하고 떠났다. 이후 오스트리아에는 그 마을을 찾아오는 중국 관광객이 많이 늘어났다고 한다.

애플사의 애플 스토어 같은 경우는 아예 애플 전시장처럼 매장을 만들어서 애플 복제품을 판매하기도 하고, 중국에 진출한 적도 없는 이케아 가구 매장을 만들어서 가구를 팔기도 하며, 세계 어디에도 없는 워크래프트 테마공원을 만들었지만 정작 해당 본사에는 연락 한 번 한 적이 없다. KFC를 대놓고 베끼기는 민망하니까 KFG로 만들어서 영업하고, 코카콜라가 아닌 코라코라를 마시면서 비슷한 메뉴를 먹는다.

우리나라 드라마 '별에서 온 그대' 드라마의 성공 이후, 중국에는 치맥열풍이 불었다. 그러나 우리나라의 교촌 치킨이 중국에서 벌어들인 것보다 수백 배 이상의 수익을 올린 건 '교동치킨' '요촌치킨' '고촌치킨' 등으로 한글 포장을 한 짝퉁 치킨 배달 업체들이었다. 이들은 상호와 간판, 포장지, 레시피는 물론 배달 오토바이와 유니폼까지 흉내를 내서 영업했다. 어차피 광활한 중국의 내수시장 안에서 한 개의 브랜드가 시장을 독점할 수는 없지만, 이러한 유사 상표들의 피해는 감히 집계도 할 수 없을 것이다. 그러나 이러한 상호나 디자인의 도용은 사실 애교로 받아들일 수준이다.

문화상품의 사례는 더욱 심각하다. 도서나 간행물의 복제와 재생산(?)을 들 수 있다. 외국의 베스트셀러 책들은 중국과 판권 계약을 한 적도 없는데도 발매와 함께 그 책이 번역되어 버젓이 서점에서 판매되고 있고, 그런 책들의 모방품이 또 나온다. 중국에서 가장 많이 팔린 짝퉁 책이 해리포터인데 길거리 좌판에서 불법 번역된 책이 팔리고, 나란히 모방 책들도 함께 팔리는 모습을 볼 수 있다. 이를테면 '해리포터와 아즈카반의 죄수'를 '해리포터와 아주 까만 죄수' 같은 식으로. 제목과 주인공은 비슷하지만, 작가도 모르는 중국판 해리포터의 새로운 시리즈들이 인기리에 유통되고 있다. 영화의 경우는 더욱 심각해서 막 개봉한 영화가 온·오프라인을 통해서 시장에 유통되기 때문에 해당 영화사들은 중국 정부에 강력하게 항의를 하고 시정 조치를 요구했지만, 단속할 인력이 없다고 방관한다. 각종 컴퓨터 OS, 사무용 프로그램 등 각종 고가의 소프트웨어 또한 정품의 1/100 정도 되는 가격으로 우습게 팔리고 있어도 전혀 단속되지 않는다.

그런데 우리 기업이나 외국에서 중국에 진출하는 기업들이 가장 많이 갈등을 겪는 부분은 사실 상표권 문제다. 단적인 예를 들자면 현대 자동차의 경우 중국 진출 이후 자동차 공장을 짓고 사업을 진행하기 위해 상표 등록을 신청했는데, 알고 보니 이미 '현대집단'이라는 회사가 현대에 관련된 이름 45종을 미리 등록해놓고 있었다. 그래서 그 기업과 접촉하여 상표권을 인수하려 하였으나, 약 7억5천만원 정도의 인수가격을 제안했다고 한다. 그런데 현대는 그 제안을 거절하고 그 기업을 상대로 소송을 걸었는데 재판 결과 결국은 패소하고 말았다. 선점한 회사가 악의적으로 등록한 것으로 볼 수 없고, 이들이 현대집단이라는 이름으로 기업을 정상적으로 운영하고 있는 것도 맞는다는 이유였다. 결국, 인수 제안 금액보다 더 많은 사용료를 물기로 합의를 봐야 했으며, 현대집단이 사업하는 지역의 현대자동차 판권을 넘겨주는 굴욕적인 계약을 했다고 전해진다.

그러나 내가 판단해 보았을 때, 가장 큰 피해를 보았던 사례가 중국에서 엄청난 히트를 했던 대장금의 상표권 손해이다. 대장금의 히트 후에 뒤늦게 음식 프랜차이즈를 기획했던 MBC와 관련 기업들은 이미 중국 내에 음식과 관련해서 대장금으로 명명될만한 상표권 600여 개가 등록 완료되어 있었고, 더 황당한 것은 그 가운데 160개는 국제 상호 등록까지 되어있는 상태였다. 그래서 대장금과 한식의 세계화는 시작부터 시도도 못 해 보고 말았다. 지금까지 중국은 이처럼 불법 위조와 불법 유통의 온상이었다고 봐도 무방하다. 그러나 이제 중국의 저작권에 대한 인식이 변화하고 있는 것이 보인다.

최근 베이징, 상하이, 광저우 3개 도시에 지적재산권을 전문으로 하는 법원이 설립되었다. 자국에서 만들어진 선진 기술이 외국에 도용되는 것을 막기 위한 것이다. 2012년 통계를 보면 발명이나 디자인 등 각종 특허의 등록이 매년 25%씩 증가하고 있다. 연간 200만 건이 넘게 중국의 지적재산권이 쌓여가고 있고 그중의 10% 이상, 약 2만 건에 가까운 특허들이 국제 특허와 동시에 등록되고 있다. 따라서 앞으로 우리 기업도 중국에서 지적재산권을 등록하고, 국제 특허로 등록하게 되면 한국에서 등록하는 것보다 간편하고 저렴하면서 국제적 보호를 받을 수 있게 된다는 사실을 염두에 둘 필요가 있다.

　사실 한국에서는 지적재산권에 대한 보호 조치가 매우 미약하다. 개인이나 중소기업이 특허등록을 하게 되는 경우 오히려 특허청을 통해 관련 기술이 빠져나가 버리는 비도덕적인 사례들이 있기 때문에 국내 기업들이 쉽게 특허 신청을 못 한다고 한다. 또 이러한 지적 재산들이 금전적 가치로 인정되지 않는다. 지적재산권이 고유로 가치를 인정받고, 매매, 담보 형식으로 대출의 대상이 될 수 없다는 현실은 우리의 고유 기술 확보에 결정적인 저해요인으로 작용한다. 우리나라에 지적 재산권은 그냥 사람의 머릿속에 들어있는 관념일 뿐인데, 중국이나 외국에서는 지적재산권이 회사를 만드는 큰 자산이 될 수 있다. 그 기술만 보고서 돈을 빌려주고, 기술을 양도함으로 인해 큰 차익도 얻을 수 있지만, 한국에서는 그런 경우가 거의 없다. 지적재산권의 보호는 사실 대기업 이익에 반하기 때문에 대기업들의 지적재산권만 철저하게 지켜지고, 중소기업이나 일반 개인의 지적재산권은 강탈해 가려는 행위들이 빈번하게 일어나는 것이다. 신제품을 개발해도 대기업이나 은행, 정부의 어떤 도움 없이는 국내에서 정상적으로 키워낼 수가 없다. 결국은 기업이 망하거나 특허를 빼앗기게 되는 것이다.

　현재 중국은 한국 내의 기술력이 우수한 중소기업들을 모아서 중국은행에서 중국 돈으로 대출해주는 사업을 추진하고 있다. FTA에 관련해서 금융업에 대한 부분이 마무리되어야 실행될 수 있는데도 불구하고 이미 조사와 선정 작업이 착수되었을 정도이다.

　그런데 과연 우리나라의 기술력이 중국보다 우위라 말할 수 있을까? 휴대폰 분야를 두고 예를 들어 보자. 우리나라는 휴대폰 관련 특허에서 기술의존율이 외국 특허 7 : 국내 특허 3 정도로 나름대로 관련 기술을 보유하고 있다. 중국의 제품과 비교할 때도 처음에는 휴대폰의 모양이나 디자인, 질감 등을 많이 따졌으나 이제는 품질이 거의 비슷한 수준에 이르렀다. 현재 휴대폰의 부품들 대부분 중국에서 자체 생산되고 있다. 삼성이나 LG 역시 중국에 조립 공장을 가지고 있기 때문에 하드웨어에서 우리가 중국을 앞선다고 하는 것은 근거 없는 자만이다. 중국이 당장은 우리 디자인을 카피해서 만들고는 있지만 그렇게 축적된 기술로 디자인 면에서 우리를 앞서는 시기가 오지 않는다는 보장이 없다.

가장 결정적인 문제는 OS, 즉 운영 소프트웨어이다. 초창기 컴퓨터 프로그램 복제와 같은 것은 그리 어려운 일이 아니었으나, 지금처럼 첨단시대의 TV를 구동하고 자동차 제어시스템과 휴대폰 OS를 만드는 것은 굉장히 고급 기술이다.

샤오미는 구글이나 안드로이드 OS를 개조해서 샤오미 고유의 OS를 만들었다. 수출용은 원래의 안드로이드나 구글의 서비스를 적용하고, 중국 안에서 유통되는 제품에는 자체 내의 국산 OS를 사용한다. 우리나라 폰은 마켓에서 앱을 다운로드해서 나오는 수익을 애플이나 안드로이드가 가져가게 되는데, 중국 내 유통되는 샤오미 휴대폰은 그들 고유의 OS 앱스토어가 제공하는 앱을 통해 유통되기 때문에 고스란히 중국의 수익이 된다. 중국식 OS를 탑재해서 중국식 소프트웨어 시장을 조금씩 잠식해 가는 중이다.

OS 시장 안에서 우리나라나 미국에서 팔릴 수 있는 OS를 팔 수도 있고 중국 안에서 만들어서 자체적으로 수익을 내고 바꿔서 팔 수 있게끔 할 수 있다는 것 이것은 중국 휴대폰 회사가 가진 엄청난 경쟁력이라는 점을 알고 있는 사람은 거의 없다.

삼성 휴대폰을 쓰면 삼성에서 제공하는 국제적인 안드로이드마켓이 구동되겠지만, 샤오미나 화웨이, 레노버 휴대폰을 쓰면 그들이 만든 OS 마켓이 구동되기 때문에 안드로이드나 애플 앱스토어의 동일한 앱을 살 수도 있고 중국 고유의 앱도 살 수 있게 된다. 이제 구글이나 MS도 자체적인 휴대폰을 제작하는데 현재 제공되는 안드로이드 체제를 계속 무상으로 공급하겠다는 보장이 있을까? 어느 순간 안드로이드 운영체제를 유료화로 전환해버리면 그 비용을 내고 사용해야 하는 국내 휴대폰들이 중국 휴대폰과 단가 경쟁에서 이길 수 있을까?

얼마 전 애플사의 증시 시세 총액이 7,000억달러를 돌파했다는 뉴스 기사를 본 적이 있다. 7,000억달러면 애플사 하나의 가치가 국내 30대 기업을 합친 거나 마찬가지란 얘기다. 게다가 애플은 이익금 대부분을 현금으로 보유하고 있다. 미국 내 2위, 3위, 4위 기업을 합친 것보다도 2배나 많을 정도의 독보적인 성장을 지속하고 있다.

애플과 경쟁하는 삼성이 똑같은 가격으로 팔아도 애플만큼의 수익을 낼 수 없는 이유는 무엇일까? 아이폰과 삼성 휴대폰 공개된 제조원가는 오히려 국내 삼성 제품이 더 저렴하다. 그런데도 판매 후에 순익에서 차이가 나는 이유는 할인율이다. 삼성은 국내에서만 엄청나게 비싸고 외국에선 엄청나게 할인을 해서 판매하고, 반면 애플은 전 세계 어디서나 거의 정가에 판매된다. 그리고 판매방식 있어서도 삼성은 총 제조원가의 약

37%가 마케팅비와 광고비로 사용하지만, 애플은 8%만 지출한다. 결국, 스마트폰 시장에서 애플의 유일한 경쟁자로 인정받던 삼성은 애플과의 경쟁에서 점점 더 밀리는 듯한 양상을 보이고 있고, 후발 중국폰의 공세에 밀려 조만간 휴대폰 사업을 포기해야 할지 심각한 고민에 빠지게 될 것이다.

현재 중국의 무단복제로 미국이 입는 손해가 연간 52조 이상이라고 추산된다. 그러나 미국은 중국의 지금 상황들을 낙관적으로 보고 있다. 미국은 산업구조를 개편하여 GDP의 60%를 서비스업으로 유지하고 있다. 미국 안에서 공장은 반드시 필요한 최소 규모를 제외하고 거의 다 사라졌다. 그 대부분을 중국에 넘겨준 것이다. 미국 내 생필품의 70% 이상을 중국이 생산하고 있을 만큼 중국과 미국의 산업적인 연관은 밀접하다. 그럼 중국의 경제가 미국을 압도하는 날이 올 수 있을까?

결론적으로 현재의 중국은 미국을 결코 넘어설 수 없다. 현재 중국 미래학자들이 중국의 발전에서 가장 큰 걸림돌이라 생각하는 것은 중국 산업의 체질 변화가 늦어지고 있다는 것이다. 중국 산업을 일으킨 요인 3가지는 투자, 내수, 무역이다. 관치금융을 통한 제한 없는 투자와 13억 인구가 갖고 있는 내수시장의 활성화, 무역을 통해 벌어들인 엄청난 무역흑자가 지금까지 중국 경제를 이끌어 왔다.

그런데 지금 미국은 무엇으로 살까? 바로 금융, 브랜드, 엔터테인먼트, 특허권 등의 지적재산권과 관련한 콘텐츠다. 미국은 미국의 브랜드와 금융시스템, 문화적인 엔테테인먼트만 갖고 있으면 중국이 제아무리 돈을 벌어들여도 얼마든지 그들의 부를 약탈할 수 있다고 확신한다.

사실 미국의 거의 모든 상품은 중국에 생산기지를 갖고 있고, 미국이 제시하는 제품의 스펙과 디자인을 중국의 최고 인력들이 맡아서 만든다. 그래서 엄밀히 중국산이지만 브랜드는 미국 것이다. 그러나 중국에는 브랜드가 없고, 특히 명품이라 할 만한 브랜드가 없어서 중국 제품은 영원히 짝퉁이고 이류일 수밖에 없으며 국제시장에 나와서도 미국 브랜드를 위협할 만한 제품으로 성장할 수 없다는 것이다.

앞으로 중국에서 가장 돈을 많이 벌 수 있는 분야가 오락, 레저, 영화나 TV 방송 같은 엔터테인먼트 사업인데, 중국의 엔터테인먼트는 언어의 벽도 있지만 기초가 약하기 때문에 미국 헐리우드 영화나 음반시장과 겨루어 싸울 수 있는 부분이 없다. 중국에서 수백억을 들여 대작 영화를 만든다고 해도 헐리우드 극장에 가서 걸리는 경우를 상상할 수 없다. 그래서 중국은 자체 자본을 헐리우드에 투자하며 그 노하우와 시스템을 배우거나 합병하려고 시도 중이지만 중국이 문화 콘텐츠 생산 대국이 되는 길은 요원하다고 할 수 있다. 그래서 중국은 한국의 K-pop을 포함한 한류 열풍을 대단히 부러워하고 있다. 조그만 대한민국의 문화상품이 전 세계를 휩쓰는 저력을 배우기 위해 중국은 부단한 노력을 기울이고 있다.

중국은 이제 세계의 공장으로써 양적인 생산 확대를 완성하고, 기술대국과 브랜드 강국으로 변화하기 위한 노력을 하고 있다. 단순한 생산 능력만 갖추고는 세계 일류의 제품을 만들 수 없다는 것을 스스로 깨우쳤기 때문이다.

그럼 우리나라가 지금의 경제위기를 극복하고 미래 성장을 이끌어 낼 수 있는 비법은 무엇인가? 미국이 중국의 생산력을 활용하여 자국의 브랜드를 위탁 생산하고도 그 이익을 독점하는 예와 같이 지적재산권과 브랜드의 강화만이 그 해답이다. 창조적인 사고와 기술력으로 만드는 혁신적인 제품, 세계인이 선호하는 보편적인 문화상품, 그리고 국적과 관계없이 인정받는 명품 브랜드를 확보하는 것이 미래의 경쟁에서 이겨낼 수 있는 원동력임을 자각해야 한다.

우리의 지적재산권을 지키지 못하는 대한민국

최근 지적재산권에 관련해 가장 안타까웠던 뉴스들을 들었다.

먼저 세계적인 옥수수 박사로 알려진 김순권 박사 이야기다. 현재 국제 옥수수재단 이사장이시고 벤처기업 '닥터콘'이라는 옥수수 종자 회사를 중국에 설립해서 운영하고 계신 분인데, 한국에서 새로운 옥수수 종자를 개발해서 팔아보려고 했으나 정부에서는 3년 정도 지원을 하다가 특별한 이유 없이 끊어졌다고 한다.

중국 정부는 1984년부터 꾸준하게 김 박사에게 도움을 요청했다. 그 당시 동북 삼성의 옥수수 경작지에서 자꾸 병해가 발생해 수확량이 떨어졌기 때문이다. 김 박사는 KS-5라는 한국 농진청이 가진 종자와 중국 재래종을 교배해서 그동안 미국의 절반밖에 되지 않던 옥수수 생산량을 90%까지 끌어올렸다. 그 후 동북 삼성에 1만5천 평의 육종 단지를 조성하고, 단기간에 종자들을 주변 지역에 공급했다. 특히 요녕성 내에서는 전체 경작지의 80%가 옥수수라고 할 만큼 대규모 재배를 확산시켰다.

그래서 1984년부터 시작한 종자 프로젝트를 통해서 중국은 전 세계 옥수수 양의 20%를 생산해낼 정도로 단기간 내에 옥수수 생산 대국이 되었다. 또 옥수수는 산업용으로 사용하는 알코올도 추출해내는데 그 수요가 많아지면 국제 옥수수 가격이 뛰어오르게 된다. 김 박사는 옥수수 줄기에서도 에탄올을 추출할 수 있는 종자 개량에 성공했고 그 기술이 실용화 단계에 들어섰다고 한다. 이제 옥수수는 버릴 것이 없는 고부가가치 작물로 주목을 받게 되었다.

현재 한국의 옥수수 자급률이 0.8%, 매년 50억달러 규모의 1천만 톤이 넘는 옥수수를 수입하고 있다. 옥수수는 원래 척박한 땅에서도 잘 자라기 때문에 김 박사가 개발한 종자를 우리나라가 적극적으로 재배하고 활용했다고 하면 옥수수 수입 대체 효과만 해도 50억 불 이상이었을 것이다. 옥수수를 싸게 수입해서 국내에 유통해서 수익을 챙기려는 수입업자와 정부에 의해 세계적인 식량 자원 기술을 국외로 넘어가게 된 것이다.

그리고 또 하나의 사례를 들어 보고 싶다. 황우석 박사가 미국 미탈 리포트 교수와 중국 보야라이프 회사와 결연을 하고 줄기세포 관련된 핵이식 연구를 하겠다고 발표했다. 지분은 중국 40%, 미국 30%, 우리가 30% 인데 공장과 연구소는 모두 중국에 있다. 황 박사의 파트너인 '보야라이프'는 세계 각지에 28개의 줄기세포 관련 연구소를 가진 생명공학 전문 회사이다. 주로 동물 복제 사업과 동물 줄기세포 활용 기술을 개발하고 있다. 특히 우량한 비육우들을 복제해서 중국 내에 공급하는 사업을 하고 있었는데, 이제는 인간의 줄기세포를 연구해서 필요한 조직을 만들어내는 기술을 실용화한다고 한다.

황우석 박사가 이미 10년 전에 국내에서 소개했던 기술인데 한국에서 신선 난자를 못 쓰도록 법으로 제정해버리는 바람에 중국으로 옮겨갈 수밖에 없었다고 한다. 황우석 박사가 만들었다는 핵치환 줄기세포 기술도 이미 2~3년 전 미국에 특허등록을 하게 되면서 기술 특허를 잃었다. 황우석 박사의 도덕성이나 논물표절에 대해서는 굳이 언급하고 싶진 않지만, 처음에는 대한민국을 영원히 먹여 살릴 것처럼 얘기하던 기술 두 가지를 중국에 빼앗겼다는 것은 뼈아픈 일이다.

이러한 결과를 초래한 것이 이분들이 애국심이 없다거나 돈이 부족해서나 기술적인 뒷받침이 없어서가 이유가 아니라, 우리나라에서 지적재산권을 지켜줄 수 있는 노력과 인식이 부족하고 시스템이 없다는 것이 문제다. 현재의 우리나라에서 누군가 획기적인 기술이나 발명을 해낸다 하더라도 그것을 우리 고유의 부가가치로 실현할 수 있는 양성 시스템이 없는 것을 빨리 해결해야 한다.

엔터테인먼트 산업

　국민의 레저 생활과 오락은 국민소득과 밀접한 연관이 있다. 대부분 국가와 국민들은 GDP가 1만달러 이상 되기 전에는 사실상 레저라는 개념이 없다. 레저문화가 발전하는 수준이 약 6천달러 전후로 시작된다고 한다. 1만 불이 넘어가면 여행이, 2만달러 수준으로 넘어가면 놀이공원 같은 체험형 엔터테인먼트, 4~5만달러 수준까지 올라오면 개인적인 참여와 테마 여행으로 레저의 형태가 변한다.

　중국은 고용층의 확대와 일감 나누기를 위해 95년 국무원의 정책적 결정으로 1주당 노동시간을 40시간으로 줄이고, 97년부터 주 5일제로 강제 시행하였다. 그 당시 국민소득은 5천달러도 채 안 되는 수준이었지만 일찌감치 관광, 레저산업이 발달하기 시작했다.

　중국인들은 일단 돈을 쓰는데 매우 용감하다. 노동시간이 줄어들면서 자연스럽게 문화나 레저에 대한 비용 지출이 중국 내 여행이 큰 붐을 일으켰다. 실제로 노동시간 축소 정책 이후 레저의 수요가 많이 늘어나면서 중국 관광명소들이 돈을 많이 벌게 되었다. 그리고 많은 해외 관광객들이 중국으로 여행하러 오기 시작하면서 중국 여행 산업은 엄청난 외적 성장을 이루게 되었다. 그리고 해외여행에 대한 욕구가 높아졌지만, 그 당시에는 해외불법취업 등으로 인해 일반인이 해외여행을 하려면 2천만원의 보증금을 걸고 나가게끔 규제가 있을 정도였다.

그래서 초창기 여행업은 관제하에서 매우 폐쇄적이고 선별적으로 이루어졌다. 중국의 개인 소득이 높아지고 규제가 완화되었음에도 여행업이 꽌시로 묶인 구조였기 때문에 외국 업체가 중국에 들어가서 관광 사업을 할 수가 없었다.

현재는 이러한 규제가 풀렸지만, 중국 관광객을 한국으로 모집하는 주체는 아직도 기존의 중국 업체들과 관행을 통해 이루어지고 있다. 중국에서 모집한 중국 관광객들이 한국으로 오면 국내 여행사가 인수해서 중개자에 대한 수수료를 떼어주고 여행업을 하는 방식이었기 때문에, 중국계 여행사나 브로커들의 배만 불렸을 뿐 사실상 큰 수익을 남기기 힘든 구조가 유지되고 있다.

현재 1억 명에 달하는 중국인들이 해외여행을 간다는 통계가 확인되었다. 그중 국내에 유입되는 중국인 관광객들은 약 1천만 명 되는 것으로 계산한다. 중국인들은 엄청난 구매력을 활용할 수 있는 대상이지만, 아직 우리나라의 엔터테인먼트 사업과 레저 상품들은 준비가 너무나 부족한 상태이다.

일단 중국은 건강을 중요시하기 때문에 건강 관련 상품들이 경쟁력이 있다. 그리고 중국 사람들은 현실적이어서 막연한 소개나 팜플렛보다는 구체적이고 정확한 보증이 필요하다. 따라서 관광대상의 분석과 함께 전문적인 마케팅 분석, 홍보와 광고시스템을 갖춰져 한다.

중국 관광객들은 노년층과 젊은층의 소비패턴이 뚜렷하게 차이가 난다. 현재 중국 젊은이들의 수준이 한국과 비슷하게 올라와 있어 일본의 디즈니랜드나 마카오처럼 뚜렷한 테마와 강점이 있지 않은 한 관광객으로 유치하기 힘들다. 따라서 연령층에 따라 테마를 정확하게 잡아야 한다.

중국의 소비 주체는 여성이다. 화장품, 옷, 보석과 같은 여성 위주의 상품이 잘 팔린다. 그런 여성들을 사로잡을 인상적인 콘텐츠가 필요하다.

그리고 현재 중국의 노령 인구가 약 2억 명 정도 된다. 이들은 건강과 웰빙에 관한 강한 욕구와 집착이 있다. 집중적으로 요양할 수 있는 온천 타운이나, 산삼 페스티벌 같은 건강이 특화된 콘텐츠로 공략한다면 성공을 보장할 수 있다. 중국의 아동 인구는 약 4억 명 정도 된다. 중국은 아이를 하나만 낳기 때문에 소비의 대부분 아이에게 집중되어 있다. 키즈타워, 놀이동산 같은 테마파크 형태의 상품이 개발되지 않는 이상 어린이를 동반한 가족 관광객을 유치하고 다시 불러들일 방법이 없다. 최근 중국에서 가장 다시 가고 싶지 않은 관광지로 대한민국이 1위로 선정된다는 사실은 우리의 오프라인 관광시장의 문제를 단적으로 증명하고 있다.

그럼 우리나라가 강점이 있다는 인터넷, 모바일 등을 통한 온라인 엔터테인먼트 분야는 어떨까? 중국에는 온라인과 모바일 엔터테인먼트를 이끌고 있는 3대 IT 그룹이 있다. 바이두, 알리바바, 텐센트인데 이들과 겨루어야 하는 우리나라의 온라인 콘텐츠는 얼마나 경쟁력이 있을까?

먼저 온라인 음원 시장을 살펴보자. K-pop으로 주가를 높이고 있는 우리나라의 입장에서 13억이 넘는 중국의 음원 시장은 매력적인 시장이다. 그러나 현재 중국의 음악 시장 규모는 세계 시장의 약 1% 정도이다. 음악에 대한 저작권 문화가 잘 형성되어있지 않기 때문에 음원으로 인한 이익을 거둘 방법에서 불모지나 마찬가지이다. 최근 텐센트가 워너뮤직, 소니뮤직과 힘을 합쳐 중국 음악 시장을 온라인화하기 위해 노력하고 있다. 하지만, 중국 온라인 음악 시장의 성장을 희망적으로 바라보지 않는다.

음악은 활성화될 수 있으나 시장화되어 수익을 내는 것은 공연 관람 외에는 가능성은 없다고 판단된다. SM엔터테인먼트와 텐센트가 계약을 맺고 콘텐츠 확보를 위한 노력을 하고 있고, 바이두 역시 SM엔터테인먼트와 협약해 올해 5월부터 중국 내 K-pop 전문 음악방송 제작에 돌입한다고 한다. 그리고 중국 내에서 공연과 콘서트 등을 기획해 이익을 거둘 수도 있겠지만, 현재 중국 내에 공연 기획을 전담하는 현지 기업과의 합작을 통하지 않으면 성사가 어려운 그동안의 성과를 고려할 때, 그리 장밋빛 전망만은 기대하기 어렵다.

결론적으로 FTA를 통해 개방된 문화 사업은 사실상 우리의 콘텐츠를 제공하는 것에 그칠 가능성이 높아서 우리 엔터테인먼트 기업의 중국 내 독자적인 성장은 기대하기 힘든 상황이다.

중국의 영화 산업과 시장을 살펴보자. 2012년 통계로 중국 내 3천9백 개 정도의 영화관이 있으며 매일 거의 10개씩 증가하고 있다고 한다. 따라서 영화 상영 매출도 연간 30%씩 성장하는 추세이다. 현재 중국 상영관의 50% 이상 해외영화가 독점하고 있다. 그래서 중국 자국 영화의 성공 확률은 흥행 관객 수나 투자비용 대비해 굉장히 떨어진다. 스크린 쿼터와 같은 규제가 따로 없으므로 외화의 비중과 점유율이 증가하는 추세가 지속하는데도 중국의 영화가 해외시장에 나가거나 비중을 확보할 가능성은 거의 없다고 봐야 한다. 이런 상황에서 한국 영화의 진출이나 한·중 공동제작 영화의 성공 가능성은 거의 희박하다. 조만간 중국 영화 시장은 인도나 미국 헐리우드 자본으로 재편되면서 잠식되어 넘어갈 공산이 크다. 그나마 중국의 배급사들이 순수한 중국 자본으로 운영되고 있어서 영화 산업 전체가 헐리우드와 제작과 배급의 균형을 유지하며 이어가겠지만, 그 사이에 한국 영화의 진출 가능성은 희박해 보인다.

중국은 애니메이션 사업은 중국 영화 가운데 20% 정도의 점유율을 갖고 있다. 중국의 TV 채널도 많고 애니메이션의 제작 편수도 한국보다 많은 편이어서 애니메이션 분야의 진출과 성공을 기대하는 사람들이 많겠지만, 중국 정부는 애니메이션을 아동 육성에 필수적인 문화 사업으로 선정 강력하게 관여하고 있다. 그들이 한국 드라마의 인기를 불편해하며 방영 조건과 시간에 제동을 거는 것도 같은 이유이다. 중국은 문화적 귀속성을 싫어하기 때문에 애니메이션 통해 문화나 관습이 영향을 주는 것에 대해 불안해하고 엄격히 통제한다. 또한, 애니메이션은 캐릭터 산업이 뒷받침되어야 하는데 중국은 고유 캐릭터 상품들을 만들어내지 못하고 있다.

그럼 한때 세계 1위를 차지하던 온라인 게임 시장은 어떠한가? 이미 현재 국내의 인기 인터넷 게임이나 모바일 게임 회사의 지분 50% 이상을 텐센트가 갖고 있다. 800개의 개발사에 1,600종의 게임을 동시에 출시

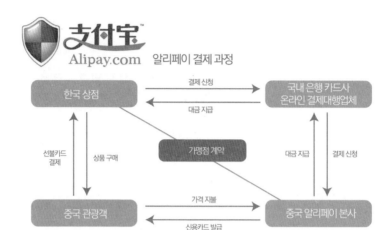

알리페이 결제 과정

해 놓고 있고, 동시 접속자가 1천만 명 이상인 게임이 30종이다. 그럼 실시간 접속자만 3억 명이라는 것이다. 이 회사 검색 사이트를 통해 인터넷 검색을 하는 인구가 매일 3억5천 명 정도이고, MSN 메신저의 짝퉁으로 시작해 결국은 MSN을 몰아낸 QQ모바일 메신저 가입자들 수가 약 5억 명이다.

결국, 이러한 모든 분야의 상황을 종합해 볼 때, 현재의 엔터테인먼트 시장 전면 개방은 중국 진출의 기회가 아니라 중국의 엄청난 침략을 받을 위험성이 훨씬 높다.

더구나 중국에서 얻을 수 있는 이익을 더는 기대하기 힘든 이유는 전자화폐 경쟁에서 밀리고 있기 때문이다. 이런 업체들은 글로벌화 위해 결제 수단들을 모바일머니에 집중적으로 투자하고 있다. 한국은 이런 부분에 대한 투자가 전혀 없었다가 최근 삼성이 모바일 결제 회사를 인수하게 되면서 모바일 결제 시장의 진출을 공식화하였다. 그나마 유일하게 대적할 수단을 확보했다고 할 수 있겠으나, 애플은 세계시장 점유율도 삼성보다 훨씬 높으면서 애플 머니라 하는 시스템을 갖고 있고, 더구나 구글도 자체적인 모바일 결제 사업 경쟁에 뛰어들었다. 이렇게 되면 구글에서도 모바일 페이를 탑재하고 갤럭시도 삼성 페이를 탑재하기 때문에, 북미 지역의 경우 판매될 갤럭시 휴대폰에는 삼성 페이와 구글의 전자 페이가 함께 탑재될 가능성이 크다.

애플이 차용하는 방식은 칩을 갖다 대는 NFC 방식으로 특별한 터치 없이도 지문이나 보안키로 개인인증이 가능하지만, 삼성이 인수한 '루프 페이'라는 회사의 방식은 마그네틱 MST 방식으로 마그네틱 단말기를 통해 사용할 수 있다. 삼성은 아직 미국에는 NFC 방식보다는 마그네틱 방식이 더 많다는 입장이지만, 복제가 가능하다는 것과 별도 인증을 위한 비밀번호를 설정해야 한다는 불편함이 있다. 반면 NFC는 복제될 가능성이 없고 간편하다. 삼성은 NFC 겸용으로 운영하겠다고 보완책을 내놓고 있다.

그러나 우리나라의 업체들이 이런 경쟁에서 질 수밖에 없는 이유는 국내 금융의 이체 방식에 일일이 비용이 붙고 규제가 따르며, 단계마다 이익을 취하는 기업들이 따로 있다는 것이다. 현재의 폐쇄적인 금융 산업 전반의 구조로는 도저히 해외 모바일 시장을 따라갈 수 없다.

아직도 창조경제를 내세우는 정부는 우리의 엔터테인먼트 사업을 경쟁력 있는 중점 사업으로 발표하고 있다. 그만큼 현재의 실태에 대한 조사나 사업 발전에 대한 계획이 아예 없었다는 반증이다.

한때 세계 1위의 온라인 게임국이었던 대한민국의 엔테인먼트 사업을 청소년폭력의 온상이며 마약이라고 매도하고, 개인의 SNS를 들여다보고 위치정보를 추적하는 정부가 생각하고 있는 우리 엔터테인먼트의 미래상은 무엇인지 누가 대답해줄 것인가? 어디다 물어봐야 할지 주무 부서도 잘 모르겠다.

중국의 에너지와 핵발전소

중국의 산업과 발전을 실제로 추산할 수 있는 지표가 있는데 그것이 에너지 사용량이다. 중국은 세계 최대의 전력 수요국이며 최고의 화석 에너지 소비국이기도 하다. 중국은 국가 전력회사와 경제 무역위원회가 중국의 전력사업을 총괄해 단독 운영한다. 전력사업을 경제 무역위원회가 관장한다는 것만으로, 중국 산업과 전력 생산의 연관성을 이해할 수 있을 것이다.

중국은 초기 수력발전에 의존해 양쯔강 유역의 풍부한 수력을 바탕으로 베이징구, 장강의 삼각주, 주강 삼각주 이렇게 중국 3대 공업 단지를 형성했다. 그러다가 산업 단지의 확산과 도시의 발달을 따라 석탄을 원료로 하는 화력발전소를 집중적으로 건설하기 시작했다. 중국 전체 발전량 가운데 80%를 차지할 만큼 화력발전을 중심으로 전력 공급이 이루어지고 있었다.

처음에는 자국 내 무연탄을 이용해 발전기를 운영했으므로 비용에 대한 큰 부담이 없었으나 전력의 수요가 크게 증가하면서 수입을 시작했는데 90년대 이후 무연탄 가격이 80~90%씩 폭등했다. 그리고 화력 발전으로 발생하는 분진과 공해로 인해 중국의 환경 문제를 심각하게 만들었다.

그러다가 마침내 전력 생산량이 소비량을 못 따라가는 한계에 이르게 되었다. 현재 한국은 8,000만 kW 정도의 전력을 사용하고 있지만, 중국은 2013년 기준으로 500억 kW를 사용하고 한다.

90년도까지의 전력수요는 산업 발전을 위한 것이었지만, 2000년대 이후에 급증한 전력수요는 국민 생활의 질이 높아지면서 가정용 전력이 늘어났다. 그동안은 산업 단지 등 전력을 집중적 필요했는데, 지금은 중국 전역에 전기를 보내야 하는 심각한 문제가 생기게 되었다. 중국은 송전설비가 굉장히 낙후되어 있다. 2000년대부터는 전력 생산의 문제가 아닌 안정적인 공급과 분배가 문제가 되기 시작한 것이다. 그리고 중국의 전기료는 kw 당 한화로 약 110원 정도로 상당히 저렴한 편이었지만, 원가는 그보다 훨씬 높은 비용이 들었다. 공익제로 전기료 인상이 불가능했기 때문에 전력 회사들이 엄청난 적자를 겪어야 했다. 중국은 전력제도가 선불화로 운영되고 있다. 선불로 충전해놓고 쓰는 방식이기 때문에 누진제가 없었다. 그래서 1990년 이후 중국은 발전회사들을 민영화하여 자율적인 경쟁을 유도했다.

2000년대 들어서서 대대적인 전력 사업 개혁을 시행한다. 중국은 현재 80%에 달하는 화력에너지의 비중을 2050년도까지 30% 이하로 낮추고 수력 20%, 풍력 15%, 태양광 5%, 원자력 20%의 비율로 전기를 대체 생산하겠다는 계획을 발표했다. 그리고 중국 국토 전체에 고압 송전망과 스마트그리드 사업을 동시에 진행하기로 했다.

중국은 전 세계적인 수력발전 강국이다. 우수한 수력의 조건은 안정적인 수량과 충분한 고저 차이다. 현재 중국의 수력발전으로 약 2억3천만

kW 정도 생산하고 있고 앞으로 5억5천만 kW까지 생산할 가능성이 있다고 한다. 5억5천만 kw면 중국 전력의 7% 이상을 수력으로 운영할 수 있는 규모이다.

사실 중국의 핵발전은 전기 생산의 이유보다는 핵무기 개발에 목적이 있다고 보는 것이 맞다. 중국은 1964년에 처음 핵실험을 했고, 1985년 전후로 핵발전소에 눈을 뜨기 시작했다. 핵무기에 관해서는 미국이나 러시아만큼 앞선 기술을 갖고 있으나 핵발전은 상당히 늦게 시작한 편이다. 국가주도 사업으로 원전을 핵공업그룹, 광동핵발전그룹, 전력투자그룹 세 군데로 나누어서 핵발전 사업을 진행했다.

세계 핵발전 강국 1, 2위는 미국과 프랑스이다. 중국은 미국의 전통적인 핵발전회사인 웨스팅하우스를 통해 기술을 도입하고, 프랑스의 핵발전 전문그룹 아레바와 기술제휴를 했다. 2014년, 중국에서 가동되고 있는 핵발전소는 17개 정도이고 건설 진행 중인 발전소가 29개다. 전 세계에 짓고 있는 68기의 원전 가운데 29기가 중국의 것이다. 2040년까지 무려 130개의 원전을 추가로 더 짓기로 했다. 이런 대규모 원전 사업을 유치하기 위해 프랑스와 미국이 경쟁하며 중국에 기술적인 제휴와 투자를 하고 있다.

중국은 현재 핵발전 기술이 초기 단계로 전체적으로 부품의 국산화율이 50% 정도밖에 되지 않는다. 국외의 기술로 국내에서 조립하고 토목공사를 대행할 수는 있으나 전체적인 공정이 가능할 만큼 기술력이 아직 확보하지 못했다.

그동안 세계의 핵발전소 발전은 1단계 중수로, 2단계 경수로, 3단계 가압경수로로 이어져 왔다. 현재 주류를 이루는 가압경수로 방식은 용기에 냉각수와 연료봉이 들어가서 핵발전이 되는 것으로 안에 들어가 있는 용수에 압력을 주는 것이다. 안에 들어가 있는 경수를 300기압 정도의 압력으로 그 안에 물을 채운다. 물의 압력이 높아지면 100℃에서 증발하는 것이 아니라 100℃ 이상에서도 계속 끓게 된다. 이런 높은 온도 차를 통해 경수로 안에 냉각 파이프가 흘러 돌아가면 지금까지는 강제로 펌프를 돌려야 했던 방식이었으나, 순간적으로 전원이 끊어져도 온도 차에 의한 대류를 통해 열 교환이 지속할 수 있는 능동형 냉각 시스템이 가능하다. 그만큼 안전성을 확보할 수 있다는 것이다.

중국에 미국은 2000년대 초기에 개발된 AP-1000(AP는 가압 경수로라는 뜻으로 1,000kW를 1기가 생산할 수 있다는 뜻이다)이라는 경수로와 아레바라는 회사의 유럽형 경수로가 들어와 있다. 우리나라는 UAE에 수출했던 한국형 경수로 1400이다. 한국의 경수로가 기술적인 면에서는 가장 뛰어나다고 하는데 중국에 진출할 기회는 잡지 못한 모양이다.

웨스팅하우스는 미국 기업이기는 하지만 최대주주가 일본의 도시바이다. 중국의 핵발전소 경쟁에 사실상 일본과 우리가 경쟁 관계가 있는 것이고 유럽 업체 아레바까지 삼파전인 상황인데 우리나라가 전혀 힘을 못 쓰고 있다. 그들이 워낙 과감한 투자를 하고 있어서 우리나라의 자금과 핵발전 사업규모로는 쉽사리 중국 시장에서 들어갈 수 없다. 웨스팅하우스와 도시바의 경우는 중국이 자체적으로 핵개발을 하고 운용할 수 있도록 보유하고 있는 기술과 도면, 설비를 거의 무상으로 넘겨주다시피 했다. 아레바의 경우 중국이 앞으로 핵발전소 건설을 확장해 나갈 것을 고

한중일 핵발전소

자료 : 한국수력원자력, 세계원자력협회,
　　　한국원자력산업회의

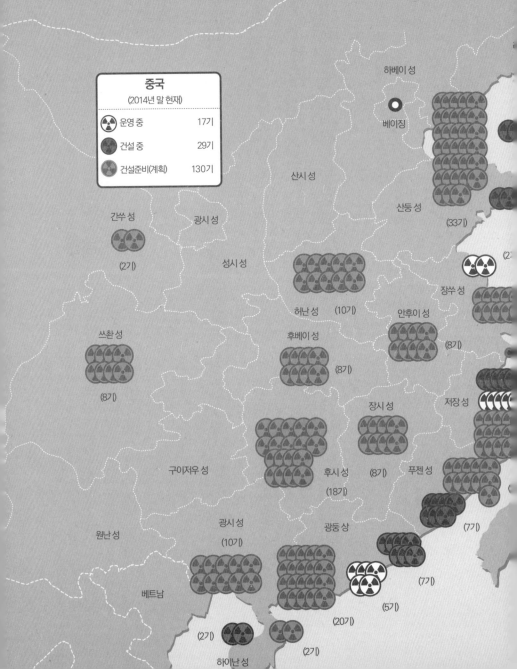

몽골

중국
(2014년 말 현재)

☢ 운영 중		17기
☢ 건설 중		29기
☢ 건설준비(계획)		130기

하베이 성

베이징

산시 성

산둥 성
(33기)

간쑤 성 (2기)

광시 성

성시 성

허난 성 (10기)

장쑤 성

안후이 성 (8기)

쓰촨 성 (8기)

후베이 성 (8기)

저장 성

장시 성

후시 성 (18기)

푸젠 성

구이저우 성

(7기)

광시 성 (10기)

광둥 상

(7기)

원난 성

(20기)

(5기)

베트남

(2기)

(2기)

하이난 성

려해서 소유하고 있던 우라늄 광산을 양도했다. 그래서 재처리 공장까지 같이 지어나가자는 선까지 진척되고 있는데 한국은 특별한 마케팅을 내세울 것이 없다.

중국은 다른 나라의 기술을 얻어다가 과하다 싶을 만큼 핵발전에 집중 투자를 하고 있다. 그러다 보니 건설 인력은 충분하지만, 관리 인력이 부족한 상황이다. 중국은 후쿠시마 사고 당시 건설 중이던 발전소 공사를 전면 중단하고 전체적인 재점검에 들어갔다. 그러나 결국 내린 결론이 중국은 일본처럼 지진에 의한 위험 요소가 적기 때문에 중국 핵발전소는 안전하다는 것이었는데 사실 중국이 핵발전소를 포기하고 다른 방향을 고려해보았다고 하더라도 달리 선택의 여지가 없었을 거라고 생각된다. 현재 중국의 전력 수급량이 절대적인 상황에서 핵발전에 의존하지 않고는 화석 연료를 그대로 끌고 갈 수밖에 없기 때문이다. 앞으로 중국은 2050년까지 약 187개의 원전을 거느린 핵발전소 대국이 될 것이다.

그런데 중국은 3개 회사의 5만여 명 되는 직원들이 발전소 건설과 기기 제작에 투입되고 있는 것에 비해, 가동 중인 13~15개 발전소 관리 인원에는 500여 명 정도로 현저하게 적다.

24시간 3교대를 고려해보았을 때 최소한 35~50명 정도의 관리 인원이 확보되어 있어야 하나 이것은 1기당 24명 정도가 배치되어 있다는 뜻으로 1기당 7명이 핵발전기를 맡고 있는 것이나 마찬가지다.

핵발전은 엄청나게 많은 양의 냉각수가 있어야만 가동할 수 있기 때문에 기본적으로 연안이나 해안 지역에 짓는 것이 원칙이다. 중국도 지금까지는 해안지방에 집중적으로 핵발전소들을 지었으나 급증하는 전력 수

요량을 해소하기 위해 내륙에서도 가동이 가능한 핵발전기를 자체적으로 개발하였다. 청화대 연구진이 개발한 냉동 헬륨 방식의 HTR-10이라는 발전기로 현재 무려 16기를 동시에 짓고 있다.

기술적인 자립도도 많이 떨어지고 관리 감독이 형편없이 부실한 데다가 무엇보다도 발전기가 세워지는 단지의 위치가 우리나라 서해안과 마주 보고 있다는 것이 가장 문제가 크다. 심양성에 있는 홍옌허, 하이양, 스다도완, 톈안까지 총 4개 부지에 100km 간격으로 65개 발전소가 세워질 예정이고, 이중 상당수가 HTR-10 들어설 가능성이 높아 보인다. 서해안 직선거리로 약 170~180km, 서울과 평양의 도심까지도 300km 내외에 거리이기 때문에 만에 하나 사고가 발생할 경우 이틀이면 대한민국 전역으로 방사능 유해물질이 퍼지게 된다.

현재 백두산에도 6기의 발전소가 계획되어 있고 기초공사가 진행 중이다. 원자로가 공개되지는 않았으나 천지 물을 가져다 쓰지 않는 이상 이곳 역시 HTR-10 발전기가 세워질 가능성이 높다. 게다가 발전기 운행이 끝나는 30년 후에 그곳을 핵폐기장으로 사용하겠다는 발표를 했다. 앞으로 2050년까지 계획된 발전소까지 합해서 180개의 핵발전소에서 나오는 폐기물량은 엄청날 것이다. 조금 더 비약해서 말하면 백두산은 현재 하루에도 10번 이상씩 소규모 지진이 감지될 정도로 살아있는 활화산이다.

주변국인 우리나라도 중국의 핵발전 관련 현황들을 건네받아 어느 정도는 파악은 하고 있어야 하는데, 중국은 내정간섭이라며 아무런 공개도 하지 않고 있다. 오히려 지난 25년간 단 한 번의 핵발전 사고도 없었으며 전 세계에서 가장 안전하다고 우기고 있다.

백두산은 폭발 할까?

 백두산은 천 년에 한 번씩 폭발한다는 천 년 주기설이 있다. 천 년 전에 해동성국 발해가 눈 깜짝할 사이에 역사에서 사라지고 모든 왕족이 말갈과 거란에 복속되었다. 중앙아시아에서 가장 번성했던 나라 발해가 흔적도 없이 사라진 이유로 백두산 폭발에 있다는 이론이 있다. 고조선 역시 일본에서 실제로 화산재들이 발견되면서 백두산 폭발 때문에 멸망했다는 설에 힘이 실리고 있다. 중국의 일부 학자들은 2015년을 전후로 백두산이 분화할 가능성이 있다고 호들갑을 떨고 있다. 그리고 국내의 몇몇 전문가들도 화산활동이 있는 휴화산인 만큼 언제인지는 몰라도 분화 가능성은 있다는 점을 부인하지 않는다.
 내가 심양에 있을 때 우연히 심양성 공무원의 위기대응 매뉴얼을 볼 기회가 있었다. 그중에 기억나는 부분이, 백두산이 분화할 경우에 대비한 매뉴얼도 있었다는 것이다. 만약 백두산이 폭발하게 되면 최소 1,000만 명 이상의 난민이 생길 것이

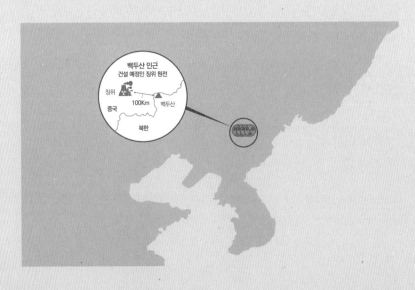

고, 그 난민들이 중국으로 건너오지 못하도록 단동 입구에서부터 백두산 경계와 강가를 통해 강제로 철책을 씌우고 간이 수용소의 형태를 마련한다는 내용이 있었다. 어떤 용도나 목적으로 만든 것인지는 모르겠으나 실제로 중국 그 지역 부근에 철조망이 설치된 것을 최근 뉴스를 통해 본 적이 있다.

북한이 추가로 연변에 발전소를 짓기 위해 시공에 들어갔다는 것과 연변 주변의 핵발전소의 심각한 방사능 노출로 인근 주민들이 엄청난 피폭 피해를 입히고 있다는 보도 등도 왜 국내 뉴스에 보도되지 않는 것일까?

중국의 백두산 원자력 발전소 소식에도 정치적 외교적으로 아무런 힘을 발휘하지 못해서 이런 미증유의 위기를 지켜만 보고 있어야 하는지, 최소한 전문가들이나 학자 집단을 보내서라도 진위를 조사해 봤으면 좋겠다는 생각을 해본다.

중국에도 4대강이 있다

중국에도 우리나라처럼 4대강이 있다.

흑룡강

몽고와 러시아, 중국을 흐르는 3,400km 길이의 북방에서 가장 큰 강이다. 강바닥에 각종 금속 물질들의 부유로 인해 물이 항상 까맣다. 그 물이 마치 용처럼 꿈틀거리며 흐르는 것 같다고 하여 흑룡강이라 부르게 되었다고 한다. 유량은 많은 데반해 추위로 인해 12월부터 4월까지 꽁꽁 얼어붙어 있다. 그래서 특별한 개발 사업은 벌어지지 않고 있다.

주강

상해를 포함해 홍콩, 심천, 광저우 같은 신흥 특구를 중심으로 흐르는 길이 약 2,130km로 과거 해상 실크로드의 역사가 있는 강이다. 주강을 통해 서양 무역선들이 내륙으로 들어왔기 때문에 개방의 중심이 될 수 있었다. 주강 삼각주 주변으로 8천여 개의 가전 기업들이 분포되어 있기 때문에 하류에 홍수가 나면 중국 전제 전자제품 생산의 약 30~40% 정도의 피해가 발생할 수 있다. 그래서 비가 많이 내릴 때면 상류에서 제방을 미리 터버리기도 했다.

중국은 황하강을 기준으로 황하강의 이북을 화북이라고 하고 중국의 북쪽 말하고 황하강과 양쯔강 사이를 화중, 양쯔강의 이남을 화남이라 구분해 불렀다.

황하강

황하강은 중국의 슬픔이라고 불리는, 길이 약 5,500km의 토사가 많은 강이다. 서쪽 산맥에서 발원하여 건조 지대와 황토 지대를 거치면서 엄청난 양의 퇴적물이

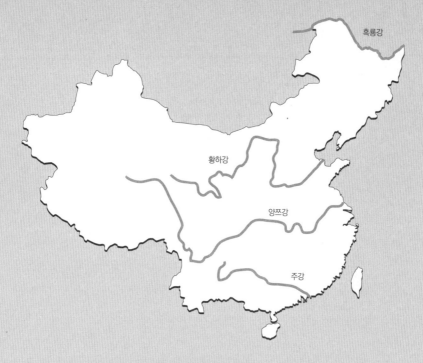

흑룡강

황하강

양쯔강

주강

만들어지는데 그 퇴적물들이 하류에서 유속이 느려짐과 동시에 강바닥에 침전되기 때문에 매년 강바닥이 10cm씩 높아졌다. 강바닥을 준설하지 못하기 때문에 비가 내릴 때마다 양옆에 제방을 조금씩 높이기 시작했는데 이것이 반복되면서 토목용어로 천정천이라 하는, 평지가 강바닥보다 높아지게 되었다.

황하는 역사적으로 지난 3,000여 년 동안 1,500회 정도 범람하고 제방이 무너졌다. 황하를 제방하기 위해 동원된 인력이 만리장성 13개를 쌓을 정도라고 중국 고서에 기록되어 있다. 황하강은 3년에 한 번꼴로 홍수가 일어나고 100년에 한번 꼴로 범람하게 되는데 강이 한 번 범람하게 되면 바다와 강 끝이 만나는 거리가 수천 킬로미터를 이동하게 되어 지형이 완전히 달라진다.

1950년, 모택동은 이와 같은 문제점을 개선하기 위해 저수량 290억 톤의 삼문협이라는 댐을 건설했다. 그래서 물을 모아두었다가 한 번에 확 흘려보내서 바닥을 청소하듯이, 쌓여 있는 토사물을 처리했다. 그 후 130km 떨어진 곳에 같은 기능과 목적으로 소량저라는 댐을 하나 더 건설했다.

1970년대부터는 황하 상류에서 중부로 내려가는 지점에 공장지대와 농경 지대가 늘어나면서 관개 수로의 확장과 공업화로 인한 물 부족 현상이 일어났다. 1972년부터 점진적으로 줄어들기 시작한 강물은 1997년에 이르러서 1년에 200일 이상 물이 흐르지 않을 정도로 마른 땅이 되어버렸다. 그러자 홍수보다 더 끔찍한 일이 벌어졌다. 원래 홍수가 일어나면 범람 지역이 가장 비옥하므로 중부지방의 농경지가 형성되어 있었는데 건기가 와서 더 이상 농업 생산을 할 수 없는 상황이 된 것이다. 황하강은 현재 사막화가 급속하게 진행되고 있다. 강이라기보다는 진흙 구덩이에 가까운 상태로 방치되고 있다. 북경 역시 물 부족 사태가 심각하게 나타나면서 양쯔강 물을 끌어오는, 약 70조 원의 돈이 투입된 대규모 수로 사업이 진행 중이다.

만리장강이라 불리는 이 사업은 2002년에 착공하여 2050년 완공 예정으로 5,000km 이상의 수로를 뚫어 매년 450억 톤의 양쯔강 물을 북경쪽으로 끌고 가겠다는 계획이다. 남쪽과 중부, 허난성과 베이징성 쪽으로 약 145억톤을 끌고 와서, 폭 20m, 깊이 50m의 터널을 만들어서 북경으로 물을 공급한다. 실제로 베이징 올림픽 때 이렇게 물을 끌어다가 사용했다.

양쯔강

중국에선 장강이라고도 부른다. 황하강이 중국의 슬픔이라면 양쯔강은 중국의 번영을 책임져 온 강이라고 할 수 있다. 길이 약 6,300km로 유역의 크기만 중국 면적의 20%인 1,800만평방 킬로미터이다. 중국의 중앙을 완전히 관통하고 있는 가장 길고 수량이 많은 강이다. 장강 주변에 무려 4억 명의 사람들이 도시들을 이루고 살고 있다.

그런데 중일전쟁 중 장개석은 일본군의 침공 당시 일본군의 남하를 막는 방법으로 동남쪽에 있는 허난성 인근 댐을 터버렸다. 이로 인해 남한 면적의 절반이 물에 잠기게 되었고 1,250만 명의 이재민과 90만 명의 사상자가 발생하였다. 이후 9년 간 안후이, 장수성과 같은 동남쪽 지역들이 홍수로 인한 후유증으로 황폐해지자, 그 지역 주민들이 하남이나 하북 쪽으로 뿔뿔이 흩어지게 되었다.

그런데 장개석은 1930년대 전쟁 가운데 싼샤댐을 입안하였고 1944년 미국 기술자가 설계까지 했지만 계속되는 갑론을박으로 시공까지는 진척시키지 못했다. 그러다 1980년에 공사 계획이 세워졌고 1994년 착공을 시작으로 2009년 마침내 완공되었다. 댐 건설비로 사용된 돈이 20년 동안 약 21조원인 것으로 발표되었으나 실제로는 35조원 이상일 것으로 추정하고 있다.

싼샤댐은 길이가 2,300m, 높이가 185m이며 담수량이 390억 톤이다. 수력 발전으로 만들어지는 전기는 1년에 2,250kW이다. 댐을 건설하기 위해 약 130만 명의 지역 주민들을 강제 이주시켰다. 폭이 1.2km, 길이 660km의 긴 인공호수로 넓이가 서울의 1.2배 정도이다. 산샤댐이 390억 톤의 물을 안고 있다 보니 서해의 염도가 높아지면서 중국의 어족 자원들이 한꺼번에 한국 해안으로 흘러 들어오는 현상이 일어났다. 또 660km의 인공호수 구간으로 안개가 끼기 시작하면서 농작물의 재배가 어려워졌고 극심한 살림살이에 지역 주민들은 모두 그곳을 떠나게 되었다. 한번 물을 흘려보낼 때마다 바닥이 파이고 제방이 무너지는 등, 건설 4년 만에 80여 군데의 균열이 발생하였으며, 결정적으로 물의 무게로 인해 지진이 없는 지역이던 사천성 인근으로 지진이 아주 빈번하게 발생하게 되었다 설도 있다.

4 중국의 정치와 외교

시진핑 시대의 중국 정치

전 세계 미래학자들과 정치전문가들은 중국의 전면적인 개혁개방 당시 중국 경제가 발전할수록 시장경제에 대한 열망이 강해져 공산주의 체제를 이어나가지 못할 것으로 예측했다. 그러나 중국은 세계 2위의 경제 대국이 되어 여전히 확고한 일당독재 체제를 이어나가고 있다.

1949년 중화인민공화국이 설립된 이후 지금까지의 정권 변화를 간략하게 살펴보자. 1세대 최초의 국가를 건설한 모택동, 2세대 개혁개방으로 중국 경제를 국제사회로 이끌어낸 등소평, 3세대 중국을 세계와 겨룰 수 있는 강자로 키워내는 중심에 서 있던 장쩌민 주석, 4세대 얼마 전 퇴임한 후진타오 주석과 5세대 현재의 시진핑 주석이 있다. 등소평 이후 약 10년을 주기로 정권교체가 이어졌고 20년이 지나, 5세대 시진핑 정권의 출범으로 현재의 정치 체제가 완성되었다.

사실 국내 식량문제 등으로 실각한 모택동은 등소평을 자신의 후계자로 양성하지 않았다. 그 당시 '화궈평(華國鋒)'이라는 인물에게 정권을 물려주고 싶어 했으나 화궈평이 정권 장악에 실패하면서 등소평이 그 자리를 꿰차게 되었고 개혁개방을 통해 권력을 확실하게 다지면서 중국 정치는 안정세에 접어들게 되었다. 등소평은 차후 20년 후를 내다보고 장쩌민과 후진타오를 후임으로 결정한 상태에서 권력을 승계했다.

그리고 지금의 5세대 시진핑은 혁명 세대의 영향력 없이 종횡 합의를 거쳐 세워진 최초의 주석으로서 그 탄생 과정의 권력지형이 매우 미묘했다. 중국 권력의 최우선은 주석으로 중앙군사위원회라는 군사 지휘권을 지닌 최고 책임자이고, 공산당 중앙위원회 총서기는 권력의 최고 책임자이다. 장쩌민과 후진타오 집권 시기에는 두 권력을 한 사람이 완벽하게 독점할 수 없었지만, 시진핑 정부에 들어서면서 비로소 두 개의 권력이 통합되었다.

중국에는 전인민대회라는 일종의 국회와 같은 조직이 있어서 매년 3월 북경에서 총회를 가진다. 여기서 중국을 이끌어갈 주요 정책과 목표들이 발표되고 승인된다. 그중 약 8천만 명의 공산당 지역 대의원들이 5년에 한 번씩 205명 정도의 중앙위원을 선출하는데 그 중 선출되는 25명의 정치국 위원이 중국 공산당 정부 핵심 권력자가 된다.

이들의 임기는 5년, 정년이 70세다. 또한, 권한을 맡고 있으면 3년 정도 연장할 수 있는 옵션이 있어 최소한 68세에는 관직에 올라야 한다. 그래야 5년 동안 핵심 관료를 지내고 은퇴할 수 있다. 그때까지 특별한 관직을 받지 못한다면 그대로 은퇴를 해야 한다. 우리나라 국회의원도 이렇게 정년제를 좀 두면 좋겠다.

이 25명의 정치국 위원들 가운데 7~9명 정도의 상무위원을 다시 선출한다. 이 상무위원 중에서 주석이나 당서기, 총리 등 최고위직 행정 관료가 선출된다. 이 상무위원들은 자금성 옆에 서태후가 지은 중난하이(中南海)라는 아름다운 인공호수 안에서 회의를 열어 10년간 중국을 이끌어갈 지도층을 결정하는 것이다.

현재 시진핑은 주석과 총서기를 겸하고 있으므로 군사와 외교 관련한 부분을 담당하고 있고, 국무원의 리커창 총리는 중국의 내치를 직접 담당하고 있다. 총리는 4명의 부총리를 거느리고 27개의 부처를 관장한다. 등소평 시절 100개가 넘었던 부처를 통폐합시켜 수를 줄여나가고 있다.

중국 권력의 핵심인 상무국에는 전통적으로 3개의 파벌이 있다.

태자당, 혁명 원로나 고관의 자제들이 모여 있는 로열패밀리 2세들의 모임. 공청당, 공산당 중앙청년단이라는 조직에서 행정 관료 등을 거치며, 행정 일선에서 실적을 쌓아 올라온 전문 관료집단들. 비서방, 고위 지도자의 개인 비서들의 모임. 이렇게 세 개의 분파 가운데 몇 명의 상무위원을 배출하고 요직을 쥐고 있느냐에 따라 핵심 요직의 장이 결정된다.

현재 중국의 실질적 일인자이며 10년간 중국을 이끌어갈 지도자인 시진핑 주석의 집권 과정을 알아보자. 시진핑은 상하이 서기를 지낸 적이 있고 아버지가 과거 부총리로 역임했기 때문에 태자당 소속이면서 비서방 출신이기도 하다. 리커창은 요녕성의 서기였기 때문에 비서방 출신이고, 최근 숙청당한 상무국장 보라이시는 공청당의 구성원이었으며, 리위안차오는 장수성 서기 출신이었다. 이 4명이 모두 주석과 서기장의 후보였는데 이들 중 누구를 밀어줄 것이냐를 두고 후진타오와 장쩌민이 대립각을 세웠다. 후진타오는 직계이면서 같은 공청당 출신이었던 리커창을 밀었는데, 장쩌민은 자기 아래 사람으로 마땅히 밀어볼 만한 인물이 없었다. 보라이시나 리위안차오를 밀어주기에는 상대적 반발이 심했기 때문에 그나마 같은 상하이 서기 출신이면서 부친이 과거 혁명 원로였던 시진핑을 밀고 주석으로 추대하고, 리커창에게 총리를 시키기로 합의를 했다. 중국의 내치는 리커창이 맡고 외교와 국방은 시진핑이 맡는 것으로 권력을 나눌 수 있게 된 것이다.

장쩌민과 후진타오의 관계는 상당히 좋지 않았다. 등소평이 이미 후진타오를 후임으로 미리 결정해놓은 상태였으나, 장쩌민은 사실 다른 인물을 세우고 싶어 했고 그게 생각대로 되지 않았다. 후진타오와 권력을 나눠야 했던 장쩌민은 항상 후진타오의 견제를 받으면서 정권을 유지할 수밖에 없었다. 그래서 퇴임 후 자신의 뒤를 봐줄 만한 배후로 시진핑을 선택했다고 볼 수 있다. 그러나 시진핑은 리커창과 손을 잡고 후진타오의 영향을 받아 장쩌민의 비리 자금 수사에 착수했다. 그 후의 권력지형은 중국 집권층 내부에서 복잡한 암투가 있었던 것으로 보인다. 최근 들어 장쩌민의 가족들이 연이어 실각한 것으로 보이고, 삼인자로 인정받던 보시라이 상무국장이 비리로 권좌에서 물러났다. 그 내부적인 사정은 후에 다시 정리해 보기로 하자.

시진핑의 개인적인 가족사를 눈여겨볼 필요가 있다. 시진핑의 아버지 시중신은 산시성의 토호로서 모택동이 대장정 당시 산시성에 도달했을 때 살아남은 병력이 전체 1/100로 줄어든 위기의 상황에 재기할 수 있도록 결정적인 도움을 주었던 인물이다. 그 계기로 모택동 정부에서 부총리 자리에까지 오를 정도로 황금기를 누렸으나, 잠시 모택동의 반대편에 섰다가 실각하면서 16년간의 몰락을 겪는다.

이때 어머니의 후광으로 중앙정치부에 입성하여 관료가 된 시진핑은 군사위원회 비서장으로 차근차근 승진해나갔고, 국방부장의 비서관 자리까지 올라서게 되었다. 중앙 정계로의 진출 기회가 있었지만 과감하게 뿌리치고 허베이성(河北省)으로 가서 푸젠성과 저장성의 성장을 지냈다.

커화 주영대사의 딸과 결혼하였으나 곧 이혼하게 된다. 그 이혼의 결정적인 이유가 펑리위안이라는 국민가수를 만나고 난 후부터라고 한다. 1987년 펑리위안이 시진핑을 처음 만났을 당시 일개 현의 장에 불과했으나 그의 근면함과 사람됨을 한눈에 알아보고 결혼에 이르게 되었다고 한다. 이후 2007년 상해 서기 자리에까지 오르게 되면서 승승장구하게 된다. 상해 서기는 권력 서열 20위권 안에 안착할 수 있는 막강한 자리인 데다가 시진핑 직전에 장쩌민이 맡고 있었고, 상해가 폭발적으로 개발되고 있던 시기였기 때문에 당시에는 최고의 요직이었다.

처음 상하이 당위원회 서기로 입성하며, 관내에 호화 사저를 준다고 했을 때 그는 "이런 시설은 관료들의 양로원으로 써라, 난 이런 데서 안 산다."라며 따로 저렴한 사저를 얻어 생활했고, 이·취임식때는 상하이시에서 전용 열차 제공해주겠다고 하니까 "됐다, 나는 7인승 미니버스 타고 가겠다!"며 스스로 새로운 모범을 보여준 일화는 유명하다. 심지어는 상해 서기로 있으면서 자기 식솔들을 상해에서 내보냈다. "내 가족이 상해에 있으면 돈 받고 찝쩍댈 수 있고 비리에 연루될 수 있으니까 나 그거 못본다." 하면서 친인척들을 먼 곳으로 내쫓았다. 이런 모습으로 그는 중국 대중의 마음을 사로잡았다.

2010년 시진핑은 역대 가장 젊은 부주석으로 취임했고, 2012년 후진타오로부터 총서기를 승계받고 장쩌민으로부터 군사위 주석을 받아 2013년 3월부터 본격적으로 자신의 정치 행보를 펼쳐나가기 시작했다.

그의 아버지인 시중신의 업적도 그가 최고의 자리에 오르는 데 일조했다. 그의 아버지가 잠시 숙청당했다고는 하지만 사실 공산당 권력 중추에 밀접하게 연결된 인물이었다. 등소평 집권 체제 속에서 16년 만에 당시 주월래의 도움을 얻어 시중신은 복권되었다. 그 후 시중신은 등소평의 개방 정책 과정에서 선전, 주하이, 샨터우, 샤먼 이렇게 4개 지역에 경제특구를 만드는데 핵심적인 역할을 해냈다. 기존의 경제특구들은 바다나 해안가 주변으로 개발되었고 내륙에는 없었다. 하지만 그가 내륙에 경제특구를 선도적으로 건설하여 성공으로 이끌었다. 이런 아버지의 후광을 업고 시장주의자의 아들이라는 이미지로 개방주의를 선호하는 사람들에게 호감을 얻게 된다.

한편 현 총리인 리커창은 행정부 수반이 되기 전에 감찰을 담당하는 부서에 있었다. 그는 2010년 운남성 현지 시찰을 갔다가 저소득층 집을 둘러보고는 지나치게 형편없고 열악한 환경에 분개하며 현지 관리인들에게 질타하고 역정을 냈는데, 이것이 그대로 방송을 타고 알려지게 되면서 인민들을 자기 몸처럼 보살피는 관료라는 이미지를 심어주었다. 대중의 인기와 기대 속에 시진핑과 리커창은 중국의 젊은 차세대 지도자로서 주목받아 왔다.

시진핑은 중국의 국제사회에서의 역할을 다음과 같이 표현했다.

"화평굴기(和平崛起), 평화로운 가운데 중국이 강력하게 일어나겠다. 유소작위(有所作爲), 적극적으로 참여해서 중국의 의도대로 실천했다. 대국굴기(大国崛起), 대국으로써 우뚝 서겠다."라는 교시들을 꺼내놓았다. 후진타오를 계승하여 양적인 성장에서 질적인 성장을 이끌고, 지역과 민족적, 계층적인 차별의 격차를 해소하고, 환경을 보호하며 에너지 강국으로서의 발전을 선언하며, 이를 중국 특색의 사회주의라고 선포했다.

2015년 시진핑 정부의 주요계획

공무원 급여의 현실화와 직급에 따른 한정 수당의 폐지

원래 중국은 승진하지 못하면 임금이 인상되지 않는다. 그러나 직급과 상관없이 임금을 올려줌으로써 관료사회의 경쟁을 붙이는 것이다.

사법 독립

중국은 지금까지 사법부와 행정부가 인민위원회에 함께 붙어있었다. 이들을 독립시켜서 수뇌 법정과 같은 형태를 만든다는 것이다.

검찰의 강화

중앙규율검사위원회 같은 기관을 신설하였다.

문화예술통제강화

중국과 맞지 않는 외래문화들을 제지하겠다.

영토주권과 해양 권익의 강화

해군 군사력을 강화해서 남중국해와 대만 앞바다 쪽으로 나오려고 하는데, 미국이 대만에 무기 수출도 하고, 필리핀에 잠수함기지를 세우는 등 주변국을 이용해 봉쇄하려고 한다. 그러나 중국은 이미 달 착륙 선언을 시작으로 항공모함의 추가 건조, 핵잠수함 추가 진수까지 꺼내면서 대양 해군으로의 성장을 장담하고 있다.

총체적으로 중국의 정치와 주요 인물들의 성장 과정을 보면서 인상적인 것은 이들이 출신과 파벌과 관계없이 오랜 시간 동안 실무와 업적을 쌓아오며 스스로 능력을 키워왔으며, 그런 인재들을 양성하고 단련하며 차기 지도자로 성장시켜온 중국 정치의 뿌리 깊은 관료 양성 시스템이 존재한다는 것이다.

　이렇게 훈련된 엘리트들 속에서 최상의 후계자를 선출하고, 그들에게 10년이라는 전폭적인 통치 기반을 제공하는 속에서 안정적인 정책 추진과 국가운영을 진행하고 있다. 물론 민주적인 기반 속에 국민의 선거로 선출되는 우리의 방식과 전면적인 비교는 불가하겠지만, 정치가와 행정가들을 제대로 검증하고 길러내는 이러한 시스템이 우리나라에도 있었으면 하는 바램을 가져본다.

중국의 군사력과 대미전략

중국과 한국, 일본은 경제 대국이며 군사 강국이기도 하다. 공식적으로만 발표된 각 나라의 군사 비용은 미국 약 6,750억달러, 중국 약1,300억달러, 뒤를 이어 러시아 60억, 프랑스 58억, 영국 약 57억, 일본 약 54억, 한국이 약 28억, 군사비에 지출에 있어 대부분 40~60%는 인건비라고 한다. 미국은 전 세계에 파병된 미군의 인건비와 후생비용으로 60% 이상의 돈을 쓰고 있다. 따라서 계속 감축되고 있는 군사비로 최신 무기 개발이나 군비증강을 할 수 없는 상황이다.

중국은 1천억달러 정도 쓴다고 하는데 실제로는 이보다 3~4배 더 쓰고 있는 것으로 보인다. 현재 중국이 진행하는 우주개발만 봐도 그렇다. 달탐사를 위해 미사일과 200개가 넘는 위성을 발사했다. 항공 우주 기술을 따라잡기 위해 쓰는 비용이 1천억달러 이상이고, 그 외에 민간 부분에 쓰이고 있는 돈도 있으므로 실제로는 3천억달러 이상 쓰고 있을 것이라는 게 군사 전문가들 지적이다.

미국이 군사 비용의 60% 가까이 인건비로 지급하고 있지만 중국은 그 5%만을 인건비로 지급하고 있다. 중국 군인 한 명의 연봉이 미국이 약 1/500 정도밖에 되지 않는다. 중국에서 최하위 병사, 우리나라로 치면 이

등병의 연봉이 약 30~50만원정도 밖에 되지 않는다.

중국의 군비 증강을 역사적으로 보자면 50년대 국·공전쟁 이후 80년대까지 중국의 주적은 러시아였기 때문에 자국 영토에 러시아가 인접해 있는 지역을 지키기 위해서 보병과 전차 군단에 집중적으로 투자했다. 90년대 들어서 육상전투에 대한 비중이 감소하면서 전략핵무기나 차세대 전투기, 대항 해군에 대한 투자로 중국의 추세가 바뀌었다. 현재 단순 수치의 병력만 보면 중국 228만 명, 미국 156만 명, 러시아 95만 명, 한국 60만 명, 일본 약 24만 명 정도이다.

그동안 중국은 공군과 해군이 미군이나 일본군보다 가장 취약했다. 실제로 미군은 대만과 일본 남단의 규슈 열도와 필리핀을 연결하는 해상 봉쇄선을 지키고 있었는데, 중국 군함이 그 선을 넘은 적이 없었다. 그런데 최근 들어서 중국은 그러한 시도를 진행하고 있다. 중국은 자체적으로 항공모함을 건조하고 연안해군에서 대양 해군으로 확장해 나가려 하지만 여전히 미국의 그물에 갇힌 오리 정도라는 생각을 하게 된다.

중국의 군사 부분 핵심 전략을 살펴보면, 첫 번째로 중국 대륙과 대만이 제삼자의 개입이 있을 때 이를 저지하는 것이다. 개입할 수 있는 제삼자란 공개적으로 지칭하는 것으로 중국의 평화를 지키기 위해 미국을 최우선적으로 미국을 경계해야 한다고 말하고 있다. 동중국해, 대만과 필리핀을 연결하는 항로가 막히면 석유 수입에 있어서 중요한 수입로를 잃게 되기 때문에 그 주변으로 봉쇄를 당하지 않기 위한 최선의 노력을 하고 있다.

만일 미국 항모전단 1개 함대가 중국 근안으로 진입해서 해상 국지전을 치르게 될 경우, 중국군의 전체 화력 가운데 60~70% 정도를 쏟아부어야 격퇴할 수 있는 수준이라고 보는 것이 맞다. 미국은 항공모함 11개 함대를 갖고 있고, 중국은 2개 함대를 가지고 있으므로 최소한 해군력에서 중국은 미국의 상대가 될 수 없다. 특히 중국은 미국처럼 실전 경험을 가지고 있지도 못한 것이 큰 약점이기 때문이다.

중국은 미국과의 압도적인 군사력 차이를 극복하기 위해 재래식 군비는 무의미하다고 판단하여 과감하게 전략적 군비증강을 시행 중이다. 발표만 되었을 뿐 실체는 아무도 모르지만 달 착륙이 가능한 미사일 기술을 확보하고 있으며, 스텔스기도 자체 개발했다고 발표했다. 또 잠수함에서 대륙 간 탄도미사일을 쏠 수 있는 기능을 갖춘 핵 추진 잠수함을 건조 중이며 6대까지 건조하겠다고 한다. 이러한 내용과 장비들을 국제 사회에 흘리면서 스스로 군사력을 과시한 셈이다.

그래서 미국은 2010년부터 일 년에 한 번씩 중국 군사력 동향 보고를 발표했다. 작년 보고서의 경우 중국 군사 전략과 증강, 정찰 위성이나 스텔스 기술, 중국 최초의 항공모함 랴오닝호에 대한 분석 등의 내용이 정리되어 있다고 한다. 중국 입장에선 엄밀히 국권 침해이고 자국의 군사 비밀 누출인데, 긍정도 부정도 할 수 없는 상황에 덜컥 한·미·일 군사 협정이 체결되고 한국 땅에서 중국을 다 들여다볼 레이더와 미사일 기지, 제주도의 해군기지 등이 들어서는 것을 수수방관하고 있지는 않을 것이다.

중국군의 또 하나의 특징은 인민해방군이라는 군대의 지휘를 당이 한다는 것이다. 이로 인해 파벌이나 세습, 권력집중 등이 생기지 않아 일부 군인들의 쿠데타 같은 음모를 꾸밀 수 없다. 그래서 중국 군대는 비리나

파벌이 배제된 상태로 일종의 행정기관처럼 운영되고 있다. 군 자체적으로 사업도 하고 토목도 하는 등 운용 체제가 갖춰져 있는 것이다. 우리나라처럼 상명하복을 통해 이루어지는 하부조직의 개념이 아니라 독립된 정치 세력으로 이해하는 것이 옳다.

육군의 방어전략

중국은 전 국토를 '군구'라고 해서 7개 구역별로 나누어 주둔 부대가 지킨다. 7개의 군구 가운데 북경에 군사력이 가장 많이 집중되어 있다. 기갑부대 사단 2, 여단4, 보병 17개 사단, 미사일 기지 11개, 공군 6개 사단, 전투기 900대 이상이 배치되어 있다고 한다.

그다음 중국 군사력의 넘버 2는 심양군구이다. 심양은 러시아와 한국의 접경 지역으로 30만 명의 병력이 주둔하고 있다. 전차 2,000여 대, 장갑차 1,800대 정도로 중국에서 움직일 수 있는 기갑사단은 전부 심양에 있는 것과 마찬가지로 유사시에 기동성을 발휘하기 위해 기갑사단을 집중적으로 배치한 것이다. 미사일 부대나 전투기 부대가 북경으로 집중되어 있으므로 화력은 가장 세지만 중국의 가장 힘 있는 전차부대나 기갑부대들은 북한에 인접한 요녕성 지구에 집결되어 있다는 사실을 눈여겨보아야 한다. 한반도와 러시아에 변화가 생겼을 때 최우선적으로 대응한다는 전략이 세워져 있는 것이다.

예전에는 중국에서 주로 빈농의 자제들이 입대한다는 말들이 있었는데, 요즘은 입대 지원한 대학생 100만 명 중에 60만 명 밖에 못 들어간다고 할 정도로 지원자가 크게 증가했다. 중국군에서 3년의 정식 군 복무를 마치고 나면 당원이 될 수 있고, 취업도 보장되며 평생 90%씩 연금이 나온다. 군 복무 중 부상을 겪으면 부상의 정도에 따라 집 한 채 사주고 최소한 60만원 정도의 보상연금을 평생 지원해준다. 중국은 군인들이 이동을 안 하므로 자기 동네에 3년간 있는다. 거의 훈련도 안 하지만 대신 노동을 한다. 지역에 주둔되어 있는 군인들이 노동 인력을 많이 제공한다. 주말 2~3시간 외출시켜 주는 것 말고는 휴가나 특박이 없다는 것이 특징이다.

해군의 방어전략

늘 대항 해군을 주장하고 있었으나 지금까지 힘을 발휘하지 못하고 있는 상황이었다. 그런데 이번에 6만5천 톤 급의 중국 첫 항공모함 랴오닝호가 처음 취항했다. 비행기 약 50여 대가 들어가는 중형이지만 첫 항모를 자체 건조했다는 것에 큰 의미가 있다. 중국에서 취항할 수 있는 일반 전투기의 거리는 2,000km가 못 된다. 그 말은 1,000km 갔다가 1,000km 돌아와야 하므로 작전 반경을 1,000km 이내로 한정한다는 말이다.

그런데 중국해상에서의 1,000km는 센카쿠 열도가 한계이기 때문에 공군력으로 지키기에는 거리가 너무 멀고 해군력으로 지키기엔 범위가 너무 넓어 항모의 운용이 절대적으로 필요했다. 랴오닝호는 한국의 이어도와 센카쿠열도, 대만 주변에서 집중적으로 활동할 것으로 미국과 일본이 이 활동을 통한 해상전투력에 대한 변화에 대해 가장 예의주시할 것이다. 현재 중국의 군사력은 미사일과 우주기술에 집중되어 있다. 중국이 보유하고 있는 핵무기의 숫자가 400개가 넘느니 1,000개가 넘느니 말이 많지만, 발표된 것만 2,000개가 넘고 실제로는 7,000개 이상으로 추정되는 미국에 비하면 새 발의 피이다. 그래서 중국이 수소폭탄을 갖고 있다고는 해도 미국으로 쏴 보내지 못하면 위협이 안 되기 때문에 달을 가겠다고 자꾸 고고도에다가 수천억씩 들여서 미사일 쏘는 연습을 한다. 미국 입장에서는 중국 달 착륙 계획이 굉장히 찜찜하고 불안한 상황이다.

2014년 중국 국방백서에 유사시 선제공격도 할 수 있다고 적시했으나, 곧 선제공격을 하지 않겠다고 말을 바꿨다. 중국의 핵기술은 대기권을 거치지 않고 일단 궤도 밖으로 나가서 한번 돌았다가 재진입해 공격한다는 내용이 있다. 위성을 쏘는 미사일 기술이면 할 수 있지만, 음속의 20배 속도로 탄두가 낙하하면 요격이 매우 어려워진다. 대륙간탄도미사일의 실제 능력을 보여준 적은 없는데 100기 이상을 쏠 수 있는 능력이 있다고 협박하고 있다.

또 중국은 핵잠수함 개발에 꾸준히 투자하고 있다. 국내 해역에서 일어나는 잠수함 사고들이 중국 잠수함과 무관하지 않을 수도 있다. 한·미·일 3국이 한반도에서 중국 잠수함 기술을 살피고 저지할 수 있는 훈련을 집중적으로 하고 있다. 현재 중국은 대륙간탄도미사일 16개를 실을 수 있는 12,000톤 급 초대형 잠수함 5척 정도가 활동 중이라고 발표했다. 만약 사실이라면 이 양만 가지고도 전투에서 미국을 완전히 수면 아래로 가라앉힐 수 있으므로 앞으로 한·미·일 군비는 잠수함과 대잠수함능력과 해상봉쇄 작전 관련한 군비의 증강과 레이더 기술, 미사일 기술 저지에 집중적으로 투자될 것으로 보인다.

결론적으로 현재 중국 군사력은 아직까진 국지적 수준이고 미국과 대등한 전력은 아니다. 2040년이 되면 미국과 중국의 GNP, GDP가 비슷해질 것이고 미국과 동등한 군사비용을 투자해 군사적으로도 비등한 수준에 오를 수도 있다. 물론 중국의 성장을 미국이 가만히 눈 뜨고 바라만 볼 것인지는 기대하기 힘들겠지만…. 그전에 미·중간에 전쟁이 발발하면 어떻게 될 것인가? 중국이 미국의 침략을 막을 방법은 있는가?

가설이지만 한 가지 방법이 있기는 하다. 미국이 위성 지원을 전혀 받을 수 없는 상태가 되면 사실상 전쟁은 절대 불가능하다. 그래서 중국이 지구궤도에 띄워놓은 200개가 넘는 위성들이 사실은 대부분 자폭용 위성들이 아닐까 하는 군사전문가들의 의혹이 제기되고 있다. 유사시 전쟁이 발발하면 그 위성들이 자폭해서 발생하는 엄청난 양의 파편들로 주변 궤도를 돌아다니는 2,000여 대의 미국 위성을 파괴하면서 지구 상의 위성 통신이 완전히 사라지게 하는 것이다. 그렇게 되면 첨단 무기를 배제한 재래식 전투를 할 수밖에 없게 되겠지만, 인류는 50년대의 환경으로 돌아가야만 하는 불편을 겪을 것이다. 그런 상황이 일어나진 않겠지? 설마?

미국 노골적인 사드의 강행배치 추진 왜?

미국이 싸드(THAAD) 미사일의 발사를 강행하며, 동아시아에 새로운 긴장을 일으키고 있다. 그럼 싸드는 어떤 미사일인가? 과연 적국의 탄도 미사일을 막아내고, 북한의 핵 위협에서 한국을 지켜주기 위함이라는 미국의 주장은 근거가 있는 것인가?

초기 개발할 때에 싸드는 록히트 마틴 등 미국 군수업체와 미국 국방성 주도로 연구가 이루어지고 있다는 아직은 실전 배치와 사용 실적이 없는 실용화 추진 중인 미사일이라고 봐야 한다.

싸드란 '최종단계 고도 지역방어 시스템'을 줄여 부르는 말이라는데, 한마디로 적국이 발사한 탄도 미사일을 그 미사일이 최종 고도에 올라가 정점에서 속도가 줄어드는 몇 초 사이에 요격하겠다는 미국의 신병기이다.

그래서 적국 미사일을 발사하는 순간을 탐지할 수 있는 2,000km에 이르는 강력한 레이더가 필요하고, 그렇게 감지한 탄도 미사일을 6.12m 크기의 미사일을 마하 8 속도로 발사해서 150~200km 상공에서 격추한다고 한다.

사실 많은 군사전문가는 이 미사일이 진정한 요격 능력이 있는지 의심하고 있다. 싸드가 탄도 미사일을 요격 가능한 구간은 미사일이 최고도에 이르는 대기권 밖이고 이런 지역에서 실제 요격 실험을 해본 적이 없기 때문이다. 미군은 미사일이 속도가 주는 여건을 상정해 고고도에서 비행기에서 수평 발사한 미사일을 요격하는 훈련만 했을 뿐 실제 탄도 미사일을 상대로 실험하거나 성공한 적이 없다.

뭐 기술적인 문제는 미군의 주장을 다 믿어준다고 하더라도, 대기권 밖의 비행 물체를 사거리 200킬로 미만의 미사일로 불과 10초 이내에 정확히 요격한다? 나는 주몽이 날아가는 기러기를 활로 쏴서 맞출 확률보다 어렵다고 본다.

미국은 이러한 싸드를 한국에 배치하기 위해 다양한 정보공작을 시도했다. 특히 북한이 검증된 미사일 능력을 갖춘 상태에서 핵무기의 소형화를 완성했다고 주장하며, 한반도의 핵전쟁 가능성을 흘리고 있다. 우리 정부와 사전 조율도 하지 않은 상태라면서, 주한미군 사령관은 이미 2014년 싸드 배치를 본국에 요청했다고 하고, 그에 맞춰 한반도 전역을 조사해 경기 평택, 강원 원주, 부산 기장을 후보지로 선정해 두었다고 발표했다. 심지어 미국의 군사전문지의 보도로는 텍사스 공군기지에는 한반도 배치용으로 싸드 1개 포대를 이미 준비해 두었고, 실제 몇 시간 이내에 한반도에 수송할 수 있는 준비를 완료했다고 한다.

싸드의 배치에 가장 민감한 나라는 중국이다. 우리 서해안 부근에 싸드용 레이더가 설치되면, 최대 2,000km에 달하는 감지 거리로 인해, 중국 대륙 외곽의 모든 군사시설과 탄도 미사일 기지들이 감지되기 때문에 강력하게 반발하는 것이다. 인접한 러시아도 일부가 이러한 감지의 영향권에 들게 되어 중국의 입장과 같은 태도를 보이고 있다. 이에 중국은 우리나라에 미치는 경제 영향력으로 압력을 행사하기 시작했으며, AIIB(아시아 인프라 투자은행)을 통한 당근을 함께 던지며 외교적으로 압박하고 있다.

이러한 중국과 협상을 위해 미국은 다양한 꼼수를 던지고 있다. 1단계로 한반도와 주한 미군의 안전을 위해 방어용 장비로서 미군 기지 내에 미사일 기지의 필요성을 강조하게 시작했다. 2단계로 싸드의 배치지역을 내륙 동편의 대구 인근으로 지정하여 일단 중국에 직접 영향권이 없는 지역을 택했다고 설명한다. 3단계로 이 지역에 배치되는 싸드 시스템은 사드 레이더 가운데 조기에 적국의 미사일 발사를 탐지하는 '전진 배치용'을 제외하고, 미사일이 정점을 지나 낙하 단계에서 미사일을 탐지해 요격을 유도하는 '종말단계용'만을 들여오기로 방침을 세웠다고 밝혔다. 이 경우 레이더의 탐지 영역이 600km로 줄어 중국에 영향이 없다는 주장이다.

또 싸드 레이더의 위치를 북한 쪽으로 고정하겠다고 선언하고, 이미 대구 지역에는 탐지 거리 600km의 그린파이 레이더기지가 운용 중으로, 이 시스템으로 인한 중국에 대한 추가 위협은 없다고 강변한다. 어쨌든 이러한 회유책이 얼마나 먹힐지, 그리고 그 기술적인 속내는 알 수 없지만 미국은 우리나라와 협의도 거치지 않고 2017년 배치를 선언해 놓았다.

그럼 싸드는 누구를 위한 방어 시스템일까? 북한이 우리나라를 핵 공격하기 위해 대기권 밖에서 진입할 중장거리 미사일을 쏠 이유는 전혀 없다. 북한의 주력 미사일인 스커드형 미사일은 싸드의 요격 대상도 아니고, 그럴 수 있는 시간적 거리적 여유도 없다. 결국, 싸드의 배치는 중국과 북한의 군사적 위협에 대해 걱정하는 미국 국민들을 안심시키기 위한 정치적 업적이고, 미국 방산기업을 위한 새로운 사업 수요를 제공하는 일이며, 한미일의 군사동맹 완성을 선언하는 외교적 도구일 뿐이다. 이것을 위해 우리 국민은 무엇을 희생해야 하는가?

일단 비용 면에서 1개 포대의 배치와 운용에 들어가는 2조~3조의 비용을 감당해야 한다. 정부는 싸드의 구매계획이 없다고 하지만, 미군은 벌써 방위 분담금 인상의 형태로 비용의 전가를 주장하고 있다. 또 유사시 적국의 제1 공격목표가 될 싸드 시스템으로 인해, 북학과 중국, 러시아 등의 잠재적인 군사적 위협을 감수해야 한다. 지역주민들의 반발과 불안은 물론 기지 주둔에 따른 생활의 불편도 감수해야 한다. 특히 싸드는 레이더 운용시 발생하는 막대한 전자파로 인해, 반경 5~6킬로에 달하는 지역을 통제해야 한다. 대구 인근에 36㎢에 가까운 토지를 한미군사협정에 따라 무상 제공해야 하는데, 그 땅값만 해도 비용이 얼마인가? 그래서 정치적인 고려와 주민의 성향까지 분석해서 뜬금없이 대구지역을 선정한 것은 아닐까? 그리고 한번 배치되기 시작한 싸드 미사일을 한반도 전역을 방어한다는 논리로 계속 주둔 기지를 늘려 가려 한다면 우리 정부는 그것은 거부할 능력이 있을까?

그리고 군사 주권을 전시작전권 환수거부로 포기한 정부가, 우리나라의 경제 주권을 쥐고 있는 중국과의 틈새에서 고립되지 않고, 국익을 최우선으로 한 외교정책을 펼칠 수 있을지 매우 걱정이다.

중국과 한국 일본의 군사력의 허와 실

우리나라의 해군력은 함모의 전투능력이나 폭격 능력의 유무를 떠나, 사실상 주변국을 공격할 능력이 없으므로 외국에는 전혀 위협이 될 수 있다. 우리의 해군력으로 중국이나 미국을 상대로 지켜야 한다고 하면 현재 기준에서 우리가 지킬 수 있는 한계는 연평도 정도에 불과하다. 우리 해군은 먼바다에선 공군력의 지원도 못 받는다. 한국 비행기들은 모두 1,500km 안쪽에 작전반경을 갖고 있으므로 일본의 독도를 침략한다고 하더라도 독도까지 날아가서 20분 안에 상황을 해결하고 돌아오지 않는 이상 비행기는 바다로 추락하고 만다. 실전 배치된 미사일도 500km 내 사거리 인지라 침입을 막는 수비적인 입장에서만 전투력을 발휘할 수 있다.

이웃나라 일본의 경우도 들여다보자. 일본은 평화 헌법으로 자위대를 갖추고는 있으니 사실상 육상 자위대는 큰 의미가 없다. 자위대에는 해병대도 상륙군도 없다. 일본 본토에 침입 상황에서만 출동할 수 있으므로 외부에 나갈 수 있는 능력이 없다. 일본은 해상자위대에 집중적으로 투자하기 때문에 구축함, 호위함, 기뢰함과 같은 배들이 미국과 대등할 만큼 많다. 그러나 주로 미국 핵 항공모함을 호위하는 용도로만 설계가되어 있어 독자적인 작전 능력을 갖춘 배는 한 두대 정도이고 나머지는 다 미국 해군에 붙어가게 되어있다.

미국은 일본에 기뢰함 29척이나 사게 하고는 자위대 해군에게 해상의 기뢰들을 제거하는 훈련만 집중적으로 시켜서 소해작업 능력은 일본이 세계 최고가 되었다. 또한, 일본은 미국을 대신해 PC-3 대잠초계기를 통해 러시아 잠수함과 중국 잠수함이 일본 연근해를 지나가는 것을 감시한다. 미국이 일본에 이지스함을 팔 때도 애당초 대함 미사일을 팔지 않았기 때문에 일본 배에는 방어만 가능할 뿐 공격할 수 있는 미사일 자체가 없다. 공군력에서도 일본은 미국이 집중적으로 팔았던 F-15를 일본형으로 개조하여 F-15J를 만들었다. 그래서 공중전에서는 무적인 전투

전용기들이지만 지상을 타격할 수 있는 미사일이 없다. 일본에는 약 850대의 F-15가 있으나 날아오는 적국의 비행기를 요격할 수 있을 뿐 적국에 대한 폭격은 불가능하다. 그럴 시스템과 소프트웨어, 지대공 미사일 등을 미국이 팔지 않았기 때문이다. 그래서 일본은 더욱이나 미국 군사력에 기댈 수밖에 없다.

일본은 미국의 GPS 위성을 일본 상공에 띄우고 있는 정지위성을 통해 3cm 오차 범위 내 동아시아 주변의 지도를 미국에 제공하고 있다. 그 위치와 군사 정보를 가지고 유사시 원거리 미사일 폭격과 같은 공격을 취하게 되는 것이다. 그런데 그 시설들의 일부가 한국으로 이전해서 들어오려 한다. 중국과 러시아를 견제하기 위한 고고도 방어 미사일 사드를 배치될 것이라 예상된다. 그 미사일 1기에 2,000억 씩, 10기가 한 묶음으로 한 부대가 2조원이고 전 국토를 커버한다는 명분이면 5개 부대 이상이 배치해야 한다나? 우리에게는 스위치도 맡기지 않을 거면서 그 돈을 우리 세금으로 물리려고 하지 말기 바란다.

결론적으로 한국이나 일본은 선택의 여지가 없었다. 중국과 손을 잡을 수 없다면 미국이 하자는 대로 해야 하는 입장이다. 만약 국지적으로 북한에서 무슨 일이 생겨서 중국이 개입하거나, 중국 군함과 한국이나 일본 영해에서 국지전 같은 상황이 생긴다고 하면 일방적으로 당한다.

한국에 조기 경보기가 있기는 하지만 모든 데이터가 한국군대로 들어오지 않고 한미연합사령부로 간다는 사실! 공중 국유기를 도입 좀 하자고 그래도 죽어도 못 사게 한다는 것! 그 속내는 "한국군은 그냥 한반도에 있어, 필요하면 일본에서 공중 급유기 빌려줄게." 하면서 예정했던 도입 시기는 2015년에서 2020년으로 또 밀려가고 있다.

지금 대한민국이 주적이라고 명시한 북한을 두고, 전혀 상관없는 미국의 총알받이를 위한 군비증강을 하고 있다는 점에 공감할 사람은 얼마나 있을까?

알고도 속는 한중 FTA

한중 FTA라고 말을 하지만 한마디로, 이것 또한 완전한 대국민 사기극이다. FTA는 양국 간의 실무사항을 계약서로 작성해서 각 정부가 지방 정무나 무역 조항을 자세히 검토한 끝에 비준안을 거쳐 승인받는 것이 원칙이다. 하지만 이 협상은 일단 문서 작성 자체가 없다. 특히나 중국과의 경제적 문서는 더더욱 중요한 데 말이다.

2008년 한미 FTA 때는 국내에서 한글로 번역된 내용과 영어로 기술되어 있는 내용이 다르다고 해서 비준안 처리에도 한참이 걸렸다. 중국도 각 성들의 세무나 행정관계 등을 검토해야 하고, 개성공단 문제처럼 한미 FTA가 중국에 미치는 영향이나 중국과 비교했을 때 한미 FTA와 겹치는 조항은 없는지 등 법률적인 철저한 검토가 이루어진 다음 의회를 통한 비준이 통과되어야 하는데 그 과정들을 다 무시하고 일방적인 발표만 하였다. 이것은 APEC 정상회담 기간에 FTA를 발표하여 마치 중국과의 경제 협력이 매우 잘 이루어지고 있는 것처럼 보이기 위한 성과 아닌, 쇼를 보여준 것이다.

현재 우리나라의 최대 교역국은 중국이다. 중국도 우리나라가 세 번째 교역국으로써 양국의 교역 금액만 3,800억달러가 넘는다. 미국과의 거래

와는 비교도 안 되는 수치다. 솔직히 우리나라가 자동차 수출을 빼놓고 나면 미국과 거래할 물건이 일부 공산품과 무기밖에 더 있던가?

더구나 중국과의 세부 협상에서 핵심 공산품 두 가지, 자동차와 석유화학 제품 등을 2020년까지 미뤘다. 농산물 부분에서도 쌀, 돼지, 소, 닭과 같은 주요 식료품에 대해서 20년씩의 유예를 시켜놓았다. 협상안에서 고추, 마늘, 파 등 주력 상품들을 제외한 상태에서 메밀, 기장, 수수, 절임배추 등이 FTA로 되었다고 해서 얼마나 영향이 있을까.

한국은 휘발유 사용을 위해 원유 수입을 굉장히 많이 하고 있다. 그 원유의 화학적 가공을 통해 나오는 부산물, 나프타를 수출하는 비중이 원유 수입 못지않은 규모여서 때문에 국내 수출품목 1위인 석유화학과 2위인 자동차를 농업 분야에서 얼마나 양보를 잘 받고 수익을 낼 수 있는가에 대한 기대가 있었다. 그러나 그런 이득을 얻지 못했다. 실질적 이득은 하나도 챙기지 못한 상황에서 한중 FTA 타결로 세계 무역의 영토를 넓혔다느니, 세계 5위가 되었다는 등의 거창한 언론 보도만 시끌벅적하게 내보였다.

무역 영토나 세계 5위라는 말이 들었을 때는 마치 우리나라가 무역 대국이나 된 것 같은 느낌이지만 현재 자유무역시장 확보 순위를 보았을 때 1위부터 4위까지 차례대로 칠레, 페루, 멕시코, 코스타리카 그리고 그 뒤를 이어 5위 한국이다. 저 나라들 가운데 우리나라 빼고는 국민소득 1만 달러도 안 된다. 그들은 어차피 농업 국가이기 때문에 주변 국가들에게 다 퍼주고 있는 나라다. 침탈당하고 있는 나라들 레벨 안에 끼어 있는 것이다. 저 중에 미국, 일본, 중국 하나라도 끼어있으면 이런 순위를 자랑이라도 하겠다. 왜 일본이 아직도 중국과 FTA를 안 하고 있겠나? 피차 손해가 나니까 안 하고 버티고 있는 거다. 우리 논리대로라면 일본과 중국이 가장 먼저 FTA를 해야 하지 않는가?

농산물 생산량 1위 미국, 2위 중국. 국내와 비교 대상 자체가 안 되는 규모이다. 유예했음으로 중국산 쌀 개방을 막았다고 하는데, 이미 쌀 관세화가 선언되었기 때문에 40% 이상 물기만 하면 사실상 얼마든지 수입될 수 있는 구조이다. 소고기, 돼지고기 가공식품들 역시 사람들이 중국산은 품질 떨어져서 못 먹는다고 하지만, 중국에서 사육했다고 맛이 없고 한국에서 사육했다고 맛있는 거 아니지 않은가?

FTA로 가장 무서운 건 중국이 만든 걸 한국으로 갖고 들어와서 침탈하는 것이 아니라 역으로 우리가 중국에 가서 농산물을 재배하고 생산해서 한국으로 갖고 들어오는 것이다. 광활한 대륙 가운데 땅 20만 평 배추 하나 심어달라고 하면 1/5 가격으로 농산물을 심어서 갖다 주기까지 하는데 한국에 농업과 유통이 그걸 당해낼 수 있을까?

특히 FTA로 자본시장에서 맞교환하는 길을 텄다고 하지만 중국과 우리는 가진 돈의 크기는 단위가 다르다. 나는 10만원을 갖고 있고 저 사람은 1,000만원을 가진 상황에서 우리 서로 사이좋게 돈 장사 하자고 하면 누가 누구 돈을 뺏어 먹겠나? 국내 자본이 중국 주식에 직접 투자할 길도 열렸다고 하지만 그 거대한 중국 돈더미에 들어가서 과연 우리가 수익을 낼 수 있을 정도의 경제력을 발휘할 수 있을까도 무척 의심된다.

개인적인 판단으로 이번 FTA의 가장 큰 위험 요소는 모바일 금융시장을 개방한 것이다. 이렇게 모바일 금융 시장이 빨리 열릴 줄은 몰랐다. 만

약 중국 모바일 금융 시스템이 본격적으로 한국에 들어온다고 하면 국내 금융시장의 판도는 완전히 달라질 것이다. 한국에서 카카오톡이나 라인, 삼성과 신한은행이 꾸준히 시도는 하고 있지만 모바일 결제 시장의 개발과 활성화는 여전히 미진한 상태이다.

일단 중국과 한국의 모바일 쇼핑 거래 금액의 규모부터 다르다. 국내 소셜커머스 1위 업체가 1년 동안 모바일 쇼핑을 통해 벌어들인 수입이 약 2조원 정도지만, 중국 1위 업체는 하루 결제 금액만으로 2조~10조원이다. 이게 싸움이 되는 게임인가? 그 안에서 유통되는 상품들과 금액의 규모는 우리의 상상을 능가한다. 우리가 은행에 돈을 넣어 두는 건 저축해서 이자를 받는 것도 있지만, 물건을 사기 위해 카드 결제 하려는 이유도 있어서 은행처럼 모바일 머니에 대한 이자를 준다는 생각은 정말 획기적인 것이다. 중국 모바일 회사 쇼핑 사이트에 입금을 미리 시켜놓으면 필요할 때마다 세계 어느 사이트 물건이든 싸게 구매를 하고, 배송료도 별 차이 없고, 쇼핑 후 잔액에 5%의 이자도 준다면, 은행의 저축이나 신용카드와 체크카드, 인터넷거래, 모바일거래 등 국내 모든 금융 시장은 한방에 다 무너지고 말 것이다.

정부는 선진금융의 해법을 찾아내서 우리가 중국시장에서 돈을 벌어야 한다고 해놓고 아무런 대비 없이 중국의 요구대로 시장을 다 개방해버렸다. 더구나 모바일 금융은 도저히 경쟁이 안 되는 분야인데, 중국 자본이 들어와서 우리 은행을 끼고 본격적인 여수신을 확대한다고 생각해 보자. 현재 우리나라에서 대출 없이 순수하게 자기 자산만 갖고 사는 사람이 얼마나 있을까. 집도, 기업도 60% 이상 은행이 가지고 있는데, 그런 우리나라 은행을 단지 3조원에 중국 자본에 경영권을 넘기면 그 은행이 담보로 잡고 있던 그 재산들은 다 중국 돈 안에서 움직일 것이다. 만약 그들이 대출 이자를 올리거나 채권연장 기간을 연장해주지 않는다면 그런 자산들 어떻게 지킬 수 있다고 장담할 수 있을까? 국내 기업 중 은행 빚 없는 기업이 없는데 이런 구조에서 어느 대기업이 자본 앞에서 힘을 쓸 수 있을까? 미국과 중국은 다른 개념인 것이, 미국은 한국으로 직접 들어와서 경영할 생각이 없다. 그러나 중국은 들어오게 되면 그대로 점령하고 살아버릴 것이다.

"대기업만 살아남는 FTA"

중국과의 금융 FTA에서 가정 걱정되는 부분은 무엇인가?

가장 걱정되는 문제로 한국과 중국의 환율을 정부가 의도적으로 조작할 상황도 생길 수 있다는 것이다. 중국에서 수입되어 들어오는 물건은 원래 싸기 때문에, 예를 들어 중국에서 들어오는 80kg 쌀이 10만원인데 환율로 12만원이라고 해도 국내에서 판매되는 70만원보다는 싸기 때문에 수입하는 부분에서 좀 비싸게 사 오더라도 수출할 수 있는 물건에 대한 환율이 높게 잡는 거다.

쌀 수입을 통해 농산물 같은 데서 나오는 손해를 자동차나 공업으로 팔 경우, 대기업들은 파는 순간 국내 환율이 높아지므로 갖고 들어오면 정산 과정 중에 환차익이 생겨서 손해를 안 본다. 한국에서 팔면 똑같이 1,000만원짜리 자동차인데 중국에 가서 1,000만원에 팔고 한국에 와서 중국 돈으로 받아서 환율 정산하면 1,100만원이 될 수 있는 환율을 조작해 나간다는 것이다. 대신 예전에는 8~9만 원에 사왔던 중국산 쌀을 10~11만원에 사 오도록 바꿔간다는 것이다. 점점 더 국민의 부담은 커지고 무역으로 생긴 수익은 또 다시 대기업에 돌아가는 상황이 일어날 수 있다.

무역 수지가 수치상으론 흑자가 났지만, 그 흑자는 산술적인 흑자일 뿐, 사실상 대기업 안에 있는 검은 비자금이며 그 바탕이 된 인건비는 중국인들이 다 가져간 것이다. 결국, 쌀을 비싸게 사 먹는 손해와 자동차를 비싸게 팔아서 남는 이익 모두를 대기업이 독식하는 구조가 생겨서 국민 가계를 오히려 더 힘들게 할 가능성이 있다.

중국의 자원외교

중국은 진정한 자원 부국이다. 미국과 중국은 참 많이 닮았다. 영토의 크기도 비슷하고 농경지의 규모도 비슷하다. 산업화 과정도 비슷한 데 미국은 이제 생산 위주에서 서비스 같은 3차, 4차 산업의 형태로 바꿔가고 있고, 중국은 세계의 공장으로써 전 세계 에너지 중에 약 20%를 소비하고 있다. 중국이 세계의 공장으로써의 역할은 앞으로도 20~30년은 더 유지될 것으로 예상한다.

현재 중국의 아연과 알루미늄 매장량에서 세계 1~2위를 다투고 있고 석유 생산량도 세계 5위이고, 매장량은 사우디와 러시아에 이어 세계 3위를 차지하고 있다. 천연가스 자원은 매장량 추정이 불가능할 정도로 풍부하며 전 세계 텅스텐 생산의 90%를 전담하고 있고 희토류 중에 가장 비싸게 팔리는 안티몬이라는 소재도 80% 생산하고 있다.

중국은 현재 세계에서 가장 많은 천연가스 매장량을 갖고 있다. 중국에서 사용하는 천연가스들은 주로 몽골에서 생산하고 있고, 특히 중국에서 소비되는 석탄 또한 20% 이상을 몽골에서 생산 중이다. 외지고 허허벌판 같았던 내몽고 지역이 현재 중국 산업생산의 전초기지 역할을 하고 있다. 등소평이 내몽고 지역을 순회하면서 그곳의 풍부한 자원들을 발견하고,

자원 개발을 위해 그 외진 곳까지 철도를 놓았다. 그래서 내몽고에서 엄청난 양의 석탄들이 중국 전역에 공급되었고, 이는 초기 중국의 산업호에 막대한 발전을 이끌었다. 특히 마창지역에서 대규모 유전들이 발견되었고 납과 아연, 구리, 마그네슘, 흑연과 같은 자원들이 계속해서 생산되기 시작했다.

개발 초기 석탄의 발전 단가는 석유의 약 20% 정도로 1/5밖에 들지 않는다. L&D나 천연가스와 비교했을 때도 1/3 수준이었다. 중국이 외국에서 수입해 온 철광석으로 철을 생산할 때, 대부분의 필요한 부자재들을 중국 내에서 저렴한 단가로 조달할 수 있어서 중국의 공업 생산력은 빠르게 발전할 수 있었다. 중국은 이 자원들을 바탕으로 1978년부터 2000년까지 평균 1년에 9.8%씩 성장을 했다. 복리로 계산하면 35년간 거의 7년마다 2배씩 성장한 것이다. 그러다 보니 자국 내에서 자원 조달이 어려울 정도로 기업이 성장하기 시작했다. 2009년 한계가 오면서 중국은 자원 수입국으로 전환 되었다. 외국 수입 원자재들을 통해서 국내 산업을 유지하는 쪽으로 정책을 바꾼 것이다.

이는 국내에서 높아진 생산비용 부담과 환경 관련 비용들이 부담되기 시작한 탓이었다. 전국에서 광산을 파헤치는 난개발이 일어나고 그 피해가 너무 확산되자 자국 자원을 보호하는 정책을 펴기 시작했다. 더구나 막대한 경상수지 이익으로 쌓이는 달러들을 소모하기 위해서라도 중국의 해외 자원개발은 필연적일 수밖에 없었다. 그때부터 중국은 세계를 돌아다니면서 자원외교를 시작하여 약탈적으로 자원을 사 모으기 시작했다.

우리나라의 MB는 자원외교에 약 60조, 약 600억달러 가까운 돈을 쏟아 부어서 14%도 안 되는 회수율을 보여줬다. 그런데 중국은 자원외교에 4조달러에 달하는 외환보유약중 2조달러, 한국돈으로 3,600조원 이상을 투입하고 있는 것으로 추산된다. 처음에는 외국의 광산 회사나 석유회사들의 채굴권을 직접 사들였는데 이후부터 세계 각지의 매물들이 나오면 전체 M&A의 매물들을 다 쓸어 담았다. 무려 세계 M&A 시장의 약 8% 가까이 중국 자본이 쓸어갔는데 그 회사들 대부분 자원개발 관련 회사들이었다.

그리고 아프리카와 중남미에 직접적인 투자를 본격적으로 시작했다. 중남미의 경우 이미 미국이나 일본 같은 선진국들이 들어와 있었기 때문에 진입에 어려움을 겪었지만, 그 당시 아프리카는 무주공산이었다. 물론 중남미에서도 큰 성과들을 거두었다. 아르헨티나에 75억달러 정도 투자하고, 베네수엘라에 40억달러 정도 투자했고 페루에서는 약 20억톤 정도의 매장량을 갖고 있는 단일 구리 광산을 30억달러에 매입했다.

그러나 중국은 자원외교의 불씨를 아프리카에 집중적으로 지폈다. 시진핑은 "중국의 꿈이 아프리카의 꿈이고, 세계의 꿈이다."라는 캐치프레이즈를 내걸고 아프리카를 순방하면서 가난한 나라에 집중적으로 돈을 지원하고 있다. 중국의 투자방식은 선지원을 하되 현금을 쏟아붓는 것이 아니라 현물을 제공하는 방식을 택했다. 그 나라에서 가장 시급한 전기나 수도, 모바일 콘텐츠, 컴퓨터 같은 물자들을 무상으로 선 공급했다. 기본적으로 자원을 개발하려면 최소 4~5년은 걸리니 손익계산 후에 사업성만 확인되면 일단 투자하는 방식을 택했다. 생필품 공장을 지어주고, 발전소도 지어주고, 컴퓨터나 휴대폰으로 현물 지원하고, 차관까지 선지급으로 줬다.

자원개발의 성과가 아직 나타나지 않는 상태에서 물건을 계속 공급해 주다 보니, 아프리카는 자체적으로 산업 생산을 할 수 없었다. 결국, 산업 전반을 중국에 의존할 수밖에 없는 관계가 되었다. 중국의 이러한 교역 방식은 전체주의 국가에 의한 통제와 대규모 꽌시가 있기에 가능했다. 서구 자본주의적인 측면에서 보면 정상적인 상거래가 아닌 편법과 자본폭력에 가깝다.

중국은 200억달러의 차관을 아프리카에 지원한 후 3~4년에 한 번씩 탕감을 해주었다. 탕감을 해주고 또 빌려주고 하는 방식으로 거래를 늘려가며, 그 나라의 자원을 지속해서 뽑아갔다. 아프리카는 생산시설이 없어서 계속 중국에 의존할 수밖에 없는 상황이 반복되었다.

아프리카 국가들은 대부분 이런 자원의 운영권을 쟁취하기 위해 내전들이 계속되고 있다. 이곳에서 정권을 획득하려 한다면 유일한 생산 설비인 유전이나 광산이 반드시 필요하다. 그래서 그 채굴권을 노리고 반군이 생겼다. 중국은 정부군과 반군을 모두 거래해 가며 유리한 조건을 수락하도록 정치 상황을 조절하고 있다. 그래서 자주적인 정부가 들어서서 채굴권 비용을 인상하려 한다면, 반군을 충동질해서 채굴권 연장에 100억달러! 그리고 10억달러 리베이트! 같은 식으로 내전을 조성하기도 하는 것이다. 물론 이것이 공식적인 것은 아니지만, 이런 식으로 중국은 아프리카의 자원들을 거의 독식하다시피 하고 있다.

중국이 처음 아프리카에 들어갔을 때는 프랑스나 영국이 갖고 있던 식민지 지분을 매입하는 식으로 시작했다. 매입 후에는 지원 등의 공생적인 관계를 유지하다가, 이런 약탈적인 관계를 고착화해버리는 것이다.

중국은 이렇게 확보한 자원들로 제품을 생산해 부를 쌓아왔지만, 국제적인 빈부 격차 해소, 탄소 배출과 온실가스 등 환경오염에는 무책임하다는 비판을 듣고 있다.

안정적인 자원을 확보한 이후에는 효율적인 수송로 확보를 위한 투자가 시작되었다. 탄자니아에 바가모요 항구를 접수하여 중앙아프리카의 교통로를 열고, 외환위기로 채무불이행 선언을 했던 그리스의 가장 중심적인 피레우스 무역항과 부두터미널에 대한 사용계약을 자금 지원을 조건으로 확보했다. 다음으로 그리스와 연결되는 미얀마의 시트웨 항구를 접수하고, 스리랑카의 함반토타 항구를 접수하고, 파키스탄의 과다르 항구를 접수하여 안전하게 해상 운송할 수 있는 중간 거점들을 확보하였다.

심지어 베링해협에 지하터널을 뚫는 공사를 추진 중이라고 한다. 베링해협은 세계에서 가장 험한 뱃길인데 위치상 그 해협을 지나지 않으면 미국으로 넘어갈 수 없어서 지하터널을 시도하고 있다. 더 놀라운 것은 니카라과에 대규모 운하를 건설하고 있다는 사실이다. 현재는 미국이 독점하고 있는 파나마 운하보다 3배나 길고, 물동량이 2배나 큰 규모의 운하를 중국의 순수 자본을 투입하여 건설하고, 앞으로 100년 동안 운영하겠다는 조건으로 50조원을 들여서 공사하고 있다. 이 운하가 개통되면 태평양과 대서양을 연결하는 국제 무역의 물동량 상당 부분이 파나마를 거치지 않고 니카과라를 통해 건너갈 것으로 예상한다.

내륙 철도 사업에도 투자를 진행하고 있다. 차이나-로드라는 중국의 기존 철도 12만km와 고속철 1만 6천km를, 시베리아 철도와 몽골 횡단 철도와 연결하여 실크로드를 완성해가고 있다. 조만간 중국 동북부 심양에서 출발하여 고속철을 타고 터키나 폴란드, 스위스를 곧바로 기차 여행할 수 있는 시대가 열리는 것이다.

앞으로 20년 후 중국 경제력의 미래는 전 세계의 경제력을 합친 규모만큼 커져 있을 것으로 예상한다. 거기에 경쟁할 수 있는 나라는 인도가 유일하지 않을까. 그런 인도가 중국을 못 따라가는 부분이 자원 외교이다.

중국은 자원외교를 통해 전 세계 비철 금속의 70% 이상 독점하고 있다. 그중에 특히 구리는 모든 산업 생산에 필요한 자재이기 때문에 산업표준 광물로 인정받는다. 따라서 구리의 생산량과 소비량은 앞으로의 경제 상황을 가늠해볼 수 있게 하는 지표가 된다. 여기서 세계 유통량의 70%를 중국이 가지고 있는 것에 주목해야 한다. 만약 이것을 무기화해서 국제시장에 구리를 내놓지 않는다면 세계 경제에 심각한 위기가 올 수도 있기 때문이다.

중국에서 90%를 생산하고 전 세계 유통량의 90%를 유통하는 광물이 희토류이다. 중국의 희토류가 국내에 알려지게 된 계기가 다오위다오(센카쿠 열도) 인근 해역에서 일본과의 영유권 충돌이 생기자 중국이 희토류 수출을 금지했고, 일본이 이틀 만에 손을 든 사건이 있었다.

희토류의 현재의 첨단 사업의 필수부속품을 만드는데 없으면 안 되는 소재이다. 일단 구동되는 모터에는 전부 자석이 들어간다. 자석 부피가 작고 힘이 강하고 오래가야 쓸모가 있는데, 희토류를 넣지 않으면 그런 강력한 자석을 만들 수가 없다. 디스플레이 액정 역시 희토류를 넣지 않으면 빛에 대해 감광하고 발광하는 정도가 현저하게 떨어져 희토류 없이는 휴대폰 액정을 생산할 수 없다. 그래서 희토류가 현대 산업의 총아로 인정받고 있다.

92년, 내몽고 지역의 희토류 자원을 발견하면서 정부 주도하에 100개 정도의 희토류 생산공장을 만들었다. 그렇게 생산해 낸 양이 연간 17~20만 톤이다. 하지만 세계에서 필요로 하는 희토류의 총량이 연간 2만 톤 정도였다. 그래서 중국은 희토류를 kg당 9천원도 안되는 저렴한 가격으로 국제시장에 내다 팔았다.

희토류 1톤을 생산하기 위해 6천 톤의 광석을 황산으로 녹여야 한다. 이 과정에서 20만 톤의 산성폐수와 1톤이 넘는 토륨 방사선 폐수가 나오기 때문에 환경적인 부담이 엄청나다. 사실 희토류는 희귀한 광물이 아닌데도 불구하고 추출하는 비용 부담이 상당히 크다. 세계의 희토류 광산들은 중국을 통해 싸게 사다 쓸 수 있으니 자기네 광산을 다 닫아 버렸고 그 결과 중국은 거의 유일한 희토류 수출국이 됐다.

일본 또한 희토류를 중국에 100% 의존하고 있었는데, 정치적인 문제로 갑자기 희토류 수출을 단절시키겠다고 하니 일본은 이 행위를 자원의 무기화로 판단할 수밖에 없었다. 이 사건을 계기로 돈이 좀 들더라도 다른 곳에 광산 개발을 하고 주도적인 운영을 해야 한다는 기조가 세계 각국에 확산되고 있는 듯하다.

중국도 희토류가 원석에서 추출하고 가공하여 자석의 형태를 만들거나 디스플레이 원료를 만들거나 반도체를 만드는 중간 공정에서 생기는 부가가치가 크다는 것을 인식했다. 그래서 자체적으로 희토류 채굴 생산을 줄이고, 이를 가공하는 기술과 업체를 집중적으로 양성하고 있다고 한다.

중국은 아직도 충분한 자국의 자원을 보호하면서 세계의 자원들을 긁어모으는 자원외교의 강국이 되었다. 그리고 그런 자원들을 원활히 수송할 수 있는 교통로를 확보하고, 자국 내에서 고부가가치 상품으로 자원을 가공한 후, 확보한 수송로를 거쳐 전 세계에 수출하고 있다. 철도, 해상을 거쳐 오대양 육대주를 관통하는 중국의 교역로는 앞으로 중국의 국가경쟁력을 세계 1위로 유지해줄 정말로 부러운 자산이다.

우리나라는 자원의 빈국으로 가공 무역에 전적으로 의존하고 있다. 인력 이외에는 어떠한 인프라도 갖추지 못한 우리의 산업이 자원확보와 노동력 부족을 이유로 해외로 빠져나가고만 있다. 그런 가운데 우리의 정치인들이 펼친 자원외교라는 행위는 부도덕과 비리로 얼룩졌고, 국제 원재료 시장 가격에 대응할 수 있는 아무런 대비책도 가진 것이 없다. 이런 대한민국의 산업과 경쟁력이 앞으로 얼마나 더 이어질 수 있을지 걱정스럽기만 하다.

국제화폐인 은과 중국의 인연

과거 중세시대에 중요 교환결재 수단은 금이 아니라 은이었다. 조선 시대만 해도 금보다 은이 기축 통화로 쓰였고 상당 부분을 일본에서 수입하기도 했다. 특히 스페인은 남미의 은 광산을 개발해서 은을 국제 화폐로 쓰이도록 주도하였다. 이렇게 약탈한 은으로 당시 세계 최고의 부국이 될 수 있었다.

은은 중국 경제에서도 중요한 화폐기능을 수행했다. 은이 중국의 차와 교역되기 시작하면서 중국은 전 세계 은을 다 끌어모으다시피 했다. 그래서 세계적으로 은이 부족하고 가격이 오르게 되자, 차를 필요로 했던 영국은 은을 대신해 아편으로 내기 시작했다. 이렇게 유통되는 아편이 청나라 안에서 몇백만 명을 중독자를 만들고 사회질서의 폐해가 생기면서 중국은 이 아편들을 압수해 강압적으로 태워 없앴다. 이 때문에 아편전쟁이 일어나게 되었고, 2차에 걸친 전쟁에서 힘없이 패망한 청나라는 몰락의 길을 걷게 된다.

중국은 역사적으로 은에 대한 가치를 굉장히 중요하게 생각하는 나라였다. 공업화가 시작된 이후 2000년대에 들어서 납과 아연이 생산되기 시작했는데, 아연의 제련(전기 분해)을 통한 성분 분해 과정에서 부산물로 은이 생겼다. 세계 최대의 매장량과 생산규모를 확보한 중국은 은을 본격적으로 생산하기 위해 납과 아연을 무한대로 제련했다. 그래서 은이 세계 유통량의 몇천 톤 단위에 지나지 않는 수준에 있을 때, 무려 3만 톤 이상의 은을 생산해냈다. 쉽게 말하면 전 세계 은의 유통량을 중국이 10배로 늘려버린 것이다.

매년 9천5백 톤 이상을 생산하고 그 중 약 3천5백 톤씩을 외국에 풀어서 엄청나게 돈을 벌었다. 그러나 종국에는 은값이 폭락하고 은의 가치는 귀금속에서 산업 소재로 손쉽게 쓰일 만큼 격하 돼버렸다. 한때는 은 가격이 동 보다도 못할 정도로 떨어진 적도 있었다.

이러한 중국이 지금은 국제시장에서 금보다 은을 자산보유와 결재 수단으로 하려는 움직임을 보이고 있다. 세계 금의 70% 이상을 보유한 것으로 보이는 미국이 마음대로 금값을 조정해서 폭리를 취하고 있는 것을 견제하고, 전체 보유량이 많아 가격 변동성이 크지 않은 은을 안정 자산으로 사용하자고 부추기고 있다. 사실 금 본위 경제체제 아래에서 미국의 횡포를 생각하면 충분히 일리가 있는 얘기이긴 하지만, 그렇게 은이 금을 대체하고 나면 중국의 태도는 어떻게 바뀔지 어찌 알겠는가? 세계 은의 90% 이상을 소유한 나라가 중국인데 말이다.

화폐전쟁

　최근 국제 경제의 큰 현안 중에 하나가 미국의 양적 완화 축소이다. 90년대 후반 서브프라임 모기지 사태 이후 총체적인 공황 위기가 있었고, 금융 시스템이 한꺼번에 무너지게 되면서 월스트리트가 주저앉을 위기 상황에 처했었다. 궁여지책으로 미국 정부는 수백억 달러의 구제 금융을 풀어서 은행과 금융시장을 살리기 위해 돈을 쏟아 부어야 했다.

　그래서 미국은 양적 완화 정책을 단행했다. 중앙은행에서 달러를 마구 찍어서 풀기 시작한 것이다. 그리고 그 돈을 해외에 유통해 국제 금융 질서를 파괴했고, 그 여파로 신흥 공업국들이 연쇄 금융위기에 빠져드는 세계적 금융대란을 일으켰다. 기축통화를 가진 미국이 굉장히 약탈적인 금융 운영으로 세계의 부를 강탈한 사건이다. 경제학자들이 이것을 양털 깎기라고 부르는데, 무자비하게 찍어낸 달러들은 외국으로 흘러들어 가 외국 자산의 매입을 시작한다. 그 나라에 금전적인 유동성이 확보되면서 증권시장이 활성화되고 더불어 부동산도 활성화되고, 그러면서 증권도 올리고 부동산도 올리고 자산들이 올라간 어느 시점에서 전체 자산을 확 팔아버리고 그 차액을 챙겨 빠져나가는 것이다.

　기축통화란 국제시장에서 거래할 때 달러로만 결제할 수 있도록 정해

놓은 것이다. 예를 들면 중요 원재료인 석유 수입은 무조건 달러로 이루어진다. 그래서 자원이 필요한 나라들은 특히 외화보유액의 개념이 굉장히 중요하다. 안정적인 외화보유액이 갖춰져 있어야만 원활한 수출입 정책도 유지될 수 있기 때문이다.

그런데 미국이 외국에 달러를 내보내는 순간, 미국 입장에서 돈을 대출해주는 것과 똑같은 효과가 나온다. 달러가 해외로 나오는 순간 더 는 그 돈은 미국 내에서 돌지 않기 때문에 미국 인플레이션 영향을 주지 않는다. 그런데 돈이 외국에서 돌고 있는 동안에는 금융자산에 대한 이자와 수수료가 계속 붙게 되는데 그 이익을 미국의 투자은행들이 고스란히 거둬들인다. 실제로 아무것도 투자하지 않으면서 타국의 자산을 약탈하는 것으로 도덕적으로 비열한 기축통화를 이용한 탈취행위인 것이다.

그동안 미국 달러가 국제 시장에서 신용을 얻을 수 있었던 것은 미국의 압도적인 금 보유량 때문이었다. 미국은행이 달러를 발행할 때 금과 달러의 발행량을 맞추도록 하는 금 본위의 지급준비금 제도가 있었으나, 양적완화로 끊임없이 달러를 찍어내면서 금을 그만큼 비축할 수 없는 상황에 이른 것이다. 그래서 미국은 달러 가치에 대한 보증을 미국이 발행하는 국채로 변경하는 꼼수를 부렸다.

특이하게도 미국의 화폐발행권은 미국 정부가 아닌 지급준비위원회라는 민간은행이 갖고 있었다. 미국 정부가 이 권한을 되찾아오려고 엄청난 노력을 했지만 실패했다. 미국은 영국과 마찬가지로 자본 권력이 국가 권력보다 강력하다. 미국과 미국연방준비은행이 짜고, 국채를 지급 담보로 외환 달러를 찍어서 양적 완화를 할 수 있게 만들었다. 그러므로 단순히

100억달러 찍어내면 현금이 100억달러가 시장에 뿌려지고, 그 돈을 빌려간 은행이 재담보로 90억달러를 빌려주고, 81억달러를 또 빌려주고…. 이런 식으로 기하급수적으로 늘어나는 돈들은 100배에 이르게 된다.

이렇듯 미국이 달러를 운용할 수 있게 만든 주된 자산은 국채이다. 이 국채가 돌아다니는 미국 시장의 규모가 전체 증시 규모의 70배가 넘는다. 그렇게 만들어진 채권을 베이스로 한 가상의 달러 자산들은 전 세계를 돌며 금융질서를 파괴하고, 그렇게 벌어들인 돈이 미국으로 들어오는 순간 국채와 상계가 돼서 없어져 버리고 나면, 그 유통과정에 발생한 이자와 수익금들은 고스란히 미국의 차지가 되는 것이다.

이런 미국의 엄청난 국채들을 사준 나라가 바로 중국이다. 미국을 상대로 엄청난 무역흑자를 올리는 중국에 미국은 매년 2.7%씩의 이자를 주겠다며 국채를 더 맡겼다. 미국으로 안정적인 수출하기 위해서 미국 국채 매입을 해줘야 한다는 논리로 중국을 꼬드긴 것이다. 이론적으로 본다면야 중국의 입장에선 수출해서 벌고 이자도 생기고 마치 일타쌍피의 효과를 누리는 것으로 생각했을 것이다. 그래서 몇 년 동안 거의 전담하다시피 중국이 미국 국채를 사주게 되었는데, 미국이 달러를 계속 찍어내면서 국제적으로 달러의 가치가 하락하자 상대적으로 중국 위엔화 가치는 20% 절상되었다. 결국, 2% 내외의 이자를 얻으려다 원금마저 까먹게 되는 손실을 보고 만 것이다.

더구나 펀드 형태로 중국에 유입된 헤지펀드들은 중국의 증권이나 부동산 같은 우량자산을 매입해서 이윤을 챙긴 후 철수해 버렸고, 이에 따른 중국의 직·간접 피해는 그동안 무역흑자로 얻어낸 것과 맞먹을 정도의 손해를 중국에 안겼다. 그러자 중국은 미국 돈을 못 믿겠다며 금을 사모으기 시작했다. 2012년까지 미국에서 달러의 양적 완화 기간 동안 금의 국제시세가 계속해서 치솟았는데, 금시세의 상승은 달러화에 있어서 굉장한 저해 요건이기 때문에 미국은 자신들이 갖고 있던 금들을 국제시장에 풀어(공매를 통해) 금값을 절반 이상 폭락시켜버리는 '황금의 대학살'을 일으켰다. 2012년 12월부터 2014년 4월까지 금 투매가 폭발적으로 일어났고 금값은 비정상적으로 떨어져 버렸다. 더불어 미국이 이렇게 할 수 있었던 것은 전 세계 금의 70%를 보유하고 있었기 때문이고, 미국의 위세에 겁먹은 유럽과 일본이 이를 방관했기 때문이다. 중국은 계속되는 금값의 하락에도 불구하고 실물 금을 쓸어 모았고, 그 기간 전 세계의 금들은 중국으로 밀물처럼 쏟아져 들어갔다.

참고로 각국의 중앙은행 금보유고를 살펴볼 필요가 있다. 대략 미국 8천 톤, 독일 3천 톤, IMF 국제은행 3천 톤, 프랑스 2천5백 톤, 중국 1천톤, 스위스 1천 톤, 일본 750톤. 우리나라는 현재 104톤이다. 그나마 2005년 14.5톤에 불과하던 금보유고가 금값 상승기이던 97년 이후 90톤 이상을 순매수하여 엄청난 손실을 초래했다.

중국이 가진 외화보유액이 4조달러가 넘는다고 한다. 그래서 중국은 스와프를 통해 돈을 맞바꾸는 정책을 하려고 한다. 중국의 외화보유액 만큼 중국과 거래하는 국가들의 통화 결재를 중국 돈으로 하자고 제안하는 것이다. 그러면 달러로 바꿔서 지급하는 불편과 수수료 부담을 줄어들 테고, 장차 위엔화 지배력을 높여서 궁극적으로 위엔화를 기축 통화화하려는 시도를 하고 있다.

사실 우리나라도 달러화 보유의 안전성을 높이기 위해 국제적인 금융 스와프에 많이 가담하고 있다. 중국, 일본, 말레이시아와 스와프를 맺고 있으나 순수하게 달러로만 스와프 맺고 있는 나라는 일본밖에 없었다. 그런데 얼마 전에 일본이 우리와의 스와프를 종료해 버렸다. 노무현 정부 시절에만 해도 일본과 7백억달러의 스와프를 맺고 있었는데, 이명박이 임기 말년 독도에 가는 바람에 130억달러로 줄었고, 그나마도 이번에 끝나버렸다. 이 상황에서 중국에서 원화와 위엔화의 직거래 제안이 왔다. 이 정도 규모의 거래면 한 1년은 연구해 보고 결론을 내렸어야 하는데 2014년 7월에 시진핑 부부가 한국 방문 시 우리 정부는 아무런 보장 없이 덜컥 협정을 맺어 주었다. 이제 곧 우리는 2,000억달러 넘는 규모의 중국 돈을 받아서 써야 한다.

앞으로 중국은 그 돈을 가지고 들어와서 지금 취약해져 있는 부동산과 금융자산, 은행 등에 집중적으로 투자할 것이다. 2006년 이후부터 매년 중국이 한국의 채권을 가장 많이 사가고 있고 일본과 중국 자금이 우리나라 은행의 외국인 투자자본 가운데 70% 이상을 차지하고 있다. 이것은 미국을 따라 양적완화를 진행한 일본과 무역 흑자로 쌓인 달러 자산을 보유한 중국이 우리나라의 자산 사냥을 시작하고 있는 단편적인 증거이다.

우리나라에 들어와 있는 21개 소비자금융의 외국 업체 중에 1위, 2위가 러시앤캐시와 산와머니이다. 이들 두 회사의 매출만 매년 약 5조원 인데, 이율이 36%로 수익을 올리고 있다. 그리고 이제는 더욱 공격적인 M&A를 진행하며 증권사를 사고 저축은행을 사고 이제는 우리의 일반 은행을 자체를 노리고 있다.

미국은 이제 어느 정도 경제 위기에서 회복하는 모습을 보이고 있다. 서브프라임 모기지론으로 부동산이 폭락한 후, 미국 전역에 나온 저가 부동산들이나 주택들 수십만 채를 사들인 업체가 정부가 보증하는 부동산 회사들이다. 그 부동산들을 매입 후, 임대전환을 하면서 벌어들이는 보증 수익이 최 6%라고 한다. 6%의 이율이 일반적인 펀드들이 들어와서 자산 매입을 통해 임대와 같은 형태로 돌릴 때 필요한 최소 수익률이라는 계산이다. 그래서 얼마 전 국가가 대기업을 상대로 임대산업에 진출한다고 했을 때, 최소 이익률 보장이 6%라고 하는 말을 들으며 나는 앞으로 우리의 부동산에 투자될 자본이 순수한 국내 자본이 아닐 수도 있다는 두려움을 느꼈다.

　은행의 경영권을 외국인에게 넘기는 것은 매우 조심스러운 결정이어야 한다. 매각이 진행 중인 우리은행의 경영권 행사가 가능한 지분 30%의 가격이 3조원 정도라고 한다. 3조원을 내고 중국계나 일본계 자본이 한국에 들어오면, 그 은행이 담보로 가지고 있는 국내 자산의 60~70%의 관리와 실권이 외국인의 손에 귀속되어 버린다. 그래서 대출이 무서운 것이다. 내 집 갖고 있다가 대출받는 순간 나는 그 원금을 그대로 둔 채 매년 이자를 갚아나가야 하며, 그나마 이자를 부담하지 못하면 내 자산의 30%까지 합법적으로 탈취당하는 것이다. 그리고 그 집을 다시 월세로 빌려 살게 되면 최소한 6% 이상의 비용을 물어내야 한다. 금융 자본가들의 약탈행위는 이렇게 반복되는 것이다.

　일본이 양적완화를 지속하는 것은 국가 재정의 22% 이상이 부채로 되어있기 때문이다. 일본이 이런 부채 상황에도 큰 위기를 겪지 않는 것은 일본의 국채 90% 이상을 자국의 민간은행이 사들이기 때문이다. 그러나 우리나라 국채는 외국 자본들이 많은 부분을 갖고 있으므로 국내 경제가 불안해지면 채권에 대한 이자율이 확 올라가고 채권을 발행해도 매각이 되지 않을 수 있다. 현재 우리나라는 연간 30조원 이상의 재정 적자를 내고 있고, 상환할 채권까지 합하면 연간 100조원 이상의 채권 발행이 필요한 상황이다. 갑자기 세금 수입이 뻥 터지지 않는 이상(예를 들면 서해안에서 유전이 터지거나, 엄청난 금광이 개발되거나) 매년 100조 이상씩 마이너스 재정이 되는 것이고 그만큼 채권을 발행해야 한다. 그런데 우리나라의 수출이 떨어지고, 국제 경쟁력이 상실되며, 경기가 침체되는 상황이 지속한다면 누가 우리나라의 국채를 사줄 것인가? 국채의 부도는 곧 국가의 모라토리엄 선언으로 이어지고, 이는 제2의 IMF 사태를 불러오며, 그로 인한 피해는 더욱 참혹할 것이다.

지금 국제 금융계의 화두는 달러를 대체할만한 믿을 수 있는 지불 수단의 등장이다. 그중 가장 주목받는 것이 대체 화폐인 모바일 페이, 또는 사이버 머니이다. 핀테크로 불리는 모바일 머니 시장에 세계 각국과 인터넷 기업들은 치열한 경쟁을 벌이고 있다. 이베이의 페이팔, 애플 머니, 알리바바의 알리페이, 아마존 페이먼트 등이 본격적인 경쟁을 벌이고 있으며, 2014년 7,200억달러의 규모로 확충되고 있으며, 매년 36% 이상의 폭발적인 성장이 예상되고 있다.

특히 중국 알리바바의 모바일 페이는 우리나라에서 벌써 시범사용이 시작되고 있다. 현재 국내 중국 관광객들이 동대문, 명동, 제주도 등에서 쇼핑할 때 알리페이로 결제하고 있다. 알리페이의 결제금액을 하나은행이 대행해서 현금으로 상인들에게 지급하고 하나은행이 알리바바로부터 원금과 수수료를 받는 방식이다. 이렇게 알리페이가 우리의 인터넷 모바일 시장을 허브 삼아 세계로 확산하려고 하는 마당에, 이러한 금융서비스에 대한 국내 은행과 기업들의 대처와 준비는 토끼와 거북이의 경주와 같은 양상을 보이고 있다. 삼성, 라인, 다음카카오 등이 나름대로 준비와 노력을 기울이고 있지만, 이미 앞서가고 있는 경쟁자들을 상대하기에는 너무 늦지 않았나 하는 비관적인 생각이 든다. 전 세계의 경제 주도권을 두고 벌어지고 있는 화폐전쟁의 중심에서 전략과 경쟁력을 상실한 우리나라의 초라한 현실에 한숨을 짓게 된다.

왜 우리나라 한국은행 금고에는 금괴가 없는가?

2015년 우리나라의 공식적인 금 보유량은 장부상 104톤이다. 2011년까지 14.5톤에 그치던 국내의 금 보유량은 2011년 7월 25톤 매입, 11월 15톤 매입 2012년 7월 16톤 매입, 11월 14톤 매입 2015년 2월 20톤 매입 등 총 90톤의 금괴를 매입했다.

그런데 국제 금 시세가 폭등하던 시기에 금을 집중적으로 매입하다 보니, 5조원 가까운 금 매입 후 현 시세로 1조원의 시세 상의 평가손실을 입었다. 물론 금은 실물로 가격 변동이 있을 수 있고, 시간이 지나면 회복될 수 있다는 점에서 한국은행은 큰 손해는 아니라고 발표하고 있다. 그리고 외화 보유고안에 국책은행의 보유금이 포함되는 만큼 외화보유액 중, 금과 달러의 비중이 아직도 극단적으로 낮다는 점은 균형적인 자산 운용관리가 필요하다는 점은 지적해야 할 것이다.

그런데 내가 지적하고 싶은 문제는 이 금들이 대한민국이 아닌 영국의 영란은행에 보관되어 있다는 것이다. 이미 90년대 후반, 안정적인 관리를 이유로 그나마 있던 14톤이 영국으로 옮겨졌고, 그 후로 추가 매입된 금들도 장부상으로만 존재하지, 실제 금고 안에 있는지 확인한 사람은 없다는 것이다. 해외 금고에 장부대로 보관되어 있다는 한국은행의 금이 어떻게 관리되는지, 혹은 실존하는지 궁금하다. 그금이 아무리 우리나라의 소유라고 해도 자국 안에 존재하지 않는 장부상의 금이 국가의 위기 상태에서 영속한 자산으로 활용할 수 있는 것인지도 의심스럽기만 하다. 국회의원들은 외유를 나갈 때 관광지만 가지 말고 선진 금융의 중심이라는 영국을 방문해 보관되어 있다는 금의 실체와 관리 상태를 확인해 주기 바란다.

그런데 개인적으로 제기하는 그야말로 순수한 개인적인 의혹이 있다. 2011년 박근혜가 스위스 금고에서 60억달러의 금괴를 찾아갔다는 보도가 있었다. 2011년 대선 전에 스위스 UBS 은행의 30년 이상 된 것으로 보이는 오래된 금괴가 유통했던 것이 확인된 보도가 있다. 그 당시 풀렸다는 60억달러 상당의 금괴와 2011년 이후 한국은행이 단기간에 매입한 금의 총량과 맞아 떨어지는 놀라운 우연의 일치! 이것은 단순한 의혹일까? 국가가 동원된 일개 개인의 금괴의 현금화와 자금 세탁 과정은 아니었을까?

찌라시가 중국에 간 까닭은?

어려서부터 나에게 중국이란, 제갈량과 조조 같은 영웅들이 패운을 다투는 거대한 전장이었고, 도전해보고 싶고 가보고 싶은 무한한 동경의 대상이었다. 그러나 어린 나이부터 여러 가지 사회생활을 겪으며 방문할 기회가 멀어졌고 결국, 좌절하고 힘들던 시기에 마음 둘 곳 없을 때 도피처로 중국 땅을 밟게 되었다.

처음 중국을 방문한 시기는 98년 여름이었다. 친구의 초대로 상하이를 방문했을 때 초행길인 중국이 마치 고향처럼 느껴졌다. 사람들도 내가 현지인 줄 알고 길도 물어보고…. 음식, 기후, 물과 공기까지 내 체질에 딱 맞는 느낌이 들었다. 본능적으로 "나는 중국 체질이구나! 이 땅에서 살아야 되겠구나!"하는 영감을 홀로 받았다.

그래서 본격적으로 중국에 살 결심을 하고 머무르기 시작한 때는 밀레니엄을 6개월여를 앞둔 1999년의 초여름이었다. 일 년 넘게 준비한 끝에 나름 준비한 사업계획을 가지고 지인을 통해 현지인 안내인을 소개받고 심양성의 한 시골 마을을 찾아갔다. 그때가 토목 관련 사업을 경영하다 말아먹은 지 7~8년쯤 되었을 때인데 그 당시 국내에는 골재들, 특히 강모래가 부족하여 품귀 현상이 있었고 마침 중국에서 골재를 한번 수입해

보자는 생각이었다.

중국 심양성에는 우리 가곡 '선구자'의 가사에 나오는 송화강이 있다. 그 지역은 북한과 접견이 되는 단둥이라는 곳과 당시 내륙 해안 도시 중에 가장 발전된 대련이라는 두 도시의 중간쯤에 위치한다. 이 두 도시가 중국 요녕성의 허가받은 수출 항구였고 그 사이에 양쪽 100km 정도 거리에 송화강 하구 유역이 있었다.

송화강 하구 근처의 산들이 전부 규석이나 차돌 같은 고급 골재들이 나오는 석산들이 많았고, 그곳에서 흘러나온 모래들이 여름에 폭우가 내리면 교량 아래까지 차오를 정도로 어마어마하게 쌓였다. 그 모래들로 인해 다음 해에 비가 오면 홍수가 나서 물들이 범람하여 지형이 바뀔 정도이니 그쪽 행정관리들도 모래 처치에 골치를 앓고 있었다. 그래서 한국에서 장비와 인력을 들여 모래를 퍼내 가기만 하면 1㎡당 중국 돈으로 10원, 그때 당시 환율로 따지면 1,200원 정도만 내면 그 모래를 주겠다는 것에 촌장과 합의를 했다. 당시 국내에서는 1㎡당 10~11만원으로 거래가 되고 있었으니 나는 금방 떼돈을 벌 블루오션을 찾았구나 하는 생각에 잠을 못 이룰 정도였다.

한국에서 동원할 수 있는 돈은 전부 모아다가 계약을 하기 위해 다시 그 마을을 찾았고 어느덧 계절은 늦여름을 훌쩍 넘기고 있었다. 이미 촌장과 계약에 대한 합의를 다 마친 상태였지만 걸림돌은 한국으로의 운송이었다. 중국 안에서는 정부가 허락한 지정 수출입 항구에서만 수출품이 나갈 수 있게 되어 있어서 그냥 갖고 나가면 밀수가 되기 때문이었다.

그런데 송화강의 위치가 수출항 단둥시와 대련시의 딱 중간에 있기 때문에 기본적으로 육상운송을 해야 한다는 것이다. 값싼 모래를 기차나 차에 실어 100km를 옮겨야 한다는 것은 엄청난 운송비 부담으로 배보다 배꼽이 더 큰 상태였기 때문에 나 대안을 제시했다. 이곳 강 하구에서 바지선을 대고 간이항구로 모래를 실어 나르기로 하고, 대신에 수출입 출장소 같은 승인을 받아 달라고 부탁했다. 내가 여기서 모래만 가지고 나갈 거니까 정부 쪽 공무원이 출장 나와서 수출입 서류에 도장만 찍어줄 수 있게 해달라고 조건을 제시했다. 그러자 관계자는 결코 어려운 일이 아니라는 답변이 왔고 곧 중앙에 문의를 거쳐 소식을 알려주겠다고 통보가 왔다. 그래서 언제나 처리가 되려나 기다리고 있는 사이, 시간은 9월을 넘어서고 있었다.

그런데 99년도는 중국 공산당 50주년으로 대대적인 경축 행사가 잡혀 있었고, 쌍십절이라는 중국의 건국 기념일 행사가 있었으며, 바로 추절이라고 불리는 명절이 함께 붙어 있었다. 그래서 50년 만에 맞는 대명절이라 해서 9월 15일부터 10월 말일까지 내리 쉬어 버리는 초유의 장기 휴가가 나는 모르는 체 시작되고 있었다. 무려 45일을 한꺼번에… 계속… 쉬는 믿지 못할 촌극이 벌어졌다.

그전까지만 해도 매일 관청공무원들 만나면 외국에서 손님 오셨다고 초대소에서 진수성찬을 차려서 밤마다 연회를 베풀어줬었는데, 그 사람들이 싹 자취를 감춘 것이다. 그곳에서 공무원의 역할은 외국에서 바이어들이 오면 계약을 성사시킬 수 있도록 주선하는 일종의 접대가 업무였었다. 그런데 나는 14일이 까지도 몰랐는데, 15일이 되니까 모든 연락이 뚝 끊긴 것이다.

이미 관공서를 비롯한 은행과 대부분의 상점 모두 문을 닫은 상태였고 강도 당할까 봐 갖고 있던 체류비를 전부 달러로 바꿔서 현지 은행에다가 맡겨놨는데. 찾을 수 없게 되어 버렸다. 당장 갑갑해지기 시작한 것이 통역을 담당하던 담당자 전화도 안 되지, 나는 중국말을 전혀 할 줄 모르지, 돈은 묶였지, 거의 국제미아가 돼버린 셈이었다. 순간 희망의 땅 중국이 갑자기 무서워지기 시작했다.

그렇다고 무작정 노숙을 할 수도 없는 형편이라 급한 대로 장기 투숙 중이던 호텔로 찾아가 손짓 발짓 안 되는 영어에 한자로 온갖 설명을 다 했다. 조선족도 많지 않던 지역이라 그 담당자 말곤 한국말 할 줄 아는 사람도 없어서 말이 통하는 사람이 없었다. 내 설명인즉 "내가 이 통장 안에 돈이 4천달러 이상 있다. 근데 지금 은행 문을 안 열어서 못 찾는 거 알지 않느냐? 내가 이 통장이랑 여권 등 증명할 수 있는 걸 다 맡길 테니, 관청에 담당자 올 때까지만 먹여주고 재워줘라"

나는 그때까지도 설마 그 사람이 45일 동안 안 돌아올 거란 생각을 못했다. 기껏 해봐야 한 일주일 갔다 오겠지 생각했다. 초대소는 공산주의 시절에 외국 손님이나 출장 온 다른 지역 공무원들을 접대하기 위해 만들어놓은 곳인데, 나중에 호텔로 바뀐 것으로 보면 된다. 그것을 예전에 공무원 생활하던 고위간부가 인수해서 운영하는 사람이니까 전혀 눈치가 없진 않아서 사정을 봐 줬다.

그러나 그때부터 험난하고 고단한 중국 생활이 시작되었다. 일단 아침에 눈 뜨고 일어나면 아무것도 할 게 없었다. TV를 켜면 알아들을 수가 없고, 나오는 뉴스는 새로운 소식이 없이 늘 똑같았다. 중국의 뉴스는 놀라울 만큼 매우 건전하다. 탄광이 매몰 돼서 1,000명이 죽거나, 여객선에서 불이 나서 300명이 죽어도 보도가 없다. 무조건 아름답고 평안한 뉴스만 내보낸다. 드라마도 처음 보는 순간 주인공들 얼굴만 봐도 누가 선이고 누가 악인지 정해져 있고 권선징악에 입각한 뻔한 얘기들만 펼쳐진다. 못 알아듣기도 하지만, 기본적으로 재미도 없었다.

먹는 것은 더 고역이었다. 빈둥거리며 방 안에 기다리고 있다가 직원들이 밥 먹을 때 되면 직원 식당에 가서 입에 맞지도 않는 것을 빌어먹었다. 심심해서 밖에 산책이라도 하려고 하면 혹시라도 내가 어디 도망갈까 싶어 직원 둘이 10m 간격으로 내 뒤를 졸졸 따라다녔다. 돈이 들어있는 있는 통장을 맡겼다지만 장부가 수기로 쓰여 있고, 실제 예금상황을 확인할 수 있는 시스템이 없었다. 호텔 입장에서도 나를 놓치면 돈을 떼이니 감시를 소홀히 할 수 없었겠지만…. 10m 거리에서 상시 감시를 당하는 인질 신세였다. 좁은 동네를 돌아다녀 봐도 구경할 것도 하나도 없고, 심지어 며칠 지나자 전화비 나온 거 못 갚을까 봐 국제 전화도 못 쓰게 했다.

반복되는 지루한 생활을 견디다 못해서 나는 생각을 바꿔 그들을 적극적으로 꼬셔냈다. "내가 돈 있는 한국 사람이야. 큰 사업 하는 사람인데…. 내가 지금 힘드니까 너희가 유흥을 좀 제공해다오. 나랑 같이 재밌게 놀아보자. 너희까지 포함해서 놀면서 나온 비용은 내가 다 쏠게" 나만큼이나 심심했던 감시자들은 뜻밖에 쉽게 넘어왔다.

그들을 통해 나는 진정한 중국 서민들의 실생활을 제대로 체험할 수 있게 되었다. 진짜 재래시장에 가서 서민들이 먹는 제대로 된 음식이나 놀이 문화를 즐기게 됐다. 그러면서 한 달 반 동안 정말 중국 바닥의 체험이라고 해야 하나? 서민들의 삶을 같이 공유하면서 알 소중한 기회가 된 셈이다. 경계를 풀고 친구가 되고, 마음을 열게 된 순간 고난을 겪던 중국 생활을 편안한 가족 방문 여행이 됐다. 그들은 친구가 된 나에게 행동의 자유를 주었고, 좋은 음식과 잠자리를 제공해 주었으며, 심지어 돈까지 빌려주었다. 그 변화는 그 사람들과 진정한 친구가 되었다는 관계의 변화였고, 그 믿음이 중국에서 가장 중요한 자산이 될 수 있으며 그것을 얻어내는 것이 얼마나 중요한 것인지 배우게 되었다.

그러면서 중국 사람들과 만나면서 여러 가지 소소한 예절들을 읽히게 됐다. 중국에서 초대를 받아 잔칫집에 갔을 때는 주의해야 할 관습이 있다. 손님으로 음식상을 받으면 음식 접시를 다 비워서 바닥을 보이면 안된다. 나온 음식의 절반 정도를 남겨 놓는 것이 좋다. 음식을 다 먹어버렸는데 주인이 그 음식 더 못 내놓으면, 주인은 준비에 소홀했다는 것이 되고 이것은 주인 입장에서 굴욕이 되는 것이다. 우리식 예절대로 차린 음식을 남기지 않는 것이 성의인 줄 알고 기어이 다 먹는 노력을 발휘해서는 안 되는 것이다. 그래서 음식을 먹을 때 절반 정도를 남기고 "잘 먹었습니다."라는 감사 표현을 해주는 것이 좋다. 또 음식을 앞에 두고 트림을 하거나 음식을 집은 손을 화장지에 닦는 행위도 주인에게 결례된다.

술을 주고받을 때 중국 사람은 건배하기를 좋아한다. 건배도 중요하지만 술을 마시고 나서 얼굴색이 변화가 없으면, 믿을 수 없는 사람이라는 중국 속담이 있다. 그래서 술자리에서는 대취하고 얼굴이 빨개지는 손님을 좋아한다. 자리를 비울 때도 화장실에 다녀오겠다는 말을 남기는 등 주인에게 허락을 받는 것이 좋다. 또 이제 더 못 먹겠다고 말해놓고 더 먹는 것도 예의가 아니다.

초대받아 갈 때는 항상 작은 선물이라도 준비해가는 것이 좋다. 선물을 갖고 가는 사람과 안 갖고 가는 사람과의 대접이 전혀 다르다. 일종의 예의인 건데, 잘 모르면 술, 담배, 차 중에서 적당한 것을 고르면 된다.

중국은 중추절 전후로 결혼식이 많다. 어차피 사람들이 쉽게 잘 안 모이기 때문에 그때 행사를 하는 경우가 흔한 데 중국의 결혼식은 우리가 생각하는 결혼식과는 좀 다르다. 따로 식장을 받아놓고 하는 결혼보다는, 식당을 빌려놓고 일종의 동네잔치를 하는 것이다. 신랑이 결혼식 비용 전부를 부담하는 것이 관습이기 때문에, 경제적 능력에 따라서 2박 3일 이상을 하기도 한다. 찾아온 손님들도 보온병이라든지, 세숫대야, 주전자 같은 선물을 갖고 오고 신랑은 결혼 음식들을 직접 다 차리고 찾아온 하객들에게 봉투로 차비나 용돈 하시라며 복돈도 드려야 한다. 축의금, 조의금, 복돈 등은 반드시 짝수로 담아 줘야 하는 것은 잊지 말아야 할 원칙이다.

중국에선 친정부모는 모시고 살아도 시부모는 모시고 살지 않는다. 중국은 여성이 우대받고 있고, 모계 사회적 전통이 강하기 때문에 권익이나 자존심도 강한 편이다. 전통적인 중국 구형 주택에 가보면 부엌설비 자체가 없다. 아침밥은 대부분 길거리에서 파는 콩국이나 꽈배기 튀김 같은 거로 대신하고, 점심은 직장에서 먹고 저녁에는 간단한 먹거리를 데워 먹을 수 있는 음식들을 사 가지고 와서 남편이 차려야 한다.

술집에도 그런 문화적 차이가 드러난다. 그 당시 한국 관광객들은 술집에 갔다가 업소에서 일하는 여자들에게 많이 봉변을 당했다. 한국에서처럼 술을 먹으며 여성을 접대부로 취급하며 자기도 모르게 손을 뻗는 악습을 자행하다가 뺨을 얻어맞는 경우도 있었다. 중국에서 접대부는 말동무 해주는 친구인데 함부로 하려다가 시비가 붙어서 공안에 잡혀가기도 했다.

물론 그때도 중국의 대도시에 가면 룸싸롱 같은 업소들이 있고, 특히 동북 삼성 지역에 가면 한국에 돈을 벌어간 우리 교포들이 대부분 차리는 것이 노래방, KTB, 사우나, 룸싸롱이었다. 이러한 새로운 위락 문화는 선풍적인 인기를 끌었다. 그런 경우에는 기본적으로 아가씨들도 접대 교육을 받기도 한다. 하지만 우리나라에서 하듯이 진상을 피우다가는 바로 쫓겨나는 것이다.

아무튼, 45일 동안을 그 친구들하고 중국적인 유흥의 시간을 많이 가졌다. 그 사람들과 생활하면서 무작정 자본을 앞세워 들어오는 외국 사람들에 대한 솔직한 견해를 들을 수 있었다. 그것은 중국인의 입장에서 외국 자본가의 합작자본에 대한 구조적인 모순과 그리고 몰락할 수밖에 없는 협력관계의 의미를 몸으로 깨닫게 해주었다. 그때까지만 해도 중국 정부의 개방정책과 외국 기업에 대한 개방 의지에 비해 실제 국민들은 그런 경제 체제를 받아들일 수 있는 준비가 전혀 안 되어 있었다.

결국, 중국 국민들이 자본주의적 경영과 노동의 질적 변화를 이해하는 기간이 20년 가까이 더 걸린 셈이고, 그동안에 진출과 투자를 했던 기업 중 성공한 기업을 나는 찾아보지 못했다. 그러면서 '꽌씨'라고 불리는 중국을 이해해야 하는 기본 원리를 배우는 것이 얼마나 중요한지를 알게 되는 시간이었다.

중국의 개방 이후 공산주의적 경제와 자본주의 경제의 충돌 시기가 있었다. 모든 노동력의 가치가 공평해야 하는 공산주의적 임금체계가 노동력의 가치를 차별적으로 평가받는 자본주의적 급여체계의 충돌인 것이다. 그래서 이런 차별적 문제를 자생적으로 해결하게 된 중국식 해결책이 급여 외 소득의 증가와 그것을 인정하는 암묵적인 관행이라고 볼 수 있다.

중국에서 가장 기본적인 인프라이자 대중적인 교통수단인 철도의 예를 들어 보겠다. 중국은 13억 인구가 있다고 하는데 철도가 중국 교통수단의 80~90%라고 봐야 한다. 하루 철도 이용 인구가 1억 명이 넘고 따라서 철도에서 하루 동안 1억 장의 표가 나온다는 건데 그 1억 장의 표가 그 날 남김없이 100% 다 팔린다.

내가 특정 장소로 가는데 구간 차비가 100원이고, 자리가 100개라고 하면 정상적으로 100원짜리 표를 구하기 위해서는 열차표 판매가 새벽 4시에 시작된다고 할 때 전날 저녁 9시부터 가서 맨 앞자리 1~5등 내외로 줄을 서서 기다리면 선착순 10위까지 그 가격에 기차표를 살 수 있다. 하지만 나머지 90장은 대부분 여행사나 암표상에게로 넘어가서 다 팔리고 없다. 그래서 100원짜리 표를 구하려면 옆 광장에서 150원의 암표를 사야 한다. 즉, 내가 정상적인 차비 가격을 100원으로 알고 있으면 절대 그 가격으로 여행할 수 없으며, 내가 외국인이나 외지인이면 어차피 암표를 사야 한다는 전제하에서 150원을 예상하고 가면 그게 관행이다.

나 같은 경우는 좀 그쪽 생활을 익히고 나서는 나름의 틈새시장을 알게 되었다. 기차 출발시각이 다가올수록 푯값은 점점 싸지지만 그렇다고 절대 원가로는 팔지 않기 때문에 열차 출발 직전까지 기다렸다가 암표상과

가격을 절충해서 구매할 수 있다. 그러다가 암표상을 못 만나고 기차 시간을 놓친 경우라도 또 방법이 있다. 플랫폼으로 입장권(배웅이나 마중을 위해 플랫폼을 통과하는 별도 티켓)을 사서 입장하며 접객 승무원이 매표하고 남은 빈자리의 표를 개별적으로 판매한다. 하지만 그 열차표마저 다 팔렸다면 접객승무원은 열차 내부 승무원에게 승객을 인계하여 여기 앉혔다가 저기 앉혔다 하며 메뚜기를 태운다. 그나마도 없다면 일단 입석으로 승객을 실어서 나르고 나서 자리를 마련해 준다.

중국 기차는 일단 역에서 역을 출발할 때마다 밖에서 문을 잠그기 때문에 중간에서 내릴 수가 없는데 명절 같을 때는 정원 100명인 열차에 승객 200명 이상이 타는 경우도 생긴다. 어떻게 해서든 돈을 내고 정상적으로 표를 구매한 사람은 편하게 앉아서 오지만, 돈이 없는 사람들은 입석을 사서 서서 오지만 불평하지 않는다. 간신히 끼여 탑승했다는 것을 알기 때문에 승무원이 와서 자리를 비켜 달라 하면 저항 없이 곱게 자리를 비켜 준다. 이러한 운영으로 추가 수익이 생긴다는 것인데 예를 들어 100원짜리 1억 장을 팔면 100억원이 들어와야 한다. 근데 이 100억원이 표가 안 팔려서 빈자리로 이동해도 철도 당국에 입금되는 돈은 1월부터 12월 31일까지 딱 100억원씩 들어가게 되고, 나머지 수익을 관련된 여행사, 열차표 판매원, 암표상, 승무원, 기관사, 열차 안에 매점 하는 사람들까지 나눠 갖는 것이다.

이것이 외국 사람들 눈에서는 비공식적인 추가 부담되는 것이고 그쪽 관련된 사람들 처지에서 보면 비공식적인 급여 외의 소득이 되어 적은 급여를 극복할 수 있게 하는 중국식 묘수가 되는 것이다.

중국에는 원칙상 의사든 택시기사든 경찰관이든 직종과 관계없이 급여가 다 똑같아야 한다. 그리고 기본급 자체가 국가가 지정하는데 동일하게 묶여있기 때문에 자기 전문분야에서 고유의 방법으로 급여 외 소득을 만들어내는 중국식 관행이 오랫동안 유지되었다.

그런데 외국인의 시선으로 이런 관행을 비리라고 받아들여 버리면 거래를 할 수 없게 된다. 이것은 당연히 인정해져야 하는 중국의 수정자본주의가 가진 사회적 비용인 것이다.

중국은 명절에 보통 15일 정도 휴가를 준다. 제일 하급 기차를 탈 경우 중국 남부 끝에서 북방까지 가는데 거의 5박 6일이 걸린다. 고속열차를 타면 7~8시간이면 갈 수 있는 거리를 6박 7일 동안 이만한 짐보따리를 들고 저속열차를 타고 가는 사람들이 있다.

그들이 가서 하루 이틀이라도 잘 쉬고 귀경길에 오르려면 기본적으로 보름 정도의 휴가는 주어져야 민족대이동이 가능한 상황이다. 상급열차가 최우선적으로 갈 수 있도록 미리미리 역마다 정차해서 노선을 빼준다. 고속열차 다음으로 2등 열차가 가고 3등 열차가 가는 식이기 때문에 4등 열차는 거리가 멀어서 오래 걸린다기보다는 기다려주느라 오래 걸리는 거다.

그런 불편을 당연한 듯이 받아들이고, 그런 소모비용을 선택적으로 사용하고 인정하는 사회! 그것이 함께 다 빨리 가지는 못하지만, 모두가 다 목적지를 갈 수 있게 만드는 비결이다.

중국이야기를 통해 알려드리고 싶은 것은 중국인과 중국사회와 중국의 경제를 이루는 근간 안에 우리나라 사람들과는 다른 독자적인 특성이 있다는 것이다.

말이 통한다고 해서 같은 생각이 있는 사람이라 생각하면 안 된다. 조선족이나 한국말을 잘하는 중국인을 만나 그 사람과 외모나 취향이 같다고 하여 한국 사람, 한민족인 것으로 착각해서는 안 된다는 말이다. 그들은 한국말을 잘하는 중국 사람일 뿐 절대 한국적인 사상과 철학에 동화되지 않는다.

그 차이를 구분하고 대비하지 않으면 중국을 이해하고 중국 사람들과 사업을 공유한다는 것은 불가능하다는 전제를 미리 말하고 싶다.

중국식 스포츠클럽의 추억

　강제적인 지루한 45일간의 타의적인 휴가 동안 나는 이렇게 허송세월할 게 아니라 운동이라도 하자라는 생각에 근처의 스포츠센터에 갔다. 실내 체육관이었는데 1층에 넓은 농구장, 배구장, 테니스장, 배드민턴장이 있었다.

　그런데 종목별 필드에는 사람이 한 명도 없었다. 혼자서 할 수 없는 종목들뿐이라서 한 층 더 올라갔다. 2층 헬스장에는 각종 기구가 하나같이 너무 낡아 있었다. 3층엔 탁구장과 당구장, 볼링장이었고, 여기도 마찬가지였다.

　사회주의에서 자본주의로 변하면서 공적자금 투입이 중단되고 이후로 민간자본은 투자가 안 되니 제 모양을 갖추고 있는 것이 없었다. 당구대 천은 다 갈라진 채풀로 붙여져 있고, 볼링장 레인에는 기름칠도 안 되어 있고, 탁구장의 라켓은 고무가 제대로 붙은 것이 거의 없었다. 준비 없이 자본주의로 변화된 중국 산업의 전형적인 상징처럼 보였다.

　이것이 자본을 투입해서 현대화하면 장사가 잘될 거라고 유혹하며, 동업하자는 것이 중국의 개방 초기 모습이었다.

　그러던 중에 양궁장이 눈에 띄었다. 그쪽엔 사람들도 있었고, 양궁은 혼자 하는 스포츠라 해볼 만하겠다 싶어 덜컥 등록했다. 입장료는 하루 1,500원이고 한 달분을 등록하면 반값 정도 할인되는 패키지가 있었고, 활들도 상태가 괜찮아 보여 빌린 돈으로 덜컥 회원권을 끊었다. 직원이 주는 화살 5개를 들고 양궁장으로 들어갔는데 순간 잘못 들어온 줄 알았다. 활을 쏘는 사대 앞쪽으로 토끼, 비둘기, 꿩 뭐 이런 동물들이 쫙 깔렸는데 처음엔 동물 농장인 줄 알았다. 살아 있는 동물들을 표적

삼아 쏘라는 건데, 생각 없이 사대 앞에 서는 순간 늘어져 있던 동물들이 나를 보고 일사불란하게 날뛰기 시작했다.

처음엔 동정심과 미안함을 느꼈지만, 계속 못 맞추니 열이 조금씩 오르기 시작했다. 다섯 발을 다 쏘고 실적이 없어 주인한테 갔더니 다섯 발에 10원씩 추가비용을 더 내야 된다고 하는 것이 아닌가. 기본적인 것은 제공하되 추가로 돈을 더 내야 활쏘기를 할 수 있었다. 하지만 열 받아서 첫날 백 발을 쏘고 말았다. 거의 석 달치 사용료를 낸 셈이다. 비극적이게도 결국은 한 마리도 못 맞추고 말았다.

그 후로도 시간 나는 대로 가서 그 녀석들을 맞춰보려고 했다. 주인이 맞춰서 잡아오면 자기가 요리까지 해주겠다고는 했지만 잡고 싶은 꿩이나 토끼 비둘기 등은 결국 깃털 하나 건드려 볼 수 없었다. 어쨌거나 추석 연휴 한 달간 활쏘기에 빠져서 즐겁게 보내기는 했다. 생각해 보니, 이것이 중국식 자본주의가 결합된 경영방식이 아닐까 싶다. 눈치가 빤한 그 짐승들은 그 후로도 오래오래 살아남아 양궁장 주인과의 동업관계(?)를 오랫동안 유지했을 것으로 추리해 본다.

상하이를 피로 물들인 미스타 정!

의지의 한국인이자 자랑스러운 내 친구 J의 안타까운 스토리를 소개한다. 우연히 상해에서 사업하는 친구를 만나러 중국에 갔던 J씨는 현지의 음식과 문화를 접하면서 중국에서 요식업 해야겠다는 어떤 운명적인 느낌을 받고, 혈혈단신 입국하여 상하이에 자리를 잡았다.

포장마차, 감자탕, 빈대떡집을 차례로 말아먹은 J씨는 마지막으로 해장국으로 승부를 보기로 했다. 왜냐면 현지에서는 내장이나 기타 축산 부산물들의 가격이 쌌고, 한국식 해장국 맛을 본 중국인들의 호감도도 최고였기 때문이다. 상하이 주변에는 5~6개 정도의 도축장이 있는데 하루에 도축되는 소만 500마리 이상이었다. 도축 후 고기 외의 부산물은 가공할 줄 모르니 내장을 버리더라는 것이었다. J씨는 그 장면을 보고 내장을 넣은 요리와 사업을 생각하게 됐다고 한다.

처음에는 Y해장국 본사에 가서 3,000만원을 주고 대리점 계약하고, 내장 손질법 같은 해장국 기술을 배워 100인분씩 포장된 소스를 전달받아 왔다. 그 소스를 넣고 솥에다 소스와 내장고기, 채소를 넣고 끓이면 내장탕이 되는 것이다. 그는 상해에 진출한 한국식 해장국 1호 사장이 되었다. 개업 후 나름 성공적인 운영을 해나가던 J씨에게는 한 가지 아쉬운 점이 있었다.

현지에서 모든 재료를 다 조달했는데 한 가지 구할 수 없었던 것이 있었다. 그것은 바로 선지! 중국에도 선지가 있기는 하지만 가공법이 달랐는지 단단하지가 않았다. 중국 선지를 해장국 솥에 넣으면 다 바스러져 버리는 문제가 있었다. 선지는 덩어리가 지고 씹히는 맛이 있어야 하는데 말이다. 그래서 J씨는 스스로 선지를 만들겠다는 결심을 하게 된다.

J씨는 한국의 도축전문가를 찾아가서 선지 만드는 기술을 알려달라고 생떼를 썼다. 그런데 그것이 기업 비밀인데 누가 가르쳐 주겠는가. 결국은 1,000만원의 수업료를 내고 비밀리에 선지 만드는 기술을 배우게 된다. 선지 만드는 것이 뜻밖에 기술이 필요했나 보다. 과정도 모든 게 수작업이어서 엄청나게 힘들었다고 하는데, 기어이 선지를 만들고야 말겠다는 신념 하나로 석 달간의 기술 연마 시간을 보냈던 J씨는 마침내 선지 기술자로 거듭나 중국에 돌아왔다.

재료도 다 준비되었고 선지 제조 기술도 다 익혔으니 '이제 선지를 만들어서 공급하는 일만 남았구나' 하고 중국 도축장에 갔다고 한다. 잘은 모르지만 이런 대화가를 하였을 것이다.

"아저씨, 소 피 좀 주세요! 돈 드릴 테니까 저한테 피만 파세요!"

"아니, 이 사람이! 가! 미쳤어? 여기 피 받으려면 1억원씩 선급금 걸어 놓고 그 안에서 나오는 피랑 내장 다 한꺼번에 사 가는 거야" 이런 망할….

그러나 포기를 모르는 불굴의 J씨는 전문 부산물업자를 다시 찾아가서 선지 만드는 기술을 직접 시연해 보여준다. 한국식으로 만들어진 선지를 끓이니 두부보다도 단단하고, 씹는 맛에 고소한 뒷맛까지…. 중국에서 맛볼 수 없었던 최초로 한국식 선지가 탄생한 순간이었다.

게다가 J씨가 도축장 출입을 할 수가 없다는 것이 문제였다. 도축한 지 15분 안에 피를 받아 선지 만들어야 하는데, 15분 만에 생피를 갖다 주는 게 불가능했던 것이다. J씨는 선지를 자신에게만 공급한다는 조건으로 계약을 맺고, 그 도축업자에게 선지 제조법을 전수해 주었다. 그가 선지 2대 장인이 되는 순간이었다. 열 번을 만들면 두 번 정도밖에 제대로 된 선지가 안 나올 정도로 1대 장인보다 성공률은 낮았지만, 그도 열심히 노력해서 선지 제조 기술을 익혀나갔다고 한다. 그리고 그 도축업자가 만든 선지를 공급받아 한국 재료비의 1/10 수준으로 국내의 Y해장국과 똑같은 맛의 선지 해장국을 상해에서 선보일 수 있었다.

동포들로부터 시작되었던 맛의 소문이 점차 상해 전역으로 퍼져 나가면서 선지라도 팔아라, 체인점 좀 내달라는 등 폭발적인 인기를 끌었다고 한다. 고생한 끝에 대박의 꿈이 눈앞에 오는 순간, 건물주가 시비를 걸기 시작했다. (아! 이 반복되는 갑질의 패턴이라니!)

"계약 연장 못 하겠는데?"

"하지 마, 나 그럼 다른 데 가서 장사할 테니까"

이번에는 동업자가 와서,

"이거 관리는 네가 하기로 했는데 내가 관리 좀 해줄게. 대신 돈 들어가는 거나 분점 나오는 거는 우리하고 상담을 하자" 이런 식으로 태클을 걸어오는 것이었다. 울분을 참을 수 없었던 J씨는 해장국 사업을 다 때려 엎었다. 그리고 한국에 있는 곱창집 체인을 다시 계약해서 업종을 확대해 갔다. Y곱창 체인점을 섭외해서 또다시 1,000만원의 수업비를 내고 곱창 기술을 배워서 중국에 곱창 가게를 세웠다. 그러나 마찬가지로 장사가 되기 시작하니까 주인의 농간으로 또 가게를 통째로 날렸다. 결국, J씨는 모든 자본을 완전히 말아먹고, 탈탈 털린 후에 상하이를 빠져나올 수 있었다.

그로부터 4년이 지난 후, J씨는 다시 상하이를 방문하게 되었다. 상하이 전역부터 심천까지 Y해장국 체인점들과 Y곱창 체인점들이 엄청나게 퍼져있는 것을 보았다. 선지 기술을 전수받았던 도축업자가 훈련의 훈련을 거듭하여 제1대 장인의 성공률을 누르고, 더욱 훌륭한 작품을 만들어내면서 선지 해장국의 새로운 시장이 열린 것이다. 그 도축업자는 한국 체인점들에 부산물 도매를 취급하면서, 다섯 군데 도축장의 내장과 부산물의 유통 관리를 독점하는 거대 축산거래업자로 성공했다고 한다.

이리하여 수천만 원을 들인 상하이 피의 역사의 성과는 다른 사람에게 넘어가게 되었고, 곱창 요리와 해장국은 중국 사람들도 비싼 가격으로 사 먹는 고급 요리로 자리를 잡게 된 것이다. 그 때에 비해 재료값이 많이 오른편이지만, 곱창 요리 가격은 여전히 다섯 명기준 15만원 정도 나오는 재료비 대비 엄청나게 남는 장사인 건 분명하다.

그럼 J씨가 중국에서 안정적으로 사업을 유지하려면 어떻게 해야 했을까?

첫째로 식당을 여는 것에만 조급해하지 말고 오랜 시간 요리 기술 연마를 해야 했다. 어느 정도 완성된 시점에서 사업을 시작했어야 하는데, 식당을 먼저 열어놓고 영업적인 손해를 감수하면서 계속 연구를 했던 바람에 남들은 5년 동안 수업할 비용의 10배 이상을 써 버렸다. 둘째로 꽌시를 잘 잡았어야 한다. 그 정도 고급 기술이면 그 시장을 알아볼 수 있는 제대로 된 사람과 손을 잡았어야 했는데 나쁜 파트너를 만나면서 다 망쳐버렸던 것이었다. 세 번째로 거기서 쉽게 손 털고 나오면 안 되는 거였다. 최소한 선지 기술자의 기득권을 주장하거나 최초로 시장에 유통했던 권리를 끝까지 쥐고 있었더라면 소송을 해서라도 어떻게든 인정을 받았을 것이다. 그것만 쥐고 있었어도 어떻게든 배당이라든지 지분을 받았을 것이란 말이다.

"에이, 더러워. 이 꼴 안 보고 말지!" 하며 단번에 뒤돌아서 버린 잘못이 매우 크다. 이 세 가지만 지켰어도 거부는 못 되어도 졸부는 되었을 텐데…. 선지 기술 하나로 규모를 환산할 수 없는 축산 기업으로 성장할 기회를 놓쳐버린 꼴이 되었다. 아쉽지만 어쩌겠는가? 중국에서 성공하기 위한 덕목은 시간과 자기 자신과의 싸움인데, 우리나라 사람들이 제일 부족한 덕목 중의 하나가 인내와 끈기인 것 같다. 지금은 건축 현장에서 열심히 일하는 J씨가 절대 먹지 않는 음식이 선지해장국이란다.

달빛아래서 하는 나의 사랑 고백

99년 중국에서 강제로 당한 장장 45일간의 대량 휴가로 인해 심신이 다 망가진 상태였다. 돈은 조금 남아 있고, 특별히 이룬 것 없이 돌아가기는 그렇고, 공부라도 좀 해보겠다고 근처 대학교로 어학원을 신청하러 갔더니 과를 고르라는 거다. 어학원만 신청하면 되는 줄 알았지만, 과를 골라야 그 학적부를 가지고 비자 연장이 된다고 하길래 괜히 있어 보이려고 중의과를 선택했다. 그때는 날씨가 따뜻했던 가을이라 한국에서 갖고 온 얇은 옷들밖에 없었는데 점점 날씨가 추워졌다. 겨울옷이라고는 그 당시 유행했던 무릎까지 내려오는 긴 농구 패딩 하나밖에 없었다. 마땅히 살만한 옷도 없어 그 외투 한 벌만 가지고 겨울을 버텼다.

당시 주된 생활은 학생들과 어울려 다니며 교포들 만나고 그러다 보면 매일 밤 술판이었다. 1차로 한국 식당에서 모여서 밥을 먹고, 거기서 뜻 맞는 사람들끼리 2차로 나이트클럽이나 라이브 바를 갔다가, 3차로 노래방 갔다가 집에 오는 것이 순례 코스처럼 되었다. 그러다 보니 자연스럽게 중국 여성들과 미팅 기회가 있었는데 여덟 살, 열한 살 차이씩 나는 여성들과 꿈같은 데이트를 할 기회들이 많았다. 그러다 매우 많은 사람을 알게 되었고, 우리 그룹의 아지트들이 생기기 시작했다.

매일 똑같은 노래 부르기가 지겨워서 중국 노래 하나쯤은 배워둬야겠다고 생각하고는 있었고, 우연히 동석한 어떤 여성이 중국 노래를 부르는데 목소리도 너무 예쁘고 노래도 너무 맘에 들었다. 그래서 "이 노래가 무슨 노래냐, 배우고 싶다." 그러니까 중국말로 가사를 써줬다. 그 당시엔 내가 어디 가서 악보를 구할 방법이 없으니 복제 CD 하나 갖고 와서 무한 반복해 온종일 그 노래만 들었다. 하지만 중국말이 익숙하지 않아 뜻은 모르고 소리 나는 대로 적어 익히기 시작했다. 자꾸 반복하다 보니 가사는 거의 완벽하게 중국 말로 발음할 수 있을 정도가 됐다.

그러다 한겨울이 됐는데 기온이 영하 45도까지 내려갈 정도로 너무 추웠다. 내 평생 그런 추위는 처음이었다. 특히 그 해는 심양시가 생기고 처음이라고 할 정도로 눈도 엄청나게 쏟아졌다. 추위 때문에 눈이 녹질 않으니 사람 걸어 다닐 정도의 길만 만들고 눈은 양옆으로 치워졌다. 그 높이는 흡사 벽과 같아서 나중에는 온 도시가 눈으로 만든 미로처럼 보였다.

그 당시 중국집들은 벽에 단열재가 없고, 그냥 벽돌 한 겹에 바로 판자 붙여서 도배해놓은 것뿐이었다. 집 안에 있는 옷을 다 껴입어도 접시 물이 얼어버릴 만큼 추웠다. 그래서 얼만 한 음식 있으면 냉장고에 보관해야 했다.

창틀이 다 얼어붙고 집안에는 가스도 안 올라오고 작동이 되는 것이 아무것도 없었다. 물론 밥을 지어 먹을 수도 없었고, 유일하게 몸을 따뜻하게 데울 방법은 전기곤로 뿐이었다. 궁여지책으로 곤로에 물을 끓여서 병에 넣고 그것을 품고 추위를 견뎠다.

어느 날 너무 감기가 심하게 걸려서 숨을 쉴 수 없을 정도로 기침했던 기억이 난다. 전화기가 없으니 연락도 못 하고, 그런 상태로 3~4일 정도 집에서 끙끙 앓고 있었다. 먹고 기운을 차릴 요량으로 냉장고를 열어보니, 상해식 신라면이 하나가 있었다. 라면과 계란 한 알. 그것이면 충분했다. 추위에 오들오들 떨면서 한 삼일을 굶고 나니 매콤한 국물이 너무 먹고 싶었다. 마음은 조급한 데 전기 곤로를 사용하니, 15분이 지나도 물이 안 끓었다. 겨우겨우 라면을 끓이고 마지막에 계란을 톡 깨서 집어넣었는데, 이런 청천벽력 같은 일이 있나? 계란이 노른자가 줄줄 흐를 정도로 다 썩어 버려서 역한 냄새가 확 올라오는 것이었다. 멸치 젓국 냄새가 나는 라면을 어떻게든 살려보려 해도 방법이 없었다. 면발만 물에 씻어 볼까 했지만 계란이 엉겨 붙어있었고, 국물도 역한 냄새가 나서 도저히 먹을 수가 없었다. 삼일 안 굶어본 사람은 그 절망감을 이해할 수 없을 거다.

실성한 사람처럼 눈물을 줄줄 흘리면서 울고 있는데, 갑자기 초인종이 울렸다. 혹시 저승사자인가 하고 문을 열어보니 천사가 눈앞에 있었다. 늘 보이던 놈이 나흘이나 안 보이니 어떻게 됐나 싶어 친구들이 가보라 그랬다고는 하는데, 다른 여인들도 많이 있었는데 유일하게 그녀만 "내가 가볼게요."하고 볶음밥이랑 만두를 사서 날 찾아왔던 거다. 그녀가 집에 들어와서 보니 얼굴은 푸석하고, 머리는 산발에 대성통곡까지 하고 있으니 "왜 울고 있느냐"라며 물어왔다.

하지만 라면을 못 먹게 돼 서러워서 그렇다고 말할 수는 없지 않나! 나는 기지를 발휘해 "네가 그때 불러준 이 노래 들으면서 너를 생각하고 있었는데 네가 직접 나타나니 너무 감격스러워서 눈물이 나" 이런 멘트를 어수룩한 중국말로 던졌다. 참 지금 생각해도 똘똘하고 오글오글한 표현이었다.

그 당시 내가 구사할 수 있는 중국어가 몇 마디 없었다. 마침 '월령대표아적심' 노랫말이 '내가 얼마나 당신을 사랑하는지 몰랐죠. 당신을 얼마나 그리워했는지. 달빛이 내 마음을 대신하는데 당신은 나를 얼마나 사랑할까요?' 대충 이런 내용이었는데 교묘하게 단어 몇 개 빼고 나니 사랑 고백이 되었다. 그 일을 계기로 그녀와 나는 자연스럽게 사귀게 되었고, 결국 그녀는 지금의 내 아내가 되었다.

epilogue

드디어 출간과 함께 중국이야기의 한 시즌이 마무리되었다. 지난 일 년 동안 팟캐스트 '새가 날아든다'의 '찌라시의 중국이야기'를 이어오면서 늘 받게 되는 질문과 댓글 속에서 마음에 남는 구절이 있다. '찌라시, 네가 중국 전문가냐?'라는 물음이었다.

중국 전문가는 어떤 사람일까?

중국 말을 현지인처럼 잘하는 언어 학자?
중국에서 사업에 성공한 기업가?
중국의 역사를 잘 알고 이해하는 교수?
중국 정치와 외교를 오래 연구했다는 연구원?
모두 다 중국 전문가라고 말하기는 어려운 부분이 있다.

중국은 학문으로 분석할 수 있는 인문학적인 요소보다는 그 역동성을 이해하고 체험하며 무궁한 변화를 이해해가는 현실 학문의 측면이 크다. 중국의 극적인 발전과 성장의 배경에는 중국인 고유의 몇 가지 특성들이 잠재해 있다. 무한한 수용성, 뻔뻔한 합리화, 끈끈한 인내력, 철저한 목적의식 등이 역사 속에서 중국을 항상 세계의 중심으로 이끌어 왔다. 중국은 모든 인종과 민족과 문화를 받아들이는 데 주저함이 없었으며, 그것들을 모방, 변조, 융합하여 그것을 자신들 고유의 것이라고 주장해 왔고, 세계의 어떤 나라와의 거래에서도 손해를 보지 않는 외교술과 상술을 끈질기게 관철시키고, 정해진 목표를 위해서는 모든 수단과 재원을 총동원하는 행동력을 보여주었다.

그것은 공산주의를 바탕으로 한 전체주의 정권의 산물이 아니라, 인류 역사 속에서 가장 부유했고 막강했던 고대 제국을 탄생시키고 존속시켜 온 중국인들의 기질과 역사적 교훈이 그 바탕이 되었음을 이해해야 한다.

중국은 동아시아에서 가장 먼저 황하문명을 일으킨 요람이며 당나라와 송나라 명나라를 거치며 세계에서 가장 부유한 제국을 형성했고, 역사상 가장 큰 제국을 만들어 내고 서양인들에게 공포를 안긴 징키스칸의 나라이며 열강의 침탈로 무너진 왕조를 공산주의라는 실험적인 이론으로 변혁한 유일한 공산국가이기도 하고, 불과 40년 만에 낙후된 최빈국에서 세계 최고의 부국을 넘보는 경제적 고도성장을 완성한 국가이다. 이런 중국의 다변함과 저력을 어찌 단편적인 시각으로 판단하고 이해할 수 있겠는가?

나는 중국 문화를 좋아하며 중국 사람을 사랑하지만, 중국을 사대적으로 무작정 동경하지 않는다. 중국은 덩치가 큰 어린애와 같이 아직은 미성숙한 국가이다. 그래서 편협하고 자국 중심적인 경제, 외교, 정치를 펼치는 국제 사회의 힘 쎈 골치덩이라고 볼 수 있다. 그러나 그들과 공존하고 협력하지 않으면 인접한 우리나라의 안녕과 발전에 막대한 영향을 미친다는 점을 간과해서는 안 된다.

중국은 우리나라와 역사적으로 오랜 교류를 이어온 친숙한 국가이며 경제적으로 가장 의존도가 높은 우리 국가 경제의 중요 파트너이기도 하다. 그래서 중국인들은 한국에 대한 우호도가 일본이나 미국에 비해 월등하게 훨씬 높지만, 우리나라 사람들은 중국을 이해하고 수용하는데 있어서 아직은 많은 거부감을 보이는 것 같다.

그것은 일제 식민교육의 잔재일 수도 있고, 과거 반공을 국시로 했던 군사정권의 편향적 홍보의 탓일 수도 있고, 5,60년대의 중국만을 생각하는 우리의 시대착오적 사고에 기인할 수도 있다.

찌라시의 중국이야기는 이러한 우리의 보편적 사고에 대해 새로운 시각을 제시하고, 현실적으로 중국과 동반하고 공존하며 발전해야 하는 우리 경제와 정치 외교의 실상을 반면교사(反面敎師) 해보자는 목적으로 시작되었다.

그리고 앞으로도 이러한 시각의 필요성을 느끼고 공감하는 많은 사람들을 위해 같이 연구하며 토론할 수 있는 장을 만들어가고 싶은 개인적인 소망과 노력을 지속해 나가려고 한다.

이 글을 읽어 주신 독자분들에게 감사를 드리며, 팟 캐스트 '새가 날아든다'를 통해 더욱 많은 애청자들과 만날 수 있기를 고대한다.